王蘧常文集

吳曉明 王興孫 主編

第二冊

諸子學派要詮

王蘧常 著

復旦大學出版社

本書由上海文化發展基金會資助出版

出版説明

《諸子學派要詮》爲王蘧常先生早年諸子學研究的代表作,全書分別選取先秦兩漢時期重要的子書及正史中辨析諸子學派思想源流的經典文章,並對其進行詳細的疏解。其疏解以子證子,折中諸家,爲我們了解諸子百家的基本思想提供了一系列可讀性較强的一手文獻。後附《見存先秦諸子書答問》,羅列了現存諸子各家著作的主要版本情況,可作爲深入閱讀諸子書籍之津梁。

本次《王蘧常文集》收入《諸子學派要詮》,以中華書局、上海書店《中華文史精刊》影印中華書局1936年版爲底本進行整理。底本僅有斷句,今改以新式標點,並改正了其中少數明顯的誤字。整理過程中的不當之處,敬請讀者批評指正。

復旦大學出版社
2021年5月

目　錄

孫序 1
自序 1

卷上 1
　一、《莊子·天下》篇 3
　二、《尸子·廣澤》篇 48
　三、《荀子·非十二子》篇 51
　四、《荀子·天論》篇一節 83
　五、《荀子·解蔽》篇一節 86
　六、《吕氏春秋·不二》篇一節 92
　七、《韓非子·顯學》篇一節 96
　八、《淮南子·要略》篇一節 102

卷下 117
　一、《史記·太史公自序》一節 119
　二、《漢書·藝文志》諸子略序 133
　三、《漢書·藝文志》兵書略序 152
　四、《漢書·藝文志》數術略序 159
　五、《漢書·藝文志》方技略序 172

附：見存先秦諸子書答問（附西漢） 180
跋 253

孫　序

予治子部學幾三十年,論述亦幾十數萬言。憶國變以後,海上寓公,極人文之盛,而嘉興沈寐叟尤博聞强記,海内翕然宗之。而叟與予獨善,常上下其議論,徹夜不休。予有所作,必以示叟,論子部尤爲多。每舉一義,叟未嘗不稱善。吾友王静安、張孟劬亦常在叟座。一時文酒之樂,謂百年已分,可常共相保者也。不圖十數年間,叟與静安皆逝,而孟劬又北去,予亦老病頽唐,文字幾廢。近乃識叟鄉人王瑗仲。瑗仲,叟弟子也,與静安亦交稔。與予同授課於大夏大學,朝夕相見,論學爲尤頻。今年始見瑗仲此書,爲大喜,大體與予《諸子通考》不謀而合,惟瑗仲多及訓故名物,予則舉大義。其書蓋有三善:以子證子,以本子證本子,不涉己見,而源流短長畢具,一也;折衷諸家之説,而必於至慎,蘄於至當,二也;輯諸子行事歷履爲小傳,足補太史公書之闕,三也。瑗仲近有《先秦諸子新傳》之作,此其發端與?後附《諸子書目答問》,尤便學者,而擇辭典雅,尤其餘事。《莊子》云,逃空虚者,"聞人足音,跫然而喜,而況昆弟親戚謦欬其側者乎?"余之不聞寐叟諸公之謦欬也久矣,觀瑗仲之所爲,又豈直足音而已哉?惜不得起寐叟而論定之。瑗仲其亦有所感且憾乎?甲戌冬元和孫德謙序。

自　序

民國十六年春，蘧常始究諸子書，走書請業於梁任公年丈。丈方作《莊子·天下》、《尸子·廣澤》、《荀子·非十二子》、《韓子·顯學》諸篇釋義，以清華上庠油印本見賜，勖以辨別流派，遂發憤廣丈指，乃有此編之作。明年，爲滬西大夏大學上庠高師科諸生論先秦學術，即將草稿次弟講授，閱六旬有六日而寫定。即以清本呈丈，祈繩削，復書牟莫，定名曰《諸子學派要詮》。不數月而丈已遽謝賓客矣！今年復爲光華諸生論諸子，重理舊帙，小有增益，復授抄胥寫之，計去梁丈之逝，忽忽五載於茲矣！噫！民國二十一年除夕記於海上赫德路春平坊雙如軒。

卷 上

一、《莊子〔一〕·天下》篇〔二〕

天下之治方術〔三〕者多矣,皆以其有〔四〕,爲不可加矣。古之所謂道術者,果惡乎在?曰無乎不在〔五〕。曰神何由降,明何由出。聖有所生,王有所成,皆原於一〔六〕。不離於宗,謂之天人〔七〕。不離於精,謂之神人〔八〕。不離於真,謂之至人〔九〕。以天爲宗,以德爲本,以道爲門,兆於變化,謂之聖人〔一〇〕。以仁爲恩,以義爲理,以禮爲行,以樂爲和,薰然慈仁,謂之君子〔一一〕。以法爲分,以名爲表,以參爲驗,以稽爲決,其數一二三四是也。百官以此相齒〔一二〕,以事爲常,以衣食爲主,蕃息畜藏,老弱孤寡爲意,皆有以養,民之理也〔一三〕。古之人其備乎!配神明,醇天地〔一四〕,育萬物,和天下,澤及百姓,明於本數,係於末度〔一五〕,六通四辟〔一六〕,小大精粗,其運無乎不在〔一七〕。其明而在數度者,舊法世傳之史尚多有之〔一八〕。其在於《詩》《書》《禮》《樂》者,鄒魯之士、搢紳先生多能明之。《詩》以道志,《書》以道事,《禮》以道行,《樂》以道和,《易》以道陰陽,《春秋》以道名分〔一九〕。其數散於天下而設於中國者,百家之學時或稱而道之〔二〇〕。天下大亂,賢聖不明,道德不一〔二一〕,天下多得一察焉以自好〔二二〕。譬如耳目鼻口,皆有所明,不能相通。猶百家〔二三〕衆技也,皆有所長,時有所用。雖然,不該不徧,一曲之士也。判天地之美,析萬物之理,察古人之全,寡能備於天地之美,稱神明之容〔二四〕,是故內聖外王之道,闇而不明,鬱而不發,天下之人,各爲其所欲焉以自爲方〔二五〕。悲夫!百家往而不反,必不合矣。後世之學者不幸,不見天地之純,古人之大體,道術將爲天下裂〔二六〕。

〔一〕詳下"莊周"條。
〔二〕在《莊子》雜篇第三十三,以篇首二字爲名。《經典釋文》曰"以義名篇",非。
〔三〕方,版也。法著之方策,故方亦轉訓法也。《韓非子·難三》篇曰:"人主之大物,非法則術也。法者,編著之圖籍,設之於官府,而布之於百姓者也。術者,藏於胸中,以偶衆端,而潛御羣臣者也。"故方術即法術。
〔四〕宣穎曰:"其有謂所學,'有'字句絕。"《南華經解》。郭象曰:"爲其所有爲,是訓以爲爲,'有爲'二字連讀,譌也。"《莊子注》。
〔五〕本書《知北遊》篇"東郭子問於莊子曰:'所謂道,惡乎在?'莊子曰:'無所不在'……'在螻蟻'……'在稊稗'……'在瓦甓'……'在屎溺'",可以參證。
〔六〕顧實曰:"神明即魂魄也。人生則神降明出,死則魂升魄降也。一者,天地之德也,神聖明王之生成,皆原於天地之德也。"《莊子天下篇講疏》。此説極精。《天道》篇曰"莫神於天,莫富於地,莫大於帝王。故帝王之德配天地",又曰"靜而聖,動而王,無爲也而尊,樸素而天下莫能與之爭美。夫明白於天地之德者,此之謂大本大宗,與天地和者也",均可參證。陳守玄師曰:"'聖'上省'曰'字,蓋答上文之辭,古書多有此省例。"《莊子天下篇集解》。錢基博曰:"體道之謂聖,故曰有所生。行道之謂王,故曰有所成。"《讀莊子天下篇疏記》。

〔七〕宗者,天地之德,大本大宗也。不離於宗,即《易》所謂與天地合德也。《荀子·解蔽》篇曰"莊子蔽於天而不知人,由天之謂道,盡因矣",蓋道家最高在宗天、因天也。

〔八〕《知北遊》篇曰"觀於天地,神明至精,與物百化",是精亦神也。《天地》篇曰"神人乘光,與形滅亡,此謂照曠。致命盡情,天地樂而萬事銷亡,萬物復情,此之謂混冥"。《莊子》書中稱"神人"者甚多,大抵皆如孟子所謂"聖而不可測之謂神"。

〔九〕《田子方》篇老聃告孔子曰:"吾遊心於物之初……夫得是,至美至樂也。得至美而遊乎至樂,謂之至人……至人之於德也,不修於物不能離焉,若天之自高,地之自厚,日月之自明,夫何修焉!"他如《齊物論》、《德充符》、《天道》、《天運》、《達生》、《山木》、《庚桑楚》、《外物》、《列禦寇》諸篇,皆言至人,可參證。

〔一〇〕古訓"於事無不通之謂聖",故聖者,通也。此謂通於天人、神人、至人三等而成其為聖人也。"兆",《釋文》一本作"逃",《廣雅·釋詁》曰"兆,避也",蓋"兆""逃"同聲通用字。兆於變化,謂逃乎窮通死生之變化也。

〔一一〕君子者,儒家者言。《外物》篇老萊子曰:"丘,去汝躬矜,與汝容知,斯為君子矣。"此君子為儒家之證。

〔一二〕法,法制也。名,名言也。分,別也。表,標也,《荀子·儒效》篇注。亦用以為別也。參有交互意,《穀梁·桓五年傳》疏。謂交稽互證。稽,借為計,考也。決,必也。《戰國·秦策》注。馬敍倫曰:"其猶若也,見經傳釋詞。"《莊子義證》。案:其數一二三四,言分明不爽若此。《論語》曾子曰:"君子所貴乎道者三……

籩豆之事則有司存",有司即謂百官,蓋古者設官分治,名物數度之事,各有所掌也。

〔一三〕以上人物共分七等:天人、神人、至人、聖人、君子、百官、民是也。聖人以上爲内聖之事,故多言性體。自君子以下爲外王之事,故多言治法。各有所宜,不得偏廢,故下文即曰"古之人其備乎",備者,備此七事。孰謂莊子忽治道哉？老弱孤寡爲意,文不可通,梁任公年丈疑"爲意"二字當在"養"字下。《莊子天下篇釋義》。

〔一四〕章炳麟曰:"醇,借爲準,《地官‧質人》'壹其淳制',《釋文》'淳,音準',是其例。《易》曰'易與天地準','配神明','準天地'二句同意。"《莊子解故》。馬敍倫曰:"《説文》'淳讀若準',《管子‧君臣》篇'丈尺綧制',注曰'綧,古準字'。醇、淳、綧並從𦎍聲,與準音近通假。"

〔一五〕明於本數者,其數一二三四是也。係於末度者,千官萬品之所守也。

〔一六〕《釋文》曰:"辟,本又作闢。"

〔一七〕配神明,醇天地,育萬物,和天下,澤及百姓,明於本數,係於末度者,總言上七等人之事。六通四辟,小大精粗,其運無乎不在者,極言其備。"無乎不在"句,又以應上文"無乎不在",而起下文"在數度"、"在詩書禮樂"、"散於天下"、"設於中國"數節。

〔一八〕數度者,官司之所謹守。《荀子‧榮辱》篇曰:"循法則度量刑辟圖籍,不知其義,謹守其數,慎不敢損益也。父子相傳,以持王公。是故三代雖亡,治法猶存,是官人百吏之所以取禄秩也。"據此則其義可知。蓋《周禮》六官,各有府史典章度數,世傳弗替。

〔一九〕鄒,邑名,爲邾婁之合音,戰國時魯穆公改邾婁爲鄒。鄒、魯皆承孔子之後,六經之學者也。六經皆禮,禮不下於庶人,故除鄒魯之士明習六經外,其餘中國之人誦六經者,多爲服官之搢紳先生也。

〔二〇〕中國指諸夏之邦而言,天下則包諸夏以外。《左傳》,孔子曰:"天子失官,學在四夷。"又曰:"禮失而求諸野。"可與此文互明。蓋百家之學,或傳於窮鄉僻壤,然皆自世官之史、士大夫之六藝所散出也。故其數之數,是並官史六藝而言。馬敍倫曰:"'詩以道志'以下六句,疑古注文,傳寫者譌爲正文。"

〔二一〕"道德不一"句與前"皆原於一"句相應。

〔二二〕王念孫曰:"郭象斷'天下多得'爲一句,《釋文》曰:'得一偏得一術。'案'天下多得一察焉以自好'當作一句讀,下文云'天下之人,各爲其所欲焉以自爲方',句法與此同。一察,謂察其一端而不知全體,下文云'譬如耳目鼻口皆有所明,不能相通',即所謂一察也。若以'一'字上屬爲句,'察'字下屬爲句,則文不成義矣。"《讀書雜志》。案,王說是也。俞樾謂"察當讀爲際,一際猶一邊也",《諸子平議》。非。顧實謂"察有分析之義,一察即一分也",亦不辭。郭嵩燾謂"察見其一端,據以爲道,因而好之也",《莊子集釋》引。即用王說。

〔二三〕百家,本或作"有家"。孫詒讓曰:"當從成玄英本作'百'。"《札迻》。是也,據正。

〔二四〕稱,副也。容,函容也。

〔二五〕方者,即上所謂"天下之治方術者"也,此簡言之。《田子方》篇:"莊子見魯哀公,哀公曰:'魯多儒士,少爲先王方者。'"此其證也。

〔二六〕王闓運曰:"三代以前,異不相非。故'道不裂'以上一段,論天下方術之所原起。"

不侈於後世，不靡於萬物，不暉[一]於數度，以繩墨[二]自矯，而備後世之急，古之道術有在於是者。墨翟[三]、禽滑釐[四]聞其風而説之。爲之大過，已之大順[五]。作爲《非樂》，命之曰《節用》[六]，生不歌，死無服。墨子泛愛兼利而非鬭，其道不怒，又好學而博，不異[七]，不與先王同，毀古之禮樂[八]。黄帝有《咸池》，堯有《大章》，舜有《大韶》，禹有《大夏》，湯有《大濩》，文王有辟雍之樂，武王、周公作《武》[九]。古之喪禮，貴賤有儀，上下有等。天子棺椁七重，諸侯五重，大夫三重，士再重[一〇]。今墨子獨生不歌，死不服，桐棺三寸而無椁，以爲法式。以此教人，恐不愛人；以此自行，固不愛己。未敗墨子道[一一]，雖然，歌而非歌，哭而非哭，樂而非樂，是果類乎[一二]？其生也勤，其死也薄，其道大觳[一三]，使人憂，使人悲，其行難爲也，恐其不可以爲聖人之道。反天下之心，天下不堪。墨子雖獨能任，奈天下何！離於天下，其去於王也遠矣。墨子稱道曰："昔者，禹之湮洪水，決江河而通四夷九州也，名川[一四]三百，支川三千，小者無數。禹親自操橐耜[一五]而九雜天下之川[一六]，腓無胈[一七]，脛無毛，沐甚雨，櫛疾風[一八]，置萬國。禹，大聖也，而形勞天下也如此。"使後世之墨者，多以裘褐爲衣，以跂蹻爲服[一九]，日夜不休，以自苦爲極，曰："不能如此，非禹之道也，不足謂墨。"相里勤[二〇]之弟子五侯[二一]之徒，南方之墨者苦獲、已齒[二二]、鄧陵子[二三]之屬，俱誦《墨經》[二四]，而倍譎[二五]不同，相謂別墨[二六]，以堅白同異之辯相訾，以觭偶不忤之辭相應[二七]，以巨子〔二八〕爲聖人，皆願爲之尸〔二九〕，冀得爲其後世〔三〇〕，至今不决。墨翟、禽滑釐之意則是，其行則非也。將使後世之墨者必自苦以腓無胈、脛無毛相進〔三一〕而已矣。亂之上也，治之下也〔三二〕。雖然，墨子真天下之好也〔三三〕，將求之不得也，雖枯槁不舍也，才士也夫〔三四〕！

〔一〕《釋文》曰："暉，崔本作渾。"是借暉爲渾也。渾，大也。《幽通賦》"渾元運物"。侈、靡、暉三字義類。

〔二〕《人間世》篇曰："仁義繩墨之言。"是繩墨即謂仁義，故成玄英亦曰："用仁義爲繩墨，以勉厲其志行也。"

〔三〕墨姓，《廣韻》注如此，是也。故孟子稱"墨氏"亦曰"墨子"，與楊子並稱曰"楊墨"，諸子每云"孔墨"，《抱朴子·名實》篇稱"班墨"，《墨子》書、《吕覽·高義》亦稱"子墨子"，是其證也。今人有謂墨非其姓，以日夜勤勞面目瘠黑得號，真非夷所思矣。翟名，《墨子》《耕柱》、《貴義》、《公孟》、《魯問》及《吕覽·高義》多自稱"翟"，是其證。魯人，見《吕氏春秋·當染》、《慎大》注，孫詒讓《墨子閒詁》從之，《神仙傳》以爲宋人，非也。宋之大夫。《史記》附《孟荀列傳》後。近儒孫詒讓有《墨子傳略》，頗詳。《漢書·藝文志》有《墨子》七十一篇，今亡其十八。

〔四〕禽姓，滑釐名，司馬貞《史記索隱》、成玄英《疏》並以滑釐爲字，非也。《列子》作"骨釐"，《吕氏春秋·尊師》篇作"滑黎"，又《當染》篇作"滑黧"，《漢書·古今人表》及《列子釋文》作"屈釐"，又《儒林傳》作"滑氂"。滑、骨、屈、釐、黎並聲近字通，黧則氂之譌也。墨子弟子，《吕覽·當染》篇曰："禽滑黧學於墨子"。又曾受業於子夏，《史記·儒林傳》曰："田子方、段干木、吴起、禽滑釐之屬，皆受業於子夏"。蓋逃儒入墨者也。

〔五〕已之大順，與上"爲之大過"句法相同。顧實謂"爲之，乃大過誤，已之而不爲，正是大順理也"，解太過迂曲。諸家亦少有確詁。《釋文》曰："順，或作循。"郭慶藩曰："《説文》'循，順行也',鄭注《尚書》'中候'曰'循,順',《書大傳》'三正若循連環',《白虎通義》引此'循'作'順'。順與循,古同聲而通用也。"俞樾曰:"已,讀爲以。順,讀爲馴。"王闓運曰:"順,馴也。已之者,侈靡當止而不爲者也。大馴者,戒謹已過也。"《莊子》注。章炳麟曰:"順,借爲蹲,順從川聲,得假尉蹲。"梁任公年丈曰:"順、甚音近可通,皆於義未安,闕疑代考。"

〔六〕《釋文》曰:"《非樂》、《節用》,《墨子》二篇名。"

〔七〕馬其昶曰:"墨子南遊,載書甚多,案,見《墨子·貴義》篇。自言嘗見百國《春秋》,案,見隋李德林《重答魏收書》引,今佚。是其好學之事。荀子稱其大儉約而僈差等,曾不足以容辯異,蓋墨子之學,以不異爲宗旨,又好學以廣博之也。《淮南》謂其背周道而用夏政,故曰'不與先王同'。先王,謂周先王也。"《莊子故》。章炳麟以"好學而博"爲句,"不異"爲句,"不與先王同"爲句,云"墨子既不苟於立異,亦不一切從同。不異者,尊天、敬鬼、尚儉,皆清廟之守所有事也。不同者,節葬、非樂,非古制本然也。"

〔八〕道家貴因,故非墨毀古。

〔九〕此諸古先王樂名,亦見《白虎通》引《禮記》諸書,惟無"文王作辟雍之樂"一句。

〔一〇〕此古禮,亦見《荀子·禮論》,惟"七"作"十"。王引之曰:"古書'七'、'十'二字多互譌,'十'當作'七'。"

〔一一〕謂於人己之間,故兩無所愛,然猶不足以敗墨子之道也,與下文"反天下之心,天下不堪……其去王也遠矣"相應,謂如此始自敗其道矣。章炳麟謂未借未非,敗即伐字,言己非攻伐墨子之道也,非。

〔一二〕顧實曰:"此從人之心情推極言之,意謂人之情有歌,而墨子非歌;人之情有哭,而墨子非哭;人之情有樂,而墨子非樂,是果類人情乎？極言其不近人情也。"

〔一三〕郭嵩燾曰："《爾雅・釋詁》：'穀，盡也。'《管子・地圓》篇：'淖而不肕，剛而不觳，其下土三十物，又次曰五穀。觳者，薄也。'《史記・始皇本紀》"雖監門之養，不觳於此矣"，言不薄於此也。墨子之道，自處以薄。郭象注："觳，無潤也。"解似迂曲。

〔一四〕名川，原作名山。俞樾曰："名山，當作名川，字之誤也。名川、支川，猶言大水、小水。下文曰'禹親自操橐耜而九雜天下之川'，可見此文專以川言，不當言山也。若但言支川而不言名川，則是舉流而遺其原，於文爲不備矣。襄十一年《左傳》曰'名山名川'，是山川並得言名。學者多見名山，尟見名川，故譌改之耳。《呂氏春秋・始覽》篇、《淮南子・墬形訓》並云'名川六百'。"是也，今據正。郭慶藩曰："名川，大川也。《禮・禮器》'因名山升中於天'。鄭注：'名，猶大也。'高注《淮南・墬形訓》亦曰：'名山大川也。'《王制》言'名山大川'，《月令》言'大山名源'，其義一也。《魯語》取名魚，韋注'名魚，大魚也'。《秦策》賂之一名都，高注'名，大也'。《魏策》"大都數百，名都數十也"。此皆訓名爲大之證。"

〔一五〕《釋文》曰："橐，舊古考反。崔、郭音託，則字應作橐。崔云'囊也'，司馬云'盛土器也'。耜，音似。《釋名》'耜，似也，似齒斷物'，三《蒼》云'耒頭鐵也'，崔云'梩也'，司馬云'盛水器也'。"案，橐，崔郭作橐是，耜應從《說文》作枱，臿也，一曰徙土蕃，或作梩。《韓非子・五蠹》篇言禹亦曰"身執耒臿"，《淮南子・要略》篇亦曰"身執蔂臿"，依《太平御覽》王念孫說正。是耜即臿也。臿，又謂之鍬。《周禮疏》解《司馬法》'梩'，或解爲臿，或解爲鍬，鍬、臿亦不殊。司馬亦爲盛水器，非也。

〔一六〕《釋文》曰："九，音鳩，本亦作鳩，聚也。"雜，《玉篇》"同也"，

〔一七〕《說文》曰:"腓,脛腨也。"《在宥》篇,《釋文》李曰:"胈,白肉也。"《廣韻》:"胈,股上小毛也。"非。

〔一八〕一本作"沐甚風,櫛疾雨",非。《淮南子·修務訓》曰:"禹沐淫雨,櫛疾風。"此從《文選》注引,今本作"沐浴霪雨,櫛扶風"。可證。《釋文》:"甚,崔本作湛。"郭慶藩曰:"是也。湛與淫同。《論衡·明雩》篇'久雨爲湛',湛即淫也。《考工記》'帾氏淫之以蜃',杜子春云'淫當爲湛',《淮南》正作'沐淫雨'。"

〔一九〕《釋文》曰:"李云'麻曰屩,木曰屐'。"跂蹻爲借字,《御覽》八十二引作"屐屩"。

〔二〇〕相里姓,勤名。《韓非子·顯學》篇有相里氏之墨。《元和姓纂》引《韓子》曰"相里子,古賢也,著書七篇",今《韓非子》無此文。《漢書·藝文志》亦無相里勤書。相里勤之弟子,與下文南方之墨者相對,相里勤或北方之墨也。成玄英以爲南方墨師,非。又《姓纂》云:"晉大夫里克爲惠公所滅,克妻司成氏攜少子李連逃居相城,因爲相里氏。李連玄孫相里勤見《莊子》。"此當唐時譜諜家之妄説,不足據也。

〔二一〕孫詒讓曰:"五侯,蓋姓五,五與伍同,古書伍子胥姓多作五,非五人也。"《墨子後語》。案,孫叔敖碑"伍舉"作"五舉"。

〔二二〕《釋文》曰:"李云'苦獲、已齒,二人姓字也'。"孫詒讓曰:"姓字當作姓名,疑並楚人。"馬敍倫曰:"已當爲辰巳之巳。巳姓也。"

〔二三〕鄧陵子,蓋以居地爲氏,失名。《韓非子·顯學》篇有鄧陵氏之墨。《元和姓纂》曰:"楚公子食邑鄧陵,因氏焉,鄧陵子箸書見《韓子》。"今《韓非子》亦無此文。下文云"至今不決",似五侯、鄧陵子之屬皆與莊子年世相及。

〔二四〕《墨經》有二説。一以《墨子》卷一之《親士》、《修身》、《所染》、《法儀》、《七患》、《辭過》、《三辯》七篇爲經。《黄氏日抄》曰：" 墨子之言凡二，其後以論稱者，多衍複；其前以經稱者，善文法。" 宋濂《諸子辯》曰：" 上卷七篇號曰經，六篇號爲論，共十三篇。" 一以《墨子》書之《經上》、《經下》二篇爲經。《晉書》魯勝《墨辯序》曰 " 墨子著書作辯經，以利名本 "，又曰 " 墨辯 " 有上下經，經各有說，凡四篇 "。孫詒讓曰：" 《辯經》即《墨辯》。今書經說四篇及《大取》、《小取》二篇也。" 似以後說爲是。下文即曰 " 以堅白同異之辯相訾，以觭偶不仵之辭相應 "，則《墨經》明謂《辯經》也。或據《韓非子·外儲説左上》篇，田鳩對楚王問，以爲墨子不辯，遂以卷一諸篇當之，以爲大經大法所在，不知墨子於《修身》篇明謂 " 言無務爲多而務爲智，無務爲文而務爲察 "。《徐無鬼》篇，惠子亦曰 " 今夫儒墨楊秉，且方與我以辯 "，莊子以謂 " 楊墨駢於辯 "，則墨子非不辯也。蓋辯而不文，不文遂有不辯之説矣。且《墨經》六篇中，亦多大義所在，如《經上》云 " 體分於兼也。仁，體愛也 "，" 義，利也 "，" 忠，以爲利而強低也 "，" 孝，利親也 "，" 任，士損己而益所爲也 "，" 利，所得而喜也 "，" 害，所得而惡也 "，" 同，重體合類 "。又《大取》云 " 其利人也，厚於聖人之利人也 " 云云。皆兼愛、非攻、尚同、天志、明鬼諸義之所由演也。

〔二五〕郭慶藩曰：" 倍譎，諸書多作 ' 倍僪 '，或作 ' 背譎 '，《吕氏春秋·明理》篇曰 " 有倍僪 "，高誘注曰 " 旁之危氣也，在兩傍反出爲倍，在上反出爲僪 "。《淮南·覽冥訓》" 臣心乖則背譎見於天 "。皆 ' 背鐍 ' 之借字。《漢書·天文志》' 暈適背穴 '，孟康曰：' 背形如北字也，案，《吳語》韋昭注 " 北，古之背字 "，《説文》" 北，乖也，從二人相背 "，則曰兩旁氣外向者，爲背形與北相似，故孟康云 " 背如北 "。穴，讀作鐍，其形如半鐍也。' 如淳曰：' 凡氣在上，日爲冠爲戴，在旁背苴爲珥，在旁如半環向日爲抱,向外爲背。有氣刺日爲鐍。鐍,抉傷也。今案背、鐍皆外向之名,莊子蓋喻各泥一見,二人相背耳,以氣刺日爲鐍,失之。"高誘《淮南》注曰:"日旁五色氣兩旁外向爲譎。"

〔二六〕謂同出於墨,而倍譎不同,互相誚以別墨。別墨者,猶云墨家之別派,非正統也。別者,墨之所非。曰別墨,深誚之也。

〔二七〕《駢拇》篇:"駢於辯者,纍瓦結繩,竄句遊心於堅白同異之間,而敝跬譽無用之言非乎,而楊墨是已。"《墨經》言堅白曰"堅白,不相外也","堅白,説在因","於一,有知焉有不知焉,説在存","不可偏去而二,説在見與俱","一與二,廣與修",《説》曰"得二。堅(白),異處不相盈相非,是相外也","堅得白,必相盈也","於石一也,堅白二也,而在石,故有智焉有不智焉","(可),見不見離,一二不相盈,廣修堅白"。言同異曰"同異而俱於之一也","同,重體合類","異,二,不體,不合,不類","同異交得放有無","法同則觀其同,法異則觀其宜",《説》曰"同,二人俱見是楹也","同二名一實,重同也;不外於兼,體同也;俱處於室,合同也;有以同,類同也。異二必異,二也,不連屬,不體也,不同所不合也,不有同不類也。同異交得於福家良恕有無也。比度,多少也。免蚓還圜,去就也。鳥折用桐,堅柔也。劍尤早,死生也。處室子,子母,長少也。兩絶勝,白黑也。中央,旁也。論行,行行,學實,是非也。難宿,成未也。兄弟俱適,身適志往,存亡也。霍爲姓,故也。賈宜,貴賤也"。其後遂衍惠施諸子堅白同異之説。《德充符》篇曰,莊子謂惠子曰:"天選子之形,子以堅白鳴。"公孫龍書亦言堅白,雖有不同,其源則一也。故魯勝曰"墨子著書作《辯經》,以正名本,惠施、公孫龍祖述其學,以正名顯於世也"。觭偶即奇偶也。《説文》曰:"觭,角一俛一仰也。"故此引申爲不偶之義。仵,《釋文》曰:"徐云'同也'。"馬敍倫曰:

"仵,同伍。不伍,猶不倫也。"

〔二八〕《釋文》曰:"巨,向秀崔譔本作鉅。向云'墨家號其道理成者爲鉅子,若儒家之碩儒'。"案,《吕氏春秋·去私》篇曰"墨者,有鉅子腹䵍",又《上德》篇曰"墨者鉅子孟勝",可證。高誘以鉅子爲人姓名,非也。孫詒讓曰:"墨家鉅子,蓋若後世儒家大師,開門授徒,遠有端緒,非學行純卓者,固不足以當之矣。"

〔二九〕《釋文》曰:"郭云'尸,主也',成云'咸願爲師主'。"

〔三〇〕宣穎云:"思繼其統。"案,《吕氏春秋·上德》篇:"孟勝曰:我將屬鉅子於宋之田襄子……因使二人傳鉅子於田襄子。"此即所謂爲其後世也。孫詒讓曰:"屬鉅子以傳學爲重,亦若儒家之有師承宗派,佛氏之有傳授衣鉢矣。"

〔三一〕王先謙曰:"相進,猶相競。"

〔三二〕成玄英曰:"墨子之道,逆物傷性,故是治化之下術,荒亂之上首也。"案,《荀子·富國》篇曰:"我以墨子之非樂也,則使天下亂也;墨子之節用也,則使天下貧。墨術誠行,則天下尚儉而彌貧,非鬥而日爭,勞苦頓萃而愈無功,愀然憂戚非樂而日不和,即所謂亂之上也。"

〔三三〕俞樾曰:"真天下之好,謂其真好天下也,即所謂墨子兼愛也。下文曰'將求之不得也,雖枯槁不捨也',此求字,即心誠求之之求,求之不得,雖枯槁不捨,即所謂摩頂放踵利天下而爲之也。"

〔三四〕以上一段論墨翟、禽滑釐。

不累於俗,不飾於物,不苟於人〔一〕,不忮於衆,願天下之安寧以活民命,人我之養,畢足而止,以此白心〔二〕,古之道術有在於是者。宋鈃〔三〕、尹文〔四〕聞其風而說之。作爲華山之冠以自表〔五〕，接萬物以別宥爲始〔六〕；語心之容，命之曰心之行〔七〕，以聏合驩〔八〕，以調海内，請欲置之以爲主〔九〕。見侮不辱，救民之鬥〔一〇〕，禁攻寢兵，救世之戰〔一一〕。以此周行天下，上說下教〔一二〕，雖天下不取，強聒而不捨者也，故曰上下見厭而強見也。雖然，其爲人太多，其自爲太少，曰："請欲固〔一三〕置五升之飯足矣，先生恐不得飽，弟子雖飢，不忘天下〔一四〕，日夜不休。"曰："我必得活哉！圖傲乎救世之士哉〔一五〕！"曰："君子不爲苛〔一六〕察，不以身假物〔一七〕。"以爲無益於天下者，明之不如已也〔一八〕。以禁攻寢兵爲外，以情欲寡淺爲内〔一九〕，其小大精粗，其行適至是而止〔二〇〕。

〔一〕章炳麟曰："苟者，苛之誤字。《説文》敍言苛之字止句也，是漢時俗書'苛'、'苟'相亂。下言苛察，一本作苟，亦其例也。"陳守玄師曰："《莊子・逍遥遊》篇云'而宋榮子猶然笑之，且舉世譽之而不加勸，舉世非之而不加沮，定乎内外之分，辨乎是非之竟'，是不苟於人，不忮於衆也。"

〔二〕《釋文》曰："白心，崔云'明白其心也，白，或作任'。"顧實曰："當以作任爲長，觀下文'命之曰心之行'可證。"

〔三〕宋姓，鈃名。鈃，亦作牼，或作榮，皆一聲之轉，詳下《韓非子・顯學》篇注第三十二條。宋人，《莊子》釋文、《孟子》趙岐注、《荀子》楊倞注。與孟子同時。見《孟子》。成玄英曰："與尹文同遊稷下，著書一篇。"蓋本《別錄》，見下第四條。《漢書・藝文志》有書十八篇，在小説家，今亡。成云一篇，不知何據。楊倞《荀子注》謂爲尹文弟子，亦不知何據。《別錄》祇言同遊稷下,不言師也。梁任公年丈曰:"宋銒本爲墨子支派,其主張大率同於墨子。所異者,墨子唯物論之氣味太重,宋子以唯心論救之,令墨學從心理上得一根據。其所標兩條最重要教義,曰見侮不辱,曰情慾寡淺,皆從心理立論。"其説至確。《荀子·非十二子》篇以宋銒與墨翟同稱,亦以其學相近也。銒著書今不傳,其遺説略可考見於《孟子》、《荀子》書者,亦唯見侮不辱、情欲寡淺兩義而已。

〔四〕尹姓,文名。或曰尹文複姓。《廣韻》注。齊人,《吕覽·正名》篇高注。與宋銒俱遊稷下,顔師古引劉向《別録》。説齊宣王。先公孫龍。《漢書·藝文志》班固自注。○案,《容齋續筆》十四引劉歆説,尹文居稷下,與銒、彭蒙、田駢等同學於公孫龍。此洪氏有誤,不足據。馬敍倫謂其取僞仲長統《尹文子》敍而譌爲歆説。是也。成玄英曰:"著書二篇。"今案《漢書·藝文志》有書一篇,在名家。隋、唐《志》作二卷。成謂二篇,當據此也。今本分上下二篇,復有殘闕,且詞説庸近,陳義尤雜,當爲僞作。尹文行事,不少概見,《吕覽·正名》篇載其見侮不辱之遺説,《列子·周穆王》篇"老成子學幻於尹文先生",未知即是其人否。

〔五〕《山海經·西山經》曰:"太華之山,削成而四方。"郭象曰:"華山上下均平。"陸德明曰:"作冠象之,表己心均平也。"成玄英曰:"以表德之異。"

〔六〕《釋文》曰:"別,彼列切。"宥,寬也。案,別,謂辨別。宥、囿古通,訓爲寬,非。《吕氏春秋·去宥》篇曰:"鄰父有與人鄰者,有枯梧樹,其鄰父言梧樹之不善也,鄰人遽伐之,鄰父因請而以爲薪,其人不説,曰:'鄰者若此其險也,豈可爲之鄰哉。'此有所宥也。夫請以爲薪與弗請,此不可以疑枯梧樹之善與不善也。齊人欲得金者,清旦被衣冠往鬻金者之所,見人操金,攫而奪之。吏搏而束縛之,問曰:'人皆在焉,子攫人之金,何故?'對吏曰:'殊不見人,徒見金耳。'此真大有所宥也。夫人有所宥者,固以晝爲昏,以白爲黑,以堯爲桀。宥之爲敗亦大矣,亡國之主,其皆甚有所宥。故凡人必別宥然後知,別宥則能全其天矣。"高誘注:"宥,利也,又爲也。"畢沅謂注頗難通,疑宥與囿同,謂有所拘礙而識不廣也。是也。《尸子·廣澤》篇曰料子"貴別囿",汪繼培曰"宥與囿通"。《呂覽》之說,蓋本料子,然則料子或即尹文之徒矣。故別宥者,謂人心有所拘囿,當辨而去之也。《逍遙遊》篇曰宋榮子"舉世譽之而不加勸,舉世非之而不加沮,定乎內外之分,辨乎榮辱之竟,斯已矣",此所謂辨,即謂別,所謂境,即謂宥也。

〔七〕成玄英曰:"俞,名也。發語吐辭,每令心容萬物,即名此容受而爲心行。"《荀子·正論》篇曰:"榮辱之分,聖王以爲法,士大夫以爲道,官人以爲守,百姓以爲成俗,萬世不能易也。今子宋子案不然,獨詘容爲己慮,一朝而改之。"《說苑·君道》篇尹文對齊宣王曰:"人君之事,無爲而能容下,大道容衆,大德容下。"此二子言容之證也。能容,故能見侮不辱,強聒不捨,見厭而強見。章炳麟謂容借爲欲,梁任公年丈疑爲容態,見《讀書示例·荀子講記中》。皆失之。

〔八〕《釋文》曰:"崔本作聏,音而,郭音餌,司馬云'色厚貌',崔、郭、王云'和也'。聏和萬物,物合則歡矣。"郭嵩燾曰:"聏,《莊子闕誤》引作'胹',《說文·肉部》'胹,爛也',《方言》'胹,孰也',以胹合歡,即軟孰之意,作胹字是也。"案,如郭說,則宋、尹或有得於老子之柔道邪?班固謂宋子"其言黃老意"。上文言容,惟容故能胹。

〔九〕郭象曰:"二子請得若此者,立以爲物主。"案此與下文"請欲固置五升之飯"句同例。梁任公年丈讀請爲情,以海內情欲連讀爲句。失之。

〔一〇〕《荀子·正論》篇,子宋子曰:"明見侮之不辱,使人不鬭。人皆以見侮爲辱,故鬭也。知見侮之爲不辱,則不鬭矣。"《韓非子·顯學》篇曰:"宋榮子之議,設不鬭爭,取不隨仇,不羞囹圄,見侮不辱。"《吕氏春秋·正名》篇,尹文見齊王,尹文曰:"今有人於此,事親則孝,事君則忠,交友則信,居鄉則悌。有此四行者,可謂士乎?"齊王曰:"此真所謂士矣。"尹文子曰:"王得若人,肯以爲臣乎?"王曰:"所願而不能得也。"尹文曰:"若使人於朝廟中,深見侮而不鬭,王將以爲臣乎?"王曰:"否。夫見侮而不鬭,則是辱也,辱則寡人弗以爲臣矣。"尹文曰:"雖見侮而不鬭,未失其四行也,未失其四行者,是未失其所以爲士一矣。"又曰:"王之令曰'殺人者死,傷人者刑',民有畏王之令,深見侮而不敢鬭者,是全王之令也。而王曰'見侮而不鬭是辱也',夫謂之辱者,非此之謂也。"此二子見侮不辱之説也。

〔一一〕《孟子·告子》篇曰:"宋牼將之楚,孟子遇於石丘,曰:'先生將何之?'曰:'吾聞秦楚搆兵。我將見楚王,説而罷之。楚王不説,吾將見秦王,説而罷之。二王我將有所遇焉。軻請無問其詳,願聞其指。説之將何如?'曰:'我將言其不利也。'"此宋鈃禁攻寢兵之説也。尹文已無可徵。

〔一二〕《荀子·正論》篇曰:"宋子嚴然而好説,聚人徒,立師學,成文曲。"此所謂上説下教也。

〔一三〕章炳麟曰:"固,借爲姑。"

〔一四〕林希逸曰:"每人但置五升之飯,師與弟子共之。先生以此五升猶且不飽,弟子安得不飢。言其師弟子皆忍饑以立教。"《莊子口義》。案,先生弟子,當謂宋、尹及其弟子。郭象謂宋鈃、尹文稱天下爲先生,自稱爲弟子,妄矣。

〔一五〕秦毓鎏曰:"我豈必得自活哉,言願爲天下捨身也。又豈欲傲視救世之士哉,言非與當世號稱救世者爭名也。"《讀莊窮年錄》。章炳麟曰:"圖,當爲啚之誤,啚即鄙陋、鄙夷之本字。啚傲,猶今言鄙夷耳。"

〔一六〕郭慶藩曰:"一本作苟,非也。古書从句、从可之字,往往因隸變而譌。苟作苟,亦形似之誤也。"

〔一七〕郭象曰:"必自出其力也。"成玄英曰:"立身行己,不必借物以成名也。"案,即《禮運》"力惡其不出於身"之意。

〔一八〕言苛察及身假物,皆無益於天下。不如其早已之也。已,止也,謂止而勿行。

〔一九〕《逍遙遊》篇曰宋榮子"定乎内外之分,辯乎榮辱之竟",與此意同。《荀子·正論》篇曰:"子宋子曰:'人之情欲寡,而皆以己之情爲欲多。'"此情欲寡淺之説也。故《荀子·解蔽》篇曰:"宋子蔽於欲也。"

〔二〇〕方光曰:"凡事無論小大精粗,其行之也,必實事求是。"《莊子天下篇釋》。以上一段論宋鈃、尹文。

公而不當〔一〕,易而無私〔二〕,決然無主〔三〕,趣物而不兩〔四〕,不顧於慮,不謀於知,於物無擇,與之俱往〔五〕,古之道術有在於是者。彭蒙〔六〕、田駢〔七〕、慎到〔八〕聞其風而説之。齊萬物以爲首〔九〕,曰:"天能覆之而不能載之,地能載之而不能覆之,大道能包之而不能辯〔一○〕之。"知萬物皆有所可,有所不可〔一一〕,故曰選則不遍,教則不至〔一二〕,道則無遺〔一三〕者矣。是故慎到棄知去己,而緣不得已〔一四〕,泠汰於物〔一五〕,以爲道理。曰"知不知,將薄知而後鄰傷之者也〔一六〕"。謑髁無任,而笑天下之尚賢〔一七〕也;縱脱無行,而非天下之大聖〔一八〕。椎拍輐斷,與物宛轉〔一九〕,捨是與非,苟可以免〔二〇〕,不師知慮,不知前後,魏然〔二一〕而已矣。推而後行,曳而後往〔二二〕,若飄風之還〔二三〕,若羽之旋〔二四〕,若磨石之隧〔二五〕,全而無動,靜而無過,未嘗有罪〔二六〕。是何故?夫無知之物,無建己之患,無用知之累,動靜不離於理,是以終身無譽。故曰:"至於若無知之物而已,無用賢聖,夫塊不失道〔二七〕。"豪傑相與笑之曰:"慎到之道,非生人之行,而至死人之理,適得怪焉〔二八〕。"田駢亦然,學於彭蒙,得不教焉〔二九〕。彭蒙之師〔三〇〕曰:"古之道人,至於莫之是莫之非而已矣,其風窢然〔三一〕,惡可而言?"常反人,不言觀〔三二〕,而不免於魭斷〔三三〕。其所謂道,非道,而言之韙,不免於非。彭蒙、田駢、慎到不知道。雖然,概乎皆嘗有聞者也〔三四〕。

〔一〕《釋文》曰:"當,崔本作黨。云至公無黨也。"盧文弨曰:"作不黨是。"
〔二〕成玄英曰:"謂平易而不偏私。"
〔三〕宣穎曰:"決去係累而無偏主。"
〔四〕宣穎曰:"隨物而趨不生兩意。"
〔五〕方光曰:"彭蒙、慎到、田駢為法家,凡事皆秉於法律之公,而無偏黨,一與法律以俱往也。"
〔六〕彭姓,蒙名。他書無徵。據下文,當為田駢之師。《史記·孟荀列傳》謂田駢、慎到皆學黃老道德之術,則蒙蓋黃老學之大師也。《意林》引《尹文子》有"彭蒙曰:'雉兔在野,衆皆逐之,分未定也。雞豕滿市,莫有志者,分定故也。'"《呂覽·慎勢》篇引慎子曰:"今一兔走,百人逐之,非一兔足為百人分也,由未定。由未定,堯且屈力,而況衆人乎?積兔滿市,行者不顧,非不欲兔也,分已定矣。分已定,人雖貪不爭。"蓋祖彭蒙説也,則慎到亦彭蒙之徒與?

〔七〕田姓,駢名,有名廣,《釋文》引《慎子》。齊人。《史記·孟荀列傳》。齊田氏本出於陳,故《吕氏春秋·不二》篇、《淮南子·人間訓》稱陳駢遊稷下,《漢書·藝文志》注。好高義,設爲不宦,見《齊策》。齊人爲語曰"天口駢"。王應麟《漢書藝文志考證》引《七略》。《漢書·藝文志》有書二十五篇,案,《釋文》作十五篇,誤。在道家,今亡。《淮南·人間訓》載唐子短駢於齊威王事。

〔八〕慎姓,到名。慎,亦作順,見《荀子·修身》篇。慎、順古字通。趙人,著十二篇論,《史記》有傳。《漢書·藝文志》法家有《慎子》四十二篇,注云"先申韓,申韓稱之"。今存書《威德》、《因循》、《民雜》、《德立》、《思人》五篇,亦非完篇矣。《吕覽·慎勢》篇、《韓非·難勢》篇皆稱述其説,蓋言法重勢。法出於道,故與彭、田同舉。

〔九〕奚侗曰:"首,借爲道。秦始皇會稽刻石文'追道高明',《史記》作首,是其證。"《莊子補注》。齊萬物以爲首,與《莊子·齊物論》義相同,三子皆言黄老,故説多與老莊合。

〔一○〕馬敍倫曰:"辯,借爲平。《書·堯典》'平章百姓'、'平秩東作',《大傳》作'辯章'、'辯秩',是其例證。其説謂天地雖大,然天能覆而不能載,地能載而不能覆,大道能包之矣,而不能使之皆等平也。"

〔一一〕此與《齊物論》篇之"可乎可,不可乎不可"相同。

〔一二〕《釋文》曰:"至,一本作王,誤。"

〔一三〕《釋文》曰:"遺,本又作貴。"

〔一四〕《淮南子·道應訓》引《慎子》曰:"匠人知爲門,能以門,所以不知門也。故必杜,然後能知門。"此棄知之説也。《老子》曰:"絶聖棄知。"又曰:"將欲取天下而爲之,吾見其不得已。"

《人間世》篇曰："一宅而寓於不得已。"《庚桑楚》篇曰："有爲也，欲當則緣於不得已。"與此義同。不得已者，郭象曰："理之必然者也。"

〔一五〕郭象曰："泠汰，猶聽放也。"胡適曰："郭説近是。泠汰，猶今人言泠淡。"

〔一六〕《老子》曰："知不知，上。"與此義同。姚範曰："薄，迫也。"《援鶉堂筆記》。孫詒讓曰："後，疑當爲復，形近而譌。鄰，讀爲磷。磷傷，猶言毀傷。《考工記》'鮑人雖敝不甐'，故書'甐'或作'鄰'，此鄰亦同。"馬敍倫曰："到言知即不知，將强迫爲知，雖知而復傷之也，即棄知之意。"

〔一七〕謑髁，無確詁。《釋文》曰："謑倪不正貌。王云'謂謹刻也'。無任，無所施任也。王云'雖謹刻於法，而猶不能自任以事，事不與衆共之則無爲尚賢，所以笑也。'"郭嵩燾曰："《説文》'謑，詬恥也'，謑，一作謨，賈誼《治安策》'謨詬無節'。髁，髀骨也。髁通作跨。《廣韻》'跨同髁'。《釋名》'髁居足旁，磽确，亦因其形，髁髁然也。謑髁，謂堅确能忍辱'。"案，皆未安，姑著之。笑天下之尚賢，當笑墨者，《墨子》有《尚賢》篇。《老子》亦曰"不尚賢"，則亦本道家也。慎子不尚賢之説，詳下《荀子·解蔽》篇注第五條。

〔一八〕大聖，當指儒者。儒墨兩流，當時最爲大宗，故韓非稱顯學，慎到首攻之也。

〔一九〕郭嵩燾曰："《釋文》'輐，圓也。'王云'椎拍輐斷，皆刑戮者所用'。疑王説非也。輐斷，即下文'魭斷'，郭象云：'魭斷，無圭角也。'《説文》：'椎，擊也。拍，拊言也。'言擊拊之而已，不用攻刺；魭斷之而已，不用鋒棱。所以處制事物，而與爲宛轉也。"擊拊之不用攻刺，解未融。錢基博曰："《史記·絳侯世家》'其椎少文如此'，《集解》引韋昭云'椎不撓曲，直至如椎'。椎,或作錐。錐,器之鋭者。《老子》曰'揣而鋭之,不可長保',又曰'曲則全,枉則直',故椎則拍之。《廣雅·釋詁》云:'拍,擊也。'椎拍輐斷,蓋謂撓鋭直無圭角,而與物爲宛轉,此老子所謂'挫其鋭,解其紛,和其光,同其塵'者也。"説較寧耴。

〔二〇〕不執是非,免見累於物。

〔二一〕巍,本作巍,亦作嵬,獨立貌。即上文所云"公而不黨"也。

〔二二〕郭象曰:"所謂緣於不得已也。"

〔二三〕《釋文》曰:"《爾雅》云'回風爲飄'。還,音旋,一音環。"

〔二四〕馬敍倫曰:"羽之旋,謂翔也。《説文》'翔,回飛也'。"

〔二五〕《釋文》曰:"隧,音遂,回也。"

〔二六〕成玄英曰:"若飄風之回,落羽之旋,磑石之轉,三者無心,故能全得。是以無是無非,無罪無過,無情任物,故致然也。"案,《刻意》篇曰:"聖人感而後應,迫而後動,不得已而後起,去智與故,循天之理,故無天災,無物累,無鬼責,與此節意同。"

〔二七〕郭象曰:"欲令去知如土塊也。"顧實曰:"地,亦名大塊。"《老子》曰:"人法地。"《莊子·應帝王》篇壺子曰:"吾示之以地文。"向秀曰:"塊然若土也。"《列子·黃帝》篇同。蓋形若槁木,心若死灰。南郭子綦、老子被衣皆有此境。然爲初桄,慎到其終於此境者乎?錢基博曰:"老子知雄守雌,知白守黑,知榮守辱,不肯予知自雄而已。至於慎到,則果於去知,自處以塊,曰:'至於若無知之物而已,塊不失道。'夫塊則塊然無知之一物而已,奚有於知雄知白知榮者哉?"

〔二八〕郭象曰:"未合至道,故爲詭怪。"

〔二九〕即《老子》所謂"行不言之教"也。承上教則不言句。

〔三〇〕彭蒙之師,不詳何人,當亦黃老學者。

〔三一〕《釋文》曰:"窢字,或作戜,又作闋。"方以智曰:"窢,即闋,古文作闐。"《藥地炮莊》。馬敍倫曰:"作闋者是也。闋假爲佖,《說文》靜也。"

〔三二〕王先謙曰:"常反人之意義,不見爲人所觀美。"《莊子集解》。

〔三三〕即上輐斷。

〔三四〕謂有禀承,蓋三子出黃老,故曰皆嘗有聞。以上一段論彭蒙、田駢、慎到。

    以本爲精〔一〕,以物爲粗〔二〕,以有積爲不足〔三〕,澹然獨與神明居〔四〕,古之道術有在於是者。關尹〔五〕、老聃〔六〕聞其風而說之。建之以常無有〔七〕,主之以太一〔八〕。以濡弱謙下爲表〔九〕,以虛空不毁萬物爲實〔一〇〕。關尹曰:"在己無居〔一一〕,形物自著,其動若水,其靜若鏡,其應若響〔一二〕,芴乎若亡,寂乎若清,同焉者和,得焉者失,未嘗先人而常隨人〔一三〕。"老聃曰:"知其雄,守其雌,爲天下谿〔一四〕。知其白,守其辱,爲天下谷〔一五〕。"人皆取先,己獨取後〔一六〕,曰:"受天下之垢〔一七〕。"人皆取實,己獨取虛〔一八〕,無藏也,故有餘,巋然而有餘〔一九〕。其行身也徐而不費〔二〇〕,無爲也而笑巧〔二一〕。人皆求福,己獨曲全〔二二〕,曰:"苟免於咎〔二三〕。"以深爲根〔二四〕,以約爲紀〔二五〕,曰:"堅則毁矣,銳則挫矣〔二六〕。"常寬容於物,不削於人,可謂至極。關尹、老聃乎! 古之博大真人哉〔二七〕!

〔一〕《大宗師》篇曰:"自本自根,未有天地,自古以固存。"《天道》篇曰:"夫虛靜恬淡、寂寞無爲者,萬物之本也。"《天地》篇曰:

"立之本原而智通於神,神之又神,而能精焉。"可參證。

〔二〕《秋水》篇曰:"可以言論者,物之粗也。"《在宥》篇曰:"賤而不可不任者,物也。"可參證。

〔三〕《老子》曰:"衆人皆有餘,而我獨若遺。"

〔四〕《淮南子·原道訓》曰:"通於神明者,得其內者也。"可參證。

〔五〕關尹名喜,《漢書·藝文志》班固自注。佚其姓。關尹,官名,高誘稱關正,一曰關令尹。《史記·老莊列傳》。關者,李尤以爲函谷關,崔浩以爲散關。《抱朴子》亦曰:"老子西遊,遇關令尹於散關。"今不可確指矣。張湛云:"字公度。"《列子》注。高誘云:"師老子。"《吕覽·審己》篇注。又曰:"作道書九篇,能相風角,知將有神人,而老子到,喜説之,請著上至經五千言。"《吕覽·不二》篇注。案,《史記》但曰"老子見周之衰,乃遂去,至關,關令尹喜曰:'子將隱矣,强爲我著書。'"《漢書·藝文志》有《關尹子》九篇,在道家。今《關尹子》一卷僞託,惟存下文"在己無居"云云四十四字而已。《列仙傳》、《列異傳》亦載其與老子之事,僞書,不可據。

〔六〕老聃,姓李名耳,聃其字,《史記》本傳。案,今本《史記》作"姓李氏,名耳,字伯陽,謚曰聃",此蓋後人據《列仙傳》妄改者。《索隱》云:"許慎云'聃,耳曼也',故名耳字聃有本,字伯陽非正也。老子號伯陽父,此傳不稱也。"又《經典釋文》序録、《文選》注、《後漢書·桓帝紀》注並引《史記》云"老子字聃",王念孫據以證今本之譌,是也。後人所以爲老子字伯陽者,蓋欲合周幽王時之太史伯陽爲一人,尤妄不足據。老或爲氏,或亦字。見胡適《中國哲學史大綱》。楚苦縣厲鄉曲仁里人也。《禮記·曾子問·正義》引《史記》作陳國人。著書上下篇,言道德之意五千餘言。《史記》有傳。《釋文》曰:"老子爲喜著書十九篇。"不知何據。考《老子》一書,《漢書·藝文志》有《鄰氏經傳》四篇、《傅氏經説》三十七篇、《徐氏經説》六篇,未聞有十九篇之説。今本分八十一章,猶仍劉向之舊。見董思靖《道德經集解序說》引《七略》。

〔七〕常，謂自然；無有，謂無形。皆謂道體。《老子》曰"道常無爲"，又曰"無遺身殃，是謂習常"，又曰"知和曰常，知常曰明"。《在宥》篇曰："吾與天地爲常。"《天道》篇曰："以無爲爲常。"《老子》曰："人法地，地法天，天法道，道法自然。"故《莊子》申之曰："吾與天地爲常。"此常謂自然之說也。《駢拇》篇曰："天下有常然。常然者，曲者不以鉤，直者不以繩，圓者不以規，方者不以矩，附離不以膠漆，約束不以纆索。故天下誘然皆生，而不知其所以生，同焉皆得，而不知其所以得。所謂常然，亦謂自然也。"《老子》曰："三十輻共一轂，當其無，有車之用。埏埴以爲器，當其無，有器之用。鑿戶牖以爲室，當其無，有室之用。"《應帝王》篇曰："遊於無有。"《天地》篇曰："泰初有無，無有無名。"《知北遊》篇曰："光曜問乎無有曰：'夫子有乎？其無有乎？'光曜不得問，而孰視其狀貌，窅然空然，終日視之而不見，聽之而不聞，搏之而不得也。光曜曰：'至矣！其孰能至此乎？予能有無矣，而未能無無也。及爲無有矣，何從至此哉？'"《淮南子·道應訓》："光耀問於無有曰：'子果有乎？其果無有乎？'無有弗應也，光耀不得問而就視其狀貌，冥然忽然，視之不見其形，聽之不聞其聲，搏之不可得，望之不可極也。光耀曰：'貴矣哉！孰能至於此乎？予能有無矣，未能無無也。及其爲無無，又何從至於此哉？'"故《老子》曰："無有入於無間，吾是以知無爲之有益也。"即引莊說，惟"無有"誤"無無"。《庚桑楚》篇曰："天門者，無有也。萬物出乎無有，有不能以有爲有，必出乎無有，而無有一無有，聖人藏乎是。"《呂氏春秋·審分覽》曰："神通乎六合，德燿乎海外，意觀乎無窮，譽流乎無止，此之謂定性於大湫，命之曰無有。無有無形也，道無形。無形，言得道也。"《淮南子·說山訓》曰："道以何爲體？曰以無有爲體。曰無有無形乎？曰無，有何得而聞也。"此無有謂無形之説也。

〔八〕《徐無鬼》篇曰："知大一,大一通之。"《列禦寇》篇曰："兼濟道物,太一形虛。"《吕氏春秋·大樂》篇曰："萬物所出,造於太一,化於陰陽。又道也者,至精也,不可爲形,不可爲名,强爲名之,謂之太一。故一也者制令,兩也者從聽,先聖擇兩法一,是以知萬物之情。故能以一聽政者,樂君臣,和遠近,説黔首,合宗親。能以一治其身者,免於災,終其壽,全其天。能以一治其國者,奸邪去,賢者至,成大化。能以一治天下者,寒暑適,風雨時。爲聖人,故知一,知一則明,明兩則狂。"又《勿躬》篇曰："神合乎太一,生無所屈,而意不可障。"《淮南子·精神訓》曰："至人登太皇,馮太一,玩天地於掌握之中。"又《本經訓》曰："帝者體太一,秉太一者,牢籠天地,彈壓山川,含吐陰陽,伸曳四時,紀綱八極,經緯六合,覆露照導,普氾無私,蠉飛蠕動,莫不仰德而生。是故體太一者,明於天地之情,通於道德之倫,聰明耀於日月,精神通於萬物,動静調於陰陽,喜怒和於四時,德澤施於方外,名聲傳於後世。"又《主術訓》曰："上通太一,太一之精通於天道。天道玄默,無容無則,大不可極,深不可測,尚與人化,知不能得。"又《詮言訓》曰："洞同天地,渾沌爲樸,未造而成物,謂之太一,又若未有形,謂之真人。真人者,未始分於太一者也。"凡此太一之義極明,皆可參證。《禮·禮運》篇曰："夫禮者必本於大一。分而爲天地,轉而爲陰陽,變而爲四時,列而爲鬼神。其降曰命,其官於天。"亦可參證。

〔九〕顧實曰："《釋文》曰:'臑,如兖切,一音儒。'是臑有兩讀,如兖切則讀與軟同,軟即輭字,俗作軟,《説文》作堧。古書凡字之偏旁從耎從需者,多相混亂不分,則此臑者,蓋本作堧,假爲耎者也。《水經》臑水即堧水,今又變作灤。可證。"《老子》曰

"弱其志",又曰"柔弱勝剛强,弱者道之用",又曰"天下之物,莫柔弱於水,而攻堅强者,莫之能勝"。此㮣弱之義也。《老子》曰:"窪則盈。"河上公注曰:"地窪下,水流之,人謙下,德歸之也。"又貴以賤爲本,高以下爲基,亦謙下之義也。

〔一〇〕《老子》曰:"致虛極,守靜篤,萬物並作,吾以觀復。"《天運》篇曰:"形充空虛,此空虛之義也。"《老子》曰:"愛養萬物,而不爲主。"又曰:"萬物生於有。"又曰:"萬物無以生,將恐滅。"《知北遊》篇曰:"聖人處物不傷物,此不毁萬物之義也。"

〔一一〕《老子》曰:"功成而弗居,夫惟弗居,是以不去。"可證。

〔一二〕《老子》曰:"孰能濁以止,靜之徐清。孰能安以久,動之徐生。"《天道》篇曰:"靜而聖,動而王,又靜而與陰同德,動而與陽同波,其動也天,靜也地。"可證。

〔一三〕《應帝王》篇曰:"無爲名尸,無爲謀府,無爲事任,無爲知主,體盡無窮而遊無朕,盡其所受於天而無見得,亦虛而已。至人之用心若鏡,不將不迎,應而不藏,故能勝物而不傷。"可與此節互證。

〔一四〕《老子》曰:"知其雄,守其雌,爲天下谿。爲天下谿,常德不離,復歸於嬰兒。"

〔一五〕《老子》曰:"知其白,守其黑,爲天下式。爲天下式,常德不忒,復歸於無極。知其榮,守其辱,爲天下谷。爲天下谷,常德乃足,復歸於樸。"

〔一六〕《老子》曰:"聖人後其身而身先。"又曰:"欲先民,必身後之。"又曰:"不敢爲天下先。"又曰:"捨後取先死矣。"

〔一七〕郭象曰:"雌、辱、後、下之類,皆物之所謂垢。"《老子》曰:"受國之垢,是爲社稷主。"

〔一八〕《老子》曰:"虛其心,實其腹。"

〔一九〕《老子》曰:"儉故能廣。"又曰:"既以與人,己愈多。"又曰:

"孰能有餘以奉天下,其唯有道者乎?"
〔二〇〕《老子》曰:"孰能濁以止,靜之徐清。孰能安以久,動之徐生。"又曰:"甚愛必大費,多藏必厚亡。"
〔二一〕《老子》曰:"爲無爲,則無不治。"又曰:"道常無爲。"又曰:"爲學日益,爲道日損。損之又損,以至於無爲。無爲而無不爲。"又曰:"爲無爲,事無事。"《淮南子·主術訓》曰:"無爲者,道之宗也。"亦可證。《老子》曰:"民多技巧,奇物滋起。"蓋巧者有爲以傷神器之自成,故笑巧。
〔二二〕《老子》曰:"福兮禍之所伏。"又曰:"曲則全。"
〔二三〕《老子》曰:"道者求以得,有罪以免。"
〔二四〕《老子》曰:"深根固蒂,長生久視之道。"《韓非子·解老》篇:"深其根,根深則視久。"可證。
〔二五〕《老子》曰:"能知古始,是謂道紀。"又曰:"治人事天,莫若嗇。夫唯嗇,是謂早服,早服謂之重積德。重積德則無不克。無不克則莫知其極。莫知其極,可以有國。有國之母,可以長久。"達言約之道也。
〔二六〕《老子》曰:"人之生也柔弱,其死也堅強。故堅強者,死之徒。"又曰:"揣而銳之,不可長保。"
〔二七〕《大宗師》篇曰:"何謂真人?古之真人,不逆寡,不雄成,不謨士。"《莊子》書屢言真人。以上一段論關尹、老聃。

芴漠無形,變化無常〔一〕,死與生與!天地並與!神明往與〔二〕!芒乎何之?忽乎何適〔三〕?萬物畢羅,莫足以歸〔四〕。古之道術有在於是者,莊周〔五〕聞其風而説之。以謬悠之説,荒唐之言〔六〕,無端崖之辭〔七〕,時恣縱而儻〔八〕,不以觭〔九〕見之也。以天下爲沈濁,不可與莊語〔一〇〕。以卮言爲曼衍〔一一〕,以重言爲眞〔一二〕,以寓言爲廣〔一三〕。獨與天地精神往來〔一四〕,而不敖倪〔一五〕於萬物,不譴是非〔一六〕,以與世俗處。其書雖瓌瑋,而連犿無傷也〔一七〕。其辭雖參差,而諔詭可觀〔一八〕。彼其充實,不可以已〔一九〕。上與造物者遊,而下與外生死無終始者爲友〔二〇〕。其於本也,宏大而辟,深閎而肆。其於宗也,可謂稠適而上遂矣〔二一〕。雖然,其應於化而解於物也〔二二〕,其理不竭〔二三〕,其來不蛻〔二四〕,芒乎昧乎,未之盡者〔二五〕。

〔一〕《天道》篇曰:"虛靜恬淡寂寞無爲者,天地之平,而道德之至。夫虛靜恬淡寂寞無爲者,萬物之本也。"《刻意》篇同。《秋水》篇曰:"至精無形。無形者,數之所不能分也。"《知北遊》篇曰:"昭昭生於冥冥,有倫生於無形,精神生於道,形本生於精。"《天運》篇曰:"變化齊一,不主故常。"可證。

〔二〕《秋水》篇曰:"道無終始,物有死生。"《天道》篇曰:"天尊地卑,神明之位。"《淮南·本經訓》曰:"神明藏於無形。"可參。

〔三〕《至樂》篇曰:"天無爲以之清,地無爲以之寧。故兩無爲相合,萬物皆化。芒乎芴乎,而無從出乎。芴乎芒乎,而無有象乎。萬物職職,皆從無爲殖,又雜乎芒芴之間。"

〔四〕萬物歸於無形,不歸於有形,故曰"萬物畢羅,莫足以歸"也。

〔五〕莊姓,周名,蒙人也,嘗爲蒙漆園吏。與梁惠王、齊宣王同時。《史記》有傳。《漢書·藝文志》有書五十二篇,在道家,今存三十三篇。

〔六〕謬,虛也。悠,遠也。荒,大也。唐,空也。

〔七〕郭慶藩曰:"無端崖,無垠鄂也。《淮南·原道》篇'無垠鄂之門',許注'垠鄂鍔'案,引注鄂誤鍔。云'端崖也',見《文選》張衡《西京賦》注。高注'無形狀也'。《說文》土部：'垠，地垠也。'《楚辭》王注：'垠，岸崖也。'《文選·甘泉賦》李善注：'郭，垠堮也。'"

〔八〕恣，恣睢也。縱，放任也。儻，倜儻也，原作"而不儻"。《釋文》曰："而儻，丁蕩反。無不字，今據正。"

〔九〕觭與奇通。

〔一〇〕《釋文》曰："莊，端正也。一本作狀，大也。"

〔一一〕《寓言》篇曰："巵言日出，和以天倪，因以曼衍，所以窮年。"《釋文》曰："《字略》云'巵，圓酒器也'。王云：'夫巵器滿則傾，空則仰，隨物而變，非執一守故者也。施之於言而隨人從變，已無常主者也。'"《齊物論》篇亦曰："知之以天倪，因之以曼衍，所以窮年也。"《釋文》曰："曼衍，司馬云'無極也'。"《秋水》篇曰："以道觀之，何貴何賤，是謂反衍。"《釋文》曰："反衍，亦作畔衍。李曰'猶漫衍合爲一家，是反衍、畔衍、漫衍與曼衍同'。"

〔一二〕《寓言》篇曰："重言十七，所以已言也，是爲耆艾。"郭象曰："以其耆艾，故俗共重之，雖使言不借外，猶十信其七。"又曰："世之所重，則十言而七見信。"陸德明曰："重言謂爲人所重者之言。"

〔一三〕《寓言》篇曰："寓言十九，藉外論之，親夫不爲其子媒，親父譽之，不若非其父者也，非吾罪也，人之罪也。與己同則應，不與己同則反。同於己爲是之，異於己爲非之。"郭象曰："寄之他人，則十言而九見信。"陸德明曰："寓，寄也。以人不信己，故託之他人。十言而九見信也。"《別錄》亦曰："作人姓名，使相與語，寄辭於其人，故有《寓言》篇。"《史記·老莊列傳·索隱》引。

〔一四〕《在宥》篇曰："出入六合，遊乎九州，獨往獨來，是謂獨有。獨有之人，是謂至貴。"《刻意》篇曰："精神四達並流，上際於天,下蟠於地,化育萬物,不可爲象,其名同帝,是其義。"姚鼐曰:"莊生之獨與天地精神往來,所謂不離其宗,謂之天人者。"

〔一五〕敖倪,與傲睨同。成玄英曰:"驕矜也。"《文選》郭璞《江賦》曰:"冰夷倚浪以傲睨。"

〔一六〕《説文》曰:"譴,責問也。"是不譴是非,猶言不責問是非也。

〔一七〕成玄英曰:"瓌瑋,宏狀也。蓋假爲傀偉。"《釋文》曰:"李云'連犿,宛轉貌。'一云相從之貌。謂與物相從,故無傷也。"

〔一八〕諔詭,《齊物論》篇作弔詭。弔、叔古文形近。

〔一九〕《孟子·盡心》篇曰:"充實之謂美。充實而有光輝之謂大。"《淮南子·原道訓》曰:"氣爲之充而神爲之使。無所不充,則無所不在。"可參。

〔二〇〕《大宗師》篇曰:"彼方且與造物者爲人,而遊乎天地之一氣。彼以生爲附贅縣疣,以死爲决疣潰癰。夫若然者,又惡知死生先後之所在。假於異物,託於同體,忘其肝膽,遺其耳目,反覆終始,不知端倪,又無外物矣,無外生矣。見獨而後能無古今,無古今而後能入於不生不死。"此外死生之説也。《山木》篇曰:"化其萬物,而不知其禪之者,焉知其所終,焉知其所始。"此無終始之説也。

〔二一〕《天道》篇曰:"夫明白於天地之德者,此之謂大本大宗。"《釋文》曰:"稠,音調。本亦作調。"成玄英曰:"遂,達也。"王敔曰:"調適於物,上達於天。"

〔二二〕謂應機變化,解釋物情。

〔二三〕《説文》:"竭,負舉也。"又豖下曰:"竭其尾,謂舉其尾也。"《禮記·禮運》:"五行之動,迭相竭也。"《釋文》曰:"竭,本亦作揭,揭亦舉也。"是其理不竭,謂其理不舉。

〔二四〕蜕,脱也。《天道》篇曰:"老子曰:'夫巧知神聖之人,吾自以爲脫焉。'"又《知北遊》篇曰:"是天地之委蜕也。"
〔二五〕《淮南子·俶真訓》曰:"其道昧昧芒芒然。"此芒乎昧乎,當亦謂道。"其理不竭"以下,皆莊子自嘿之辭。以上一段莊子自述。

惠施〔一〕多方,其書五車,其道舛駁〔二〕,其言也不中〔三〕。厤物之意曰〔四〕:"至大無外謂之大一,至小無内謂之小一〔五〕。無厚不可積也,其大千里〔六〕。天與地卑,山與澤平〔七〕。日方中方睨,物方生方死〔八〕。大同而與小同異,此之謂小同異。萬物畢同畢異,此之謂大同異〔九〕。南方無窮而有窮〔一〇〕,今日適越而昔來〔一一〕。連環可解也〔一二〕。我知天下之中央,燕之北越之南是也〔一三〕。汜愛萬物,天地一體也〔一四〕。"惠施以此大觀於天下〔一五〕,而曉辯者〔一六〕,天下之辯者,相與樂之〔一七〕。卵有毛〔一八〕,鷄三足〔一九〕,郢有天下〔二〇〕,犬可以爲羊〔二一〕,馬有卵〔二二〕,丁子有尾〔二三〕,火不熱〔二四〕,山出口〔二五〕,輪不輾地〔二六〕,目不見〔二七〕,指不至,至不絶〔二八〕,龜長於蛇〔二九〕,矩不方,規不可以爲圓〔三〇〕,鑿不圍枘〔三一〕,飛鳥之景未嘗動也〔三二〕,鏃矢之疾而有不行不止之時〔三三〕,狗非犬〔三四〕,黃馬驪牛三〔三五〕,白狗黑〔三六〕,孤駒未嘗有母〔三七〕,一尺之捶,日取其半,萬世不竭〔三八〕。辯者以此與惠施相應,終身無窮〔三九〕。桓團〔四〇〕、公孫龍〔四一〕辯者之徒,飾人之心,易人之意,能勝人之口,不能服人之心,辯者之囿也〔四二〕。惠施日以其知,與人之辯〔四三〕,特與天下之辯者爲怪,此其柢也〔四四〕。然惠施之口談,自以爲最賢,曰:"天地其壯乎!"

施存雄而無術〔四五〕。南方有倚人〔四六〕焉,曰黄繚〔四七〕,問天地所以不墜不陷,風雨雷霆之故。惠施不辭而應,不慮而對,遍爲萬物説。説而不休,多而無已,猶以爲寡,益之以怪。以反人爲實,而欲以勝人爲名〔四八〕,是以與衆不適也〔四九〕。弱於德强於物,其塗隩〔五〇〕矣。由天地之道,觀惠施之能,其猶一蚉一虻之勞者也,其於物也何庸〔五一〕。夫充一尚可曰愈,貴道幾矣〔五二〕! 惠施不能以此自寧,散於萬物而不厭,卒以善辯爲名〔五三〕。惜乎! 惠施之才,駘蕩〔五四〕而不得,逐萬物而不反〔五五〕,是窮響以聲,形與影競走也〔五六〕。悲夫〔五七〕!

〔一〕惠姓,施名,《漢書·藝文志》班固自注。宋人也。《吕覽·淫辭》篇高注。爲魏惠王相。《莊子·秋水》篇。《吕覽·不屈》篇稱其當惠王之時,五十戰而二十敗,所殺者不可勝數,大將愛子有禽者也。大術之愚謂天下笑,得舉其諱,乃請令周太史更著其名。與莊子並時,《莊子》書中與辯論最多,先莊子死。《徐無鬼》篇曰:"莊子送葬,過惠子之墓,顧謂從事曰:'郢人堊漫其鼻端,若蠅翼,使匠石斲之。匠石運斤成風,聽而斲之,盡堊而鼻不傷,郢人立不失容。宋文君聞之,召匠石曰:"嘗試爲寡人爲之。"匠石曰:"臣則嘗能斲之。雖然,臣之質死久矣。"自夫子之死也,吾無以爲質矣,吾無與言之矣。'"可知相知之深。第其學舛駁,故莊子時有箴規之辭。《德充符》篇曰:"道與之貌,天與之形,無以好惡内傷其身。今子外乎子之神,勞乎子之精,倚樹而吟,據槁梧而瞑。天選子之形,子以堅白鳴。"《説苑·説叢》篇同。蓋惜其不免用知之累也。此篇於各派皆言聞昔一類之道術,而於惠子獨否,亦以其駁舛不名一家也。《漢書‧藝文志》有書一篇,在名家,今佚。

〔二〕舛駁,司馬彪本作踳駁。《文選》左太沖《魏都賦》注引司馬云:"踳,讀爲舛。舛,乖也。駁,色雜不同也。"郭慶藩曰:"舛駁,當作踳駁。又引司馬此注作踳馳。《淮南‧俶真》篇'二者代謝舛馳',《説山》篇'分流舛馳'。《玉篇》引作僢馳。《氾論》篇'見聞舛馳於外'。《法言》敍曰:'諸子各以其知舛馳。'是其證。"舛、踳、僢字異而義同。

〔三〕中,當也。

〔四〕章炳麟曰:"厤,即巧歷之歷,數也。意者,《禮運》云:'非意之也。'注:'意,心所無慮也。'《廣雅‧釋訓》:'無慮,都凡也。'在心計其都凡曰意,在物之都凡亦曰意。歷物之意者,陳數萬物之大凡也。"

〔五〕《吕覽‧愛類》篇曰:"匡章謂惠子曰:'公之學去尊。'"自此以下一段,皆惠子去尊之説也。吕思勉曰:"此破世俗大小之説也,大無止境,小亦無止境。世俗所謂大所謂小者,皆强執一境而以爲大以爲小耳。問之曰:'汝所謂大者,果不可再大?所謂小者,果不可再小乎?'不能答也。可以再大,則安得謂之大,可以再小,則安得謂之小。故世俗所謂大小之名,實不成立也。故惠子破之曰:'必無外而後可以謂之大,必無内而後可以謂之小。'夫無内無外,豈人心所能想象,然則大小之説不成立也。"《中國哲學史講義》。

〔六〕吕思勉曰:"此破有無之説也。天下惟一無所有者,乃得謂之無所不有。何也?既曰有矣,則必有與之對者,如爾與我對,此物與彼物對,是也。我愈縮小,則與我對之物愈多,然若縮至一無所有,則無物能與我對。夫與我對者,非我也,則不與我對者,必我也。無物能與我對,則無物非我也。故惟無爲最大。《淮南子》曰:'秋毫之末,淪於無間,而復歸於大矣。'

正是此理。無厚之厚,即墨子厚有所大也之厚,今幾何學中體字也。其大千里乃極言其大,即最大之意,不可泥於字面看。案,《荀子·修身》篇曰:'夫堅白同異有厚無厚之察,非不察也。'《韓非子·問辯》篇曰:'堅白無厚之詞章,而憲令之法息。'《吕氏春秋·君守》篇曰:'堅白之察,無厚之辯,外矣。'皆謂惠施輩也。韓子尊君,而惠子察辯,歸於去尊。故曰堅白無厚之詞章而憲令之法息。"

〔七〕吕思勉曰:"此蓋破世僞高下相對之見。"孫詒讓曰:"卑借爲比。"《荀子·不苟》篇曰:'山淵平,天地比,是説之難持者也,而惠施、鄧析能之。'楊倞注引《莊子釋文》曰:"比,謂齊等也。案,《荀子·正名》篇亦曰:"山淵平,情欲寡……此惑於用實以亂名者也。"或曰天無實形,地之上空虛者,皆天也。是天地長親比相隨,無天高地下之殊也。在高山則天亦高,在深泉則天亦下,故曰天地比。地去天遠近皆相似,是山澤平也。"其説亦通。

〔八〕吕思勉曰:"此破世僞執著一事以爲與他事截然有分界之見也。今有人焉,七十而死。世僞之論,必以其一瞬間爲死,而自此以前則皆爲生。姑無論所謂死之一瞬間不能定也,即强定之,而凡事必有其原因,此人之死,非死於死之時也,其前此致死之原因,豈得與死判爲兩事。原因與結果,既不容判爲兩事,而原因又有其原因焉。原因之原因,亦又有其原因焉。則孰能定其死於何時。以人之生死論,祇可謂有生以後,皆趨向死路之年耳。祇可謂其方生之時,即趨向死路之時耳。其他一切事皆放此。案《齊物論》篇亦曰'方生方死,方死方生'。"

〔九〕吕思勉曰:"此破世僞同異之説也。天下無絶對相同之物,無論如何相類,其所佔之時間空間決不同,便爲相異之一點,此萬物畢異之説也。天下亦無絶對相異之物,無論如何相異,總可籀得其中之同點,如牛馬同爲獸,人與獸同爲動物,動物與植物同爲生物是也,此萬物畢同之説也。案,《荀子·正名》篇曰:'萬物雖衆,有時而欲遍舉之,故謂之物。物也者,大共名也。推而共之,共則有共,至於無共,然後止。有時而欲偏舉之,故謂之鳥獸。鳥獸也者,大別名也。推而別之,別則有別,至於無別,然後止。'大共名者,大同也。大別名者,小同也。此大同與小同異之説也。《德充符》篇曰:'自其異者視之,肝膽楚越也。自其同者視之,萬物皆一也。'萬物皆一者,萬物畢同也。肝膽楚越者,萬物畢異也。此亦萬物畢同畢異之説也。皆可證。"

〔一〇〕吕思勉曰:"古天官家不知有南極,故於四方,獨以南爲無窮,孫詒讓説見《墨子間詁·經説下》。合此條及"我知天下之中央,燕之北越之南"條觀之,似當時哲學家已知地體渾圓,向反面進行,即可復歸正面者。蓋以哲理推測得之,非由實驗也。《史記·孟荀列傳》謂鄒衍之術,'先驗小物,推而大之……乃有大瀛海環其外,天地之際焉',此古人於大地形狀,亦本哲理推想之證也。古人視萬事皆爲循環,本此以推想地形,以爲南行不已,可以復反於北,固亦意中事矣。夫南行而可復反,此則所謂燕之北越之南爲天下之中央可也,則是南方無窮而有窮也。案,《墨子·經説下》亦曰:'南方者,有窮則可盡,無窮則不可盡。'惠施蓋本墨説。"

〔一一〕顧實曰:"今昔,異也,而皆於適越,同也。夫適越,遠行也,不能一日而至,故今日適越,須統起程時之昔日而計之。案,《齊物論》篇亦曰:'未成乎心而有是非,是今日適越而昔至也。'當用惠施語。"

〔一二〕吕思勉曰:"此破世僞强分彼此之見也。天下原各互相牽連,並無彼此之分,此事與彼事云云,乃吾人之觀念,非事實之真相也。乃使人遂強執以爲某事,與某事絕不相干。果如其説,連環又何不可解乎?"

〔一三〕詳第九條。

〔一四〕呂思勉曰:"此條爲惠施宗旨所在。前此者,皆所以説明此條者也。由前所説,可見物無彼此之分,亦無古今之別,通宇宙皆一體耳。古人用天地字往往當作宇宙字解。既通全宇宙皆一體,則我即萬物,萬物即我。其汎愛萬物宜矣。"顧實曰:"《齊物論》亦曰:'天地與我並生,而萬物與我爲一。'然而惠施與莊周不同者,則汎愛之過也。"汎愛者,即兼愛也。《天運》篇:"老子曰:'夫兼愛,不亦迂乎。'無私焉,乃私也。"《在宥》篇曰:"有土者,有大物也。有大物者,不可以物。物而不物,故能物物。"此道家不尚汎愛之證也。《韓非子‧七術》篇曰:"惠施欲以齊荊偃兵。"故惠子與墨子同歸,而不與莊子同道,不勵唯是。《呂覽‧審應》篇:"公孫龍曰:'偃兵之意,兼愛天下之心也。兼愛天下,不可以虛名爲也,必有其實。'"《應言》篇亦有公孫龍偃兵之説。然則公孫龍亦與墨子同歸也。案,是也,以上惠施十事,道家間有相同者,不必謂惠施之術,必同於道家也。

〔一五〕顧實曰:"《呂覽‧不屈》篇稱惠施以大術之愚爲天下笑。大術者即此汎愛萬物天地一體之大術也。蓋當時辯者,猶不過離堅白,合同異,近於瑣碎,特至惠施,乃統合大小,以天地萬物爲一體,此其所以爲大觀於天下者與。"

〔一六〕即指下文所稱桓團、公孫龍辯者之徒。

〔一七〕謂樂惠施之所曉。

〔一八〕此以下二十一事,皆天下之辯者所爲也。卵有毛者,顧實曰:"《墨子‧大取》篇曰:'以類取,以類予。'類固名家法也,鳥獸爲類,恒言謂鳥獸,名也。鳥有卵,獸有毛,實也。合名實而通言之,則可曰卵有毛。"呂思勉曰:"此理與華嚴之理事無礙觀門通,亦今日適越而昔來之理。蓋凡事果不離因,而因復有其因,則無論何事,皆不能指其所自始,皆自無始以來即如此耳。今若執卵無毛者,試問此卵如法孵之,能有毛否?若曰無毛,實驗足以證其非。若曰有毛,今實無毛,汝何能預知?觀卵而決其能有毛,謂卵無毛可乎?卵之有毛,特未有是事,實有是理。有是理,即謂有是事可也,是有毛也。"案,顧說主名家法,是也,呂說亦可通,兩存之。下放此。

〔一九〕顧實曰:"《公孫龍子·通變》篇曰:'雞足一,數雞足二,二而一,故三。謂牛羊足一,數足四,四而一,故五。牛羊足五,雞足三。'此條幸賴《公孫龍子》尚有明文可據,不然併他條亦難通矣。夫謂雞足一者,名也。數雞足二者,實也。合名實而通言之,則可曰雞足三,即雞三足也。"案,《齊物論》曰:"一與言爲二。"當亦謂此也。

〔二○〕顧實曰:"夜郎自大者,莫不以其國爲天下,而必言郢有天下者,自當稍有其事實也。名家所爭者,名實也,故言天下有郢,以大名統小名者,實也。一轉而言郢有天下,以小名統大名,二名換位者,名也。當因周末人言中國、天下二名詞,有甚嚴之界別。《天下》篇尚曰:'其數散於天下而設於中國者。'中國指諸夏而言,天下則兼該楚而言。楚都於郢,遂謂郢有天下矣。"呂思勉曰:"此似一多相容之理。萬物畢同畢異,則任舉一物,而萬物之理皆涵於其中,故介子可以納須彌也。閩粵械鬭之族,豈能爲歐洲一九一四年之大戰爭?然此械鬭之性質,謂即歐戰心理之具體而微,無不可也。不忍一牛之心,擴而充之,可以保四海,即由於此。"案,《秋水》篇曰:"細大之不可爲倪。"又曰:"以差觀之,因其所大而大之,則萬物莫不大,因其所小而小之,則萬物莫不小。知天地之爲稊米也,知豪末之爲丘山也,則差數睹矣。"亦可證成此説。

〔二一〕顧實曰:"犬羊爲類,恒語謂犬羊,名也。犬是犬,羊是羊,實也。就名實而通言之,則犬可以爲羊。"呂思勉曰:"此即萬物畢同畢異之理。犬未嘗無羊性,其所以與羊異者,一由其生理構造之不同,一由一切環境有以發達其異於羊之性,而遏抑其同於羊之性也。若使有一法焉,專發達其類乎羊之性,而除去其異乎羊之性,則可使之爲羊。男子閹割,用顯女性,即是此理。"

〔二二〕顧實曰:"鳥獸爲類,名也。鳥有卵,馬獸屬,實也。合名實而通用之,則可曰馬有卵。"呂思勉曰:"上條言物之後天性質可以彼此互易,此條言先天亦無絶對之區别也。"錢基博曰:"馬爲胎生,然胎生之物,不過不以卵出生耳,而未形胎之先,有待於卵,則與卵生無殊也。"亦可通,但未必得其旨。

〔二三〕案,成玄英曰:"楚之呼蝦蟆爲丁子。"蝦蟆無尾,人所共知。《潛確類書》"科斗一名丁子,聞雷震則尾脱足生,遂成蝦蟆。"由此觀之,謂丁子有尾可也。

〔二四〕秦毓鎏曰:"知火之熱,由於我之有覺。若我無覺,安知火熱。故熱在人,不在火也。"

〔二五〕宣穎曰:"空谷傳聲。"顧實曰:"山本不自名爲山,出乎人之口,呼以爲山。且出乎人之口,呼以爲某山某山,而後名爲某山某山,故曰山出口也。"兩説皆可通。

〔二六〕顧實曰:"《徐無鬼》篇曰:'足之於地也踐,雖踐,恃其所不蹍而後善博也。'足如是,輪亦如是。輪恃其所不蹍者而後善轉,故曰輪不蹍地也。"案,《世説新語·文學》篇劉孝標注曰:"馳車之輪,曾不掩地。"即用此語。

〔二七〕《公孫龍子·堅白論》篇曰:"白以目以火見,而火不見,則火與目不見而神見,神不見而見離。"是其旨。

〔二八〕《列子》引公孫龍云:"有指不至,有物不盡。"據此,則此"至不絕"應作"物不絕"。《列子》下文公子牟曰:"無指則皆至,盡物者常有。"又《公孫龍子·指物》篇曰:"物莫非指,而指非指,天下無指,物無可以爲物。"皆可證成此説。《世説新語·文學》篇曰:"客問樂令曰:'旨不至者。'樂亦不復剖析文句,直以塵尾柄确几曰:'至不?'客曰:'至。'樂因又舉塵尾曰:'若至,那得去?'"旨指通,此正指不至之實驗也。吕思勉曰:"指者,方向之謂。《淮南·氾論訓》'此見隅曲之一指,而不知八極之廣大',是其義也。《荀子·王霸》篇'明一指',《管子·樞言》篇'强之萬物之指也',皆此義。方向因實物而見,非先有空間,乃將實物填塞其中。故曰物莫非指,而指非指。指也者,天下之所無。物也者,天下之所有也。指因物而見,天下之物無窮,則指亦無窮,故曰指不至,至不絕。若欲窮物以窮指,則既云有物,即必有他物與之對待者,故曰有物不盡也。"

〔二九〕司馬彪曰:"蛇形雖長,而命不久。龜形雖短,而命甚長。"《釋文》。案,《説文》曰:"天地之性,廣肩無雄,龜鼈之屬,以蛇爲雄。"故古人恒言謂龜蛇,此亦連類言之。

〔三〇〕胡適曰:"從自相上觀之,萬物畢異,故一模不能鑄同樣之兩錢,一規不能畫同樣之兩圓,一矩不能畫同樣之兩方也。"

〔三一〕成玄英曰:"鑿,孔也。柄者,内孔中之木。"宣穎曰:"柄自人之,鑿未嘗圍之。"顧實曰:"鑿與柄相逼待人,此人事而非鑿之事,故云。"亦通。

〔三二〕此即《墨子·經下》所謂"有過仵,景不徙。説在改爲。"《經説下》:"景,先至景亡。若在,盡古息。"胡適曰:"如看活動寫真,雖見人物生動,其實都是片片不動之影片也。影已改爲,前影仍在原處。故曰盡古息。"秦毓鎏曰:"光蔽於鳥而成影,影待鳥而動,未嘗自動也。"《列子·仲尼》篇作"有影不移,公子牟曰：'影不移者，説在改也。'"張湛注："影改而更生，非向之影。《列子》假託，疑即取墨説。"《世説新語‧文學》篇劉注"飛鳥之影，莫見其移"，亦用此語。

〔三三〕高誘曰："鏃矢，輕利也。小曰鏃矢，大曰篇矢。"《吕覽‧貴卒》篇注。司馬彪曰："形分止，勢分行。形分明者行遲，勢分明者行疾。"錢基博曰："謂矢不止，人盡知之。謂矢不行者，良以矢之所經，即矢之所止。以勢而言則行，以形而言則止。設形與勢均等者，則是行與止相抵，而有不行不止之時。"

〔三四〕《墨子‧經下》曰："狗，犬也，而殺狗非殺犬也。"此白馬非馬，殺盜非殺人之類也。蓋通而言之，狗犬通名，若分而言之，則大者爲犬，小者爲狗。《爾雅》曰："犬未成毫，狗是也。"故曰狗非犬。吕思勉曰："謂狗非犬，是謂少壯之我，非老大之我，可乎哉？然以新陳代謝之理言之，少壯之我，至老大已一切不存，安得同謂之我？則世所指爲他者，亦不過與我一切皆異耳，何以又謂之他乎？"

〔三五〕顧實曰："黃馬驪牛三，離析之而爲四，曰黃、曰驪、曰馬、曰牛是也。今乃三而不四者，《魏策》曰：'驪牛之黃也似虎。'蓋驪爲黃黑雜色，非正色故也。《公孫龍子‧通變》篇曰：'非正舉者，名實無當，驪色章焉。'蓋名家不以驪色爲正舉，故不舉，而但以黃與牛離爲三也。"

〔三六〕《吕氏春秋‧察傳》篇曰："數傳而白爲黑，黑爲白，故狗似玃。"是黑白顛倒，取喻於狗，世間名言之恒事，故曰白狗黑也。吕思勉曰："物無色也，色者，人目所見之名耳。假物有色，則其色應恒常不變。而在光綫不同之地，同物之色，即覺不同。則物豈有本色哉？然則白狗云者，我在某種光綫之下視之之色也。易一境而觀之，安知其非黑哉？《墨經》曰：'物之所以然，與所以知之，與所以使人知之，不必同。'即此理。

物之所以然,狗之真相也,無人能見。所以知之,我所見狗之色也。所以使人知之,人所見狗之色也。我所見狗之色與人所見狗之色,世人恒以爲相同,其實不同。何則?我與人不能同佔一空間,凡我告人使視此犬,人聞吾言,因而視之,其中時間亦復不同,時異地異,其所見狗不必同色也。夫我謂之白,人亦謂之白,我謂之黑,人亦謂之黑。此世人所以以其所見爲大可恃也。今則證明我之所見與人所見實不同物矣。所見實不同物,而可同謂之白,同謂之黑,則謂黑爲白,又何不可?"案,《墨子・魯問》篇曰:"小視白謂之白,大視白謂之黑。"亦此義也。

〔三七〕李頤曰:"駒生有母,言孤則無母,孤稱立而母去名也。"《釋文》。《列子》作"孤犢"。公子牟曰:"孤犢未嘗有母,非孤犢也。"案,孤,小也。《史記・老莊列傳》曰:"欲爲孤豚。"《索隱》曰:"孤,小也。"故小駒曰孤駒,小犢曰孤犢。此曰孤駒未嘗有母,蓋佹辭。《說文》曰:"孤,無父也。無母亦得稱孤。"故李云"孤稱立而母去名也"。《釋文》曰:"本無此句。"

〔三八〕司馬彪曰:"捶,杖也。若其可析,則嘗有兩。若其不可析,則其一常存。故曰萬世不竭。"案,《墨子・經下》曰:"非半不斲則不動,説在端。"即此義。梁任公年丈曰:"端者,點也。前後雙方斲取,則其點必在中,故斲半則中無動也,無不可斲何以故,其一常在故是也。"洪邁《容齋隨筆》亦曰:"但取其半,雖碎爲塵埃,餘半猶存,謂爲無窮可也。"

〔三九〕謂終惠施之身而無窮也。

〔四〇〕桓團,人姓名,不可考。或即《列子》之韓檀。《列子・仲尼》篇曰:"公子牟悦公孫龍,而樂正子輿笑之曰:'公孫龍行無師,學無友,佞給而不中,漫衍而無家,好怪而妄言,欲惑人之心,屈人之口,與韓檀等肆之。'"張湛注即引本文。是以韓檀爲桓團也。桓與韓,團與檀,皆一聲之轉。

〔四一〕公孫姓,龍名,字子秉,《列子》釋文。趙人。爲堅白同異之辯,《史記·孟荀列傳》。自言少學先王之道,長明仁義之行,合同異,離堅白,然不然,可不可,困百家之知,窮衆口之辯,自以爲至達。《莊子·秋水》篇。莊子與儒墨楊惠並稱,《徐無鬼》篇。平原君厚待之。秦圍邯鄲,信陵君救趙。秦兵罷,龍夜見平原君,止其以信陵君之存邯鄲而受封。及鄒衍過趙,言至道,乃絀龍。《史記·平原君列傳》。龍嘗度關,關司禁曰:"馬不得過。"龍曰:"我馬白,非馬。"遂過。《初學記》卷七引《別錄》及羅振玉《古籍叢殘》有唐寫本古類書第一種《白馬注》。因此著名。《漢書·藝文志》有書十四篇。在名家,今存《跡府》、《白馬》、《指物》、《通變》、《堅白》、《名實》六篇。紀昀稱其自《白馬》至《名實》五篇,類以一詞累變不窮,轉而益深,幾令人莫明其所謂,必繩之以名家科律,然後瞭焉。此又讀其書,初覺詭異,而實不詭異也。與《史記·仲尼弟子列傳》之公孫龍字子石兩人。

〔四二〕囿,即別囿之囿,謂囿於所辯,無當大道也。

〔四三〕俞樾曰:"與人之辯,義不可通,蓋涉下句'天下之辯者'而衍之字。"與,顧實曰:"與豫通,謂參豫人之辯論。"

〔四四〕俞樾曰:"柢氐通,《史記·秦始皇紀》:'大氐盡畔秦吏。'《正義》曰:'氐,猶略也。'"此其柢也,猶云此其略也。上文"卵有毛,雞三足"以下皆是。

〔四五〕顧實曰:"此述惠施之自賢,曰者引惠施之語也。施者,惠施自名,如《外物》篇莊子自名周,是其例也。存,問也。雄,蓋謂辯者之雄也。惠施自以爲最賢,故曰天地其壯盛乎,然施存問諸雄辯者而無術。蓋詆諸雄之無能而自詡其能也。故下文接以南方畸人黃繚問天地所以不墜不陷風雨雷霆之故。而惠施不辭而應,不慮而對,上下文義正一貫也。《釋文》引司馬云：'惠施惟以天地爲壯於己也，意在勝人，而無道理之術。'殊失其旨。"

〔四六〕郭慶藩曰："倚，當爲奇。倚人，奇人也。王逸注《九章》云：'奇，異也。'倚從奇聲，故古字倚與奇通也。《易·説卦》傳：'參天兩地而倚數。'蜀才本倚作奇。《春官·大祝》：'奇拜。'"杜子春曰："奇讀爲倚。僖公三十三年《穀梁傳》'匹馬倚輪無反者'，《釋文》：'倚，居宜反，即奇輪也。字或作畸。'《大宗師》篇'敢問畸人'，李頤曰：'畸，奇異也。'"

〔四七〕黃姓，繚名。徐廷槐曰："《戰國策》載魏王使惠子於楚，楚中善辯者如黃繚輩争爲詰難。"

〔四八〕《史記·平原君傳·集解》引《别録》曰："鄒子案，謂鄒衍。曰：'彼天下之辯，有五勝三至，而辭正爲下。'"蓋辯者之争勝，反以正辭爲不取，故曰以反人爲實。又案，《秋水》篇："公孫龍曰：'然不然，可不可。'"亦反人爲實勝人爲名之證也。《荀子·性惡》篇曰："不恤是非，不論曲直，以期勝人爲意，是役夫之知也。"亦正謂惠施、公孫龍之徒也。

〔四九〕《吕氏春秋·不屈》篇曰："惠子易衣變冠，乘輿而走，幾不出乎魏境。"此與衆不適之證也。

〔五〇〕隩，隱也，謂隱曲。

〔五一〕錢基博曰："《莊子·齊物論》曰：'庸也者，用也。'言惠施雖勞於辯，而無用於物也。"

〔五二〕一者，謂一曲之技。愈，讀若《晉語》"孰爲愈"之愈。注："愈，賢也。""充一尚可曰愈"絶句。《老子》曰："少則得，多則惑。"惠施多方，其書五車，其道舛駁，其言亦不中，厤物之意，遍爲萬物説，説而不休，多而無已，猶以爲寡。蓋惠子之病在多，故莊子謂充一技之長尚可謂賢，若知貴道，則近矣。幾，近也。

〔五三〕謂不能安於道,而乃糜散於萬物,不知厭倦,不過有辯者之名耳。
〔五四〕司馬彪曰:"駘蕩,猶放散也。"
〔五五〕謂惠施徒逐於萬物,不知反本。
〔五六〕謂欲逃響以振聲,將避影而疾走,不可得也。蓋莊子近唯心,惠施近唯物,道不同,故深惜之。
〔五七〕以上一段論惠施。

二、《尸子〔一〕·廣澤》篇〔二〕

墨子貴兼〔三〕，孔子〔四〕貴公〔五〕，皇子〔六〕貴衷〔七〕，田子〔八〕貴均〔九〕，列子〔一〇〕貴虛〔一一〕，料子〔一二〕貴別囿〔一三〕，其學之相非也數世矣〔一四〕而已〔一五〕，皆弇〔一六〕於私也。天、帝、皇、后、辟、公、弘、廓、宏〔一七〕、溥、介、純、夏、憮、冢、晊、昄皆大也〔一八〕，十有餘名而實一也。若使兼、公、虛、均、衷、平易、別囿一實也，則無相非也。

〔一〕《尸子》，書名，尸佼所著。尸姓，佼名，晉人。案，《史記·孟荀列傳·集解》引劉向《別錄》、《後漢書·吕强傳》注同。《史記》則作楚人。《漢書·藝文志》班固自注又以爲魯人。梁玉繩以《別錄》爲是，是也。《別錄》："案，《尸子》書曰晉人。"魯與晉形近而傳譌，作楚者，又因魯而譌晉，後屬楚，故曰楚人也。秦相衞鞅客也。衞鞅商君謀事畫計，立法理民，未嘗不與佼規也。商君被刑，佼恐並誅，乃亡逃入蜀。自爲造二十篇書，凡六萬餘言，卒，因葬蜀。《史記集解》引《別錄》。《漢書·藝文志》，《尸子》二十篇，在雜家。章懷太子《後漢書注》謂十九篇陳道德仁義之紀，一篇言九州險阻水泉所起墜形之文。《後漢書·吕强傳》。劉向序《荀子》，又謂尸子著書，非先王之法，不循孔氏之術。劉勰謂其兼總雜術，術通而文鈍。《文心雕龍·諸子》篇。今書散佚不可詳矣。清汪繼培有輯本，蓋十得其二而已。

〔二〕本篇爲《爾雅·釋詁》邢昺疏所引之一節。

〔三〕梁任公年丈曰:"墨子貴兼者,墨子主兼愛,常以兼易別,故墨子自稱曰兼士,其非墨家者,則稱之曰別士。"《〈尸子·廣澤〉篇、〈吕氏春秋·不二〉篇合釋》。

〔四〕孔,姓。子,男子之美稱。名丘,字仲尼。生魯昌平鄉陬邑。其先宋人也。《史記》有世家。孔子修百王之道,以詔來者。六經而外,微言大義散見傳記百家者尚多。纂輯成書者,有梁武帝《孔子正言》二十卷、王勃《次論語》十卷,已不存。見存楊簡《先聖大訓》十卷、薛據《孔子集語》二卷、潘士達《論語外篇》二十卷、孫星衍《孔子集語》十七卷,皆可參。

〔五〕《禮記·禮運》篇,孔子曰:"大道之行也,與三代之英,丘未之逮也,而有志焉。大道之行也,天下爲公,選賢與能,講信修睦。故人不獨親其親,不獨子其子,使老有所終,壯有所用,幼有所長,矜寡孤獨廢疾者皆有所養。男有分,女有歸。貨惡其棄於地也,不必藏於己。力惡其不出於身也,不必爲己。是故謀閉而不興,盗竊亂賊而不作,故外户而不閉,是謂大同"云云,此貴公之說也。

〔六〕皇子,無考,《風俗通誼》曰:"皇氏,三皇之後,因氏焉。"《莊子·達生》篇,齊人有皇子告敖者,與桓公論鬼。又《列子·湯問》篇論火浣布曰:"皇子以爲無此物。"或即此人。蓋博物君子。

〔七〕梁任公年丈曰:"貴衷者,衷,中也,其説蓋如子莫執中邪?"

〔八〕田子,即田駢,詳上《莊子·天下》篇。

〔九〕《荀子·非十二子》篇謂田駢尚法。蓋學本黄老,大歸名法,故貴均。《吕覽·不二》篇:"陳駢貴齊。"齊亦均也。

〔一○〕列子,姓列,名禦寇,《莊子·讓王》、《列子·黄帝》《仲尼》《説符》。亦作御寇,《莊子》第三十二篇名。亦作圉寇,《戰國策·楚策》、《新序·節士》。亦作圄寇。《漢書·藝文志》班固自注。鄭人。案,《莊子·應帝王》篇,"鄭有神巫曰季咸,鄭人見之皆棄而走,列子見之而心醉",是列子鄭人也。

偽劉向《列子序》云鄭人，蓋據此也。學於壺子，《淮南子·繆稱訓》。案，《莊子·應帝王》篇，神巫見壺子，出謂列子曰："子之先生亦明。"謂列子之師也。自以爲未始學而歸，三年不出，爲其妻爨，食豕如食人，於事無所親，雕琢復樸，塊然獨以其形立，紛而封哉，一以是終。《莊子·應帝王》篇。先莊子，莊子稱之。《漢志》注。《漢書·藝文志》有書八篇，在道家。今本《列子》八篇，蓋魏晉以來，好事之徒，聚斂《管子》、《晏子》、《論語》、《山海經》、《墨子》、《尸佼》、《韓非》、《吕氏春秋》、《韓詩外傳》、《淮南》、《説苑》、《新序》、《新論》之言，附益晚説而成。劉向《敍録》亦依託。馬敍倫云。

〔一一〕道家以清虛爲治，故曰貴虛。

〔一二〕料子，無考。梁任公年丈疑即尹文，或其弟子。顧實以爲即宋鈃。料，古音讀如小，料有小訓。故與宋爲幽冬陰陽聲對轉。古人姓名，往往隨方音而轉，無一定之用字也。

〔一三〕圅，宋本《爾雅疏》作原，蓋宥之譌。圅、宥通，詳上《天下》篇。

〔一四〕即韓子所謂"取捨相反不同，而皆自謂真孔墨，孔墨不可復生，將誰定世之學乎？"

〔一五〕何焯云："而下疑脱不字。"

〔一六〕弇，蔽也。《爾雅·釋言》："蓋也。"蓋亦蔽也。《釋天》弇日爲蔽雲，亦謂蔽也。

〔一七〕孫星衍曰："宋本《爾雅疏》作關，關當作閎，宏、閎古字通。"《尸子》輯本。

〔一八〕此用《爾雅》文。

三、《荀子〔一〕·非十二子》篇〔二〕

假今之世〔三〕,飾邪説,文姦言,以梟〔四〕亂天下,矞宇嵬瑣〔五〕,使天下混然〔六〕,不知是非治亂之所存〔七〕者,有人矣。縱性情,安恣睢〔八〕,禽獸行〔九〕,不足以合文通治〔一〇〕,然而其持之有故,其言之成理〔一一〕,足以欺惑愚衆,是它囂〔一二〕、魏牟〔一三〕也。

〔一〕《荀子》,書名,荀況所著。荀姓,況名,亦稱荀卿,《史記》本傳。亦稱孫子、孫卿。《荀子·儒效》篇。荀子爲郇伯之後,故以孫爲氏也。王符《潛夫論·志姓氏》篇云:"王孫氏、公孫氏,國自有之。孫氏者,或王孫之班,或公孫之班也。"胡元儀《荀子別傳考異説》,楊倞、顧炎武皆云避漢宣帝諱改,非也。卿者,時人相尊而號之。本傳《索隱》。○案,江瑔《讀子卮言》論荀子之姓氏名字曰:"劉向敍荀子曰:'蘭陵善爲學,蓋以孫卿也,長老至今稱之。曰蘭令人喜字爲卿,蓋以法孫卿也。'此爲荀子字卿之確證。"然向《敍》今頗有疑其僞者,未必足據,故仍從《史記索隱》。趙人。齊襄王時,荀卿最爲老師,三爲祭酒,在楚爲蘭陵令。推儒墨道德之行事興壞序列,著數萬言而卒。本傳。《史記》有傳。《漢書·藝文志》,《孫卿子》三十三篇,三十三當作三十二。今存,曰《荀子》,不曰《孫卿子》。

〔二〕在《荀子》書第六。非十二子者,非它囂以次十二子也。《韓詩外傳》四止云十子,無它囂、陳仲子、史鰌、子思、孟子,而以范雎當它囂,田文、莊周當陳仲、史鰌,詳下及附。

〔三〕楊倞曰:"假如今之世也。或曰假,借也。今之世,謂戰國混亂之世,治世則奸言無所容。故十二子借亂世以惑衆也。"《荀子》注。王念孫曰:"《强國》篇云:'假今之世,益地不如益信之務也。'則前説爲是。"

〔四〕盧文弨曰:"梟,宋本作澆,注'澆與僥同'。"案,澆字無考,繞亦僥之譌,元刻作鴞,亦未是。《莊子·繕性》篇"澆醇散樸",《釋文》云:"澆本亦澆。"當從之。

〔五〕宋本"梟亂天下"下有"欺惑愚衆"四字,王念孫曰:"元刻無此四字,宋龔本同,元刻是也。宋本有此四字者,依《韓詩外傳》加之也。楊注但釋'喬宇嵬瑣',而不釋'欺惑愚衆',至下文'足以欺惑愚衆'始釋之云'足以欺惑愚人衆人',則此處本無'欺惑愚衆'四字,明矣。《外傳》有此四字者,'欺惑愚衆'下文凡五見,而《外傳》皆無之,故得移置於此處。若據《外傳》增入,則既與下文重複,又與楊注不合矣。"楊倞曰:"喬與譎同,詭詐也,又余律反。宇,未詳,或曰'宇,大也,放蕩,恢大也'。嵬,謂爲狂險之行者也。瑣者,謂爲奸細之行者也。《説文》云:'嵬,高不平也。'今此言嵬者,其行狂險,亦猶山之高不平也。《周禮·大司樂》云:'大傀裁則去樂。'鄭云:'傀猶怪也。'《晏子春秋》曰:'不以上爲本,不以民爲憂,内不恤其家,外不顧其遊,夸言傀行,自勤於飢寒,命之曰狂辟之民,明王之所禁也。'嵬當與傀義同,音五每反,又牛彼反。"郝懿行曰:"此謂飾邪説,文奸言,以欺惑人者。喬宇,所謂大言炎炎也。嵬瑣,所謂小言詹詹也。此皆謂言矣。注以行説,失之。嵬瑣,又見《儒效》篇。"俞樾曰:"楊讀喬爲譎,是矣。訓宇爲大,則與譎誼不倫。宇當讀爲訏。《説文·言部》:'訏,詭譌也。'然則喬宇猶言譎詭矣。"王先謙曰:"喬宇,俞説是。

嵬瑣,猶委瑣也。嵬、委聲近,故相通借。《史記·司馬相如傳》'摧崣崛崎',摧崣即崔嵬異文。嵬之爲崣,猶嵬之爲委矣。《相如傳》'委瑣握齪',《索隱》引孔文祥云:'委,曲也。'委訓曲,則嵬亦訓曲。《正論》篇云:'夫是之謂嵬説。'嵬説猶曲説也。下文云'吾語女學者之嵬容',又云'是學者之嵬也',謂其容如彼,即是學者之嵬,猶《史記》言曲儒也。見《越世家》。《正論》篇又云:'堯舜者,天下之英也。朱象者,天下之嵬,一時之瑣也。'英與嵬瑣對文,英爲俊邁之尤,則嵬瑣爲委曲瑣細之尤,言小人極不足道者也。"愚案,訐亦訓大,《爾雅·釋詁》及《方言》。鄭玄云:"誇也。"喬宇謂譎詭而誇誕,正與嵬瑣爲委曲瑣細大小相對成文。

〔六〕楊倞曰:"混然,無分別之貌。"

〔七〕楊倞曰:"存,在也。"

〔八〕楊倞曰:"恣睢,矜放之貌。"

〔九〕《管子》曰:"倍人倫爲禽獸行。"此所謂禽獸行,亦謂倍人倫也。倍人倫,故爲禽獸行。謝墉從盧文弨校作"禽獸之行",王念孫曰:"吕夏卿、錢佃本節無'之'字,是也。據楊注無'之'字明矣。《性惡》篇云:'禽獸行,虎狼貪。'《司馬法》云:'内外禽獸行。'句法並與此同,是也。從吕、錢本删'之'字。"

〔一〇〕楊倞曰:"不足合於古之文義,通於治道。"孫隘堪先生曰:"此以下十子,凡所言不足云云,皆是縣禮之爲衡,不足以合文通治者。《勸學篇》有曰:'禮之敬文也。'則禮重在敬文,而囂、牟之不足合文通治,是不合於禮者也。"《國學必讀書簡明目錄》。

〔一一〕郝懿行曰:"故者,咨於故實之故,謂其持論之有本也。成理,謂其言能成條理也。故皆足以欺惑愚衆。"《荀子補注》。

〔一二〕它囂,無考。《世本》楚平王孫有田它成,其它氏之始乎?荀子謂其縱性情,安恣睢,禽獸行,或以爲楊子之徒。今本

《列子・楊朱》篇所云,多與荀子説合。然今《列子》書爲後人假託,不足據。據下魏牟,牟有書在《漢書・藝文志》道家,則它囂與牟並舉,亦道家之流也。

〔一三〕魏牟,蓋魏之公子,名牟。魏得中山,以邑子牟。《吕氏春秋・開春論》注。故曰公子魏牟,《戰國・趙策》。亦曰中山公子牟。《莊子・讓王》、《吕覽・審爲》、《淮南・道應訓》。《漢書・藝文志》有《公子牟》四篇,在道家。班固曰:"先莊子,莊子稱之。"今《莊子》有公子牟,稱莊子之言以折公孫龍。據此則與莊子同時也。又今本《列子》稱公子牟解公孫龍之言。公孫龍,平原君之客,而張湛以爲魏文侯子,據年代非也。《説苑》曰:"公子牟東行,穰侯送之。"未知何者爲定也。用楊倞説。孫詒讓則以爲即《孟子》書之子莫。《孟子・告子》篇"子莫執中無權,與楊墨同論",孫詒讓曰:"牟、莫聲類同,《方言》云:'侔莫,強也。北燕之外郊,凡勞而相勉,若言努力者,謂之侔莫。'是牟、侔與莫,一聲之轉,疑子莫即子牟之異文,抑或牟字子莫。要近是一人矣。其言行自《荀子》書外,又見《戰國策・趙策》、《列子・仲尼》篇、《莊子・秋水》《讓王》篇、《吕覽・開春》《審爲》篇、《淮南子・道應訓》,甚詳。雖未明揭執中之義,然《漢志》列其書於道家,《莊子》載其與公孫龍相難,《列子》又有申公孫龍之説,則其學説當在道家、名家之間,無所偏主。荀子謂其縱情性,安恣睢,至斥爲禽獸之行,殆樂生玩世,純任自然,而放浪形骸,若子桑伯子之臝處,所謂同人道於禽獸者,蓋已開魏晉王、何、嵇、阮之先。其持論調和騁合,不拘一隅,故於爲我兼愛,兩無所取,而孟子又謂其執中無權,明與儒家時中之道亦舛馳不合。西漢時其書尚存,執中之説,容有見於其中者。自東漢之後,其書亡佚,梁《七錄》已不著錄。遂無可徵。要孟子以子莫與楊墨鼎足而三,而荀子論十二子又首舉子牟，其持之有故，言之成理者，殆亦戰國時一巨子與。"《籀膏述林》卷一《子莫學說考》。

忍情性〔一〕，綦谿利跂〔二〕，苟以分異人爲高〔三〕，不足以合大衆，明大分〔四〕，然而其持之有故，其言之成理，足以欺惑愚衆，是陳仲〔五〕、史鰌〔六〕也。

〔一〕謂其情性堅忍，如陳仲之棄兄離母，三日不食。
〔二〕楊倞曰："綦與跂義同，利與離同。離跂，違俗自絜之貌。謂離於物而跂足也。《莊子》曰：'楊墨乃始離跂，自以爲得。'"王先謙曰："《荀子》多以綦爲極。"谿之爲言深也。《老子》"爲天下谿"，河上公注云："人能謙下如深谿。"有深義。綦谿，猶言極深耳。利與離同，楊說是也。離世獨立，故曰離跂。跂、企同字。《廣雅·釋詁》："企，立也。"曹憲注："企，即古文企字。"
〔三〕楊倞曰："苟求分異，不同於人，以爲高行也。"案，如陳仲之哇鵝肉，史鰌之尸諫。
〔四〕楊倞曰："既求分異，則不足合大衆，苟立小節，故不足明大分。"孫隘堪先生曰："《非相》篇云：'辨莫大於分，分莫大於禮，則禮取有分辨，仲、鰌之不足合衆明分，是不明於禮者也。'"
〔五〕陳仲，《不苟》篇作田仲。《韓非子·外儲左上》。田姓，仲名。明李贄《初潭集》名定，未知出何書。田氏本陳氏，故又稱陳仲子。《孟子·滕文公》篇。猶田駢爲陳駢也。字子終。見《史記·鄒陽傳·索隱》引《列士傳》。李贄以子仲爲字，亦不知何據。齊之世家也。兄戴蓋祿萬鐘，以爲不義，避兄離母，處於於陵，身織屨，妻辟纑。《孟子》。○案，楊注"辭富貴爲人灌園"，與《孟子》不同。號於陵仲子。《人表中下》。

○《繹史》本作子中，《戰國·齊策》亦作子仲。趙威后謂其上不臣於王，下不治其家。中不索交諸侯，率民而出於無用者，《國策》。而齊人以為廉士。《孟子》。

〔六〕史姓，鰌名，衛大夫，字子魚，《吕覽·召類》注、《新序》一。故又稱史魚。《論語·衛靈公》篇。其相反角。《御覽》三百六十三引《管子》佚文。孔子稱之曰："直哉史魚！邦有道如矢，邦無道如矢。"《論語》。又曰："有君子之道三，不仕而敬上，不祀而敬鬼，直能曲於人。"《説苑·雜言》篇。衛靈公之時，蘧伯玉賢而不用，彌子瑕不肖而任事。史鰌患之，數言蘧伯玉賢，而不聽。病且死，謂其子曰："我即死，治喪於北堂，吾生不能進蘧伯玉而退彌子瑕，是不能正君者，死不當成禮。而置尸於北堂，於我足矣。"靈公往弔，問其故。其子以父言聞。靈公造然失容曰："吾失矣。"立召蘧伯玉而貴之，召彌子瑕而退之。徙喪於堂，成禮而後去。衛國以治。《大戴禮·保傅》篇、賈子《新書》十、《韓詩外傳》七、《新序》一、《家語·困誓》篇皆同。

不知壹天下、建國家之權稱〔一〕，上功用〔二〕，大儉約〔三〕，而僈差等〔四〕，曾不足以容辨異，縣君臣〔五〕，然而其持之有故，其言之成理，足以欺惑愚衆，是墨翟、宋鈃〔六〕也。

〔一〕楊倞曰："不知齊一天下、建立國家之權稱，言不知輕重。"
〔二〕王念孫曰："上與尚同。"案，墨子持兼愛及節儉二義，歸本於實利，故曰上功用。
〔三〕王念孫曰："大亦尚也，謂尊尚儉約也。《表記》：'君子不自大其事，不自尚其功。'亦大與尚並言之。《性惡》篇：'大齊信而輕貨財。'隱三年《公羊傳》：'君子大居正。'並與此大字同義。楊注讀大爲太，而以爲過儉約，失之。"案，儉約即《墨子》所謂儉節。《墨子》總論當節儉者五事，見《辭過》篇。曰"宮室不可不節，衣服不可不節，飲食不可不節，舟車不可不節，蓄私不可不節，凡此五者，聖人之所儉節也，小人之所淫佚也。儉節則昌，淫佚則亡。此五者不可不節。"又作《節用》三篇申其意。其他《節葬》、《非樂》亦歸本於儉約。

〔四〕王念孫曰："僈讀爲曼，《廣雅》曰：'曼無也。'《法言・寡見》篇：'曼是爲也。'《五百篇》：'行有之也，病曼之也。'皆謂無爲曼。《文選・四子講德論》：'空柯無刃，公輸不能以斲，但縣曼繒，蒲苴不能以射。'曼亦無也。李善注謂曼爲長，失之。曼差等即無差等。作僈者，借字耳。《富國》篇曰：'墨子將上功勞苦，與百姓均事業，齊功勞。'正所謂無差等也。故下文云'曾不足以容辨異，縣君臣'。楊以僈爲輕漫，亦失之。"案，是也。僈差等即孟子所謂愛無差等，斥兼愛而言。《漢書・藝文志》亦謂"推兼愛之意，而不知別親疏"。

〔五〕楊倞曰："上下同等，則其中不容分別，而縣隔君臣也。"王先謙曰："《富國》篇云：'羣衆未縣則君臣未立也，無君以制臣，無上以制下。'即縣君臣之義。"孫詒讓先生曰："《君道》篇云：'聖王財衍以明辨異，上以飾賢良而明貴賤，下以飾長幼而明親疏。'又《王制》篇云：'無君子則天地不理，禮義無統，上無君師，下無父子，夫是之謂至亂。'則荀子之意，古者名位不同，禮亦異數。墨宋之不足容辨異，縣君臣，是無君臣上下之別，乃至亂之道，由其不知禮也。"

〔六〕皆見上《莊子・天下》篇。

尚法而無法〔一〕，下脩而好作〔二〕，上則取聽於上，下則取從於俗〔三〕,終日言成文典,反紃察之則倜然無所歸宿〔四〕,不可以經國定分〔五〕,然而其持之有故,其言之成理,足以欺惑愚衆,是慎到、田駢〔六〕也。

〔一〕楊倞曰:"尚,上也。言所著書,雖以法爲上,而自無法。"案,今存慎到書五篇,大指在因物理之當然,各定一法以守之,不求於法之外,亦不寬於法之中,則上下相安,可以清净而治,故曰尚法。

〔二〕王念孫曰:"下脩而好作,義不可通。'下脩'當作'不循',謂不循舊法也。《墨子·非儒》篇道儒者之言曰:'君子循而不作。'此則反乎君子之所爲,故曰'不循而好作'也。'不'與'下','循'與'脩',字相似而誤。隸書'循'、'脩'二字相亂。楊注云:'以脩立爲下而好作爲。'失之。"

〔三〕王念孫曰:"取聽取從,言能使上下皆聽從之耳。楊云'言苟順上下意',失之。"

〔四〕楊倞曰:"紃與循同,倜然,疏遠貌。宿,止也,雖言成文典,若反覆紃察,則疏遠無所指歸也。"反,謝墉本從盧校作"及"。盧文弨曰:"注'反覆'二字,宋本無。"王引之曰:"元刻'及'作'反',是也。反,覆也,謂復紃察之也。據楊注則'及'爲'反'之誤明矣。《榮辱》篇'反鉛察之',其字正作'反'。紃、鉛古音聲相近,故字亦相通。《禮論》篇'則必反鉛',《三年問》'鉛'作'巡',《祭義》'終始相巡',注'巡,讀如沿漢之沿',皆其例矣。"是也,兹從元刻作'反'。

〔五〕孫隘堪先生曰:"《修身》篇云:'國家無禮則不寧。'《王霸》篇云:'國無禮則不正,禮之所以正國也。'則荀子以禮者經國家,定社稷,序人民,慎、田之不可經國定分,是不能以禮治國也。"
〔六〕皆見上《天下》篇。

不法先王,不是禮義〔一〕,而好治怪説〔二〕,玩琦辭〔三〕,甚察而不惠〔四〕,辯而無用〔五〕,多事而寡功,不可以爲治綱紀〔六〕,然而其持之有故,其言之成理,足以欺惑愚衆,是惠施、鄧析〔七〕也。

〔一〕楊倞曰:"不以禮義爲是。"
〔二〕《莊子》謂惠施"特與天下之辯者爲怪",又曰"益之以怪",即此所謂好治怪説也。
〔三〕琦,同奇,《解蔽》篇正作"玩奇辭"。
〔四〕《解蔽》篇曰:"析辭而爲察。"王念孫曰:"'惠'當爲'急'字之誤也。甚察而不急,謂其言雖甚察,而不急於用。故下句云'辯而無用'也。下文'無用而辯,不急而察','急'字亦誤作'惠'。《天論》篇云:'無用之辯,不急之察。'《性惡》篇云:'雜能旁魄而無用,析速粹孰而不急。'皆其明證也。楊訓惠爲順,失之。"
〔五〕《解蔽》篇曰:"言物而爲辯。"亦以辯與察對。《荀子》書皆以察辯對文,見下王念孫説。辯而無用,與《莊子》"其於無也何庸"同意。
〔六〕孫臨堪先生曰:"《勸學》篇云:'禮者,羣類之綱紀。'則施、析之善辯,與荀子正名在乎文名從禮,未有當也。故直詆之曰'不是禮義'。"
〔七〕惠施,見上《天下》篇。鄧析,鄧姓,析名,鄭人。《漢書·藝文志》注。楊倞《荀子》注云鄭大夫。好刑名,操兩可之説,設無窮之辭。

《荀子·不苟》篇注引劉向曰。洧水甚大，富人有溺者，人得其死者，富人請贖之，其人求金甚多，以告鄧析。鄧析曰："安之，人必莫之賣矣。"得死者患之，以告鄧析，鄧析又答之曰："安之，此必無所更買矣。"……子產治鄭，鄧析務難之……鄭國多相縣以書者，子產令無縣書，鄧析致之。子產令無致書，鄧析倚之……與民之有獄者約，大獄一衣，小獄襦袴，民之獻衣襦袴而學訟者不可勝數。以非爲是，以是爲非，是非無度，而可與不可日變。所欲勝因勝，所欲罪因罪。鄭國大亂，民口讙譁。子產患之，於是殺鄧析而戮之，民心乃服，是非乃定，法律乃行。《吕氏春秋·離謂》篇。○案，《荀子·宥坐》篇、《說苑·指武》篇、《列子·力命》篇亦皆謂子產殺鄧析，而《左傳》定公九年言駟歂殺之，或別見一鄧析也。《漢書·藝文志》有書二篇，在名家。今存《無厚》、《轉辭》二篇。

略法先王而不知其統〔一〕，猶然而材劇志大〔二〕，聞見雜博。案往舊造說〔三〕，謂之五行〔四〕，甚僻違而無類〔五〕，幽隱而無說，閉約而無解〔六〕。案飾其辭〔七〕而祗敬之曰：此真君子之言也〔八〕。子思〔九〕唱之，孟軻〔一〇〕和之，世俗之溝猶瞀儒〔一一〕，嚾嚾然〔一二〕不知其所非也〔一三〕，遂受而傳之，以爲仲尼、子游爲茲厚於後世〔一四〕，是則子思、孟軻之罪也〔一五〕。

〔一〕楊倞曰："言其大略雖法先王，而不知體統。"孫隘堪先生曰："何謂不知統？蓋言其不統於禮也。《勸學》篇云：'將原先王，本仁義，禮正其經緯蹊徑。'子思之書，據班《志》有二十三篇，今祗存《中庸》一篇，不能窺其全，未敢妄議。孟子非原先王本仁義者哉。荀子既以禮爲經緯蹊徑，故其於孟子也，因非其不知用禮爲之統耳。《不苟》篇曰：'推禮義之統，分是非之分。'《儒效》篇亦曰：'統禮義，一制度。'然則孟子之不知統，非謂其不統於禮乎？"

〔二〕郝懿行曰："'猶然而'，當依宋本作'然而猶'。此誤本也。"案，宋本無楊注，今書有注曰："猶然，舒遲貌。《禮記》'君子蓋猶猶耳'。劇，繁多也。"如據今本楊注，則作"猶然而"是也。

〔三〕案，考也，《漢書·賈誼傳》曰："案之當今之務。"《丙吉傳》曰："無所案驗。"皆謂考也。案往舊造説，謂考往舊而自造説也。與下文"案"字不同。

〔四〕章炳麟曰："楊倞曰：'五行，五常：仁、義、禮、智、信也。'五常之義舊矣，雖子思始倡之亦無損，荀卿何譏焉？尋子思作《中庸》，其發端曰'天命之謂性'，注曰'木神則仁，金神則義，火神則禮，水神則智，土神則信'。《孝經》説略同此。《王制·正義》引。是子思之遺説也。沈約曰：'《表記》取《子思子》。'今尋《表記》云：'今父之親子也，親賢而下無能。母之親子也，賢而親之，無能則憐之。母，親而不尊；父，尊而不親。水之於民也，親而不尊。火，尊而不親。土之於民也，親而不尊。天，尊而不親。命之於民也，親而不尊。鬼，尊而不親。'此以水火土比父母於子，猶董生以五行比臣子事君父。古者《洪範》九疇，舉五行傅人事，義未彰著。子思始善傅會，旁有燕、齊怪迂之士侈搏其説，以爲神奇，燿世誣人，自子思始。宜哉！荀卿以爲譏也。"《文録》卷一《子思孟子五行説》。又胡元儀亦謂："五行，木、金、水、火、土也。蓋荀卿子傳經，子思、孟子傳緯，故荀子尤非子思、孟子。"而引《中庸》"國家將興，必有禎祥，國家將亡，必有妖孽"及孟子"夜氣平旦之氣"，以相符徵，其説可與章説相發。

〔五〕王念孫曰："楊注'乖僻違戾而不知善類',非也。僻、違皆邪也。《周語》'動匱百姓,以呈其違',《晉語》'若有違質,教將不入',韋注並曰:'違,邪也。'《堯典》'静言庸違',《史記·五帝紀》作'共工善言其用僻',是辟即違也。《修身》篇'不由禮則夷固辟違,庸衆而野,又辟違而不愨',《不苟》篇曰'倨傲辟違,以驕溢人',昭二十年《左傳》曰'動作辟違,從欲厭私',並與此同。《成相》篇'邪枉辟回失道途',辟回即僻違。《小雅·鼓鐘》篇'其德不回',《毛傳》曰:'回,邪也。'《大雅·大明》篇'厥德不回',《毛傳》曰:'回,違也。'《堯典》'静言庸違',文十八年《左傳》作'静譖庸回',杜注曰:'回,邪也。'昭二十六年《左傳》'君無違德',《論衡·變虛》篇作'回德'。類者,法也,言邪僻而無法也。《方言》:'類,法也,《廣雅》同。齊曰類。'《楚辭·九章》'吾將以爲類兮',王注與《方言》同。《太玄》:'毅,次七,觓羊之毅,鳴不類。測曰,觓羊之毅,言不法也。'是古謂法爲類。《儒效》篇'其言有類,其行有禮',謂言有法也。楊注'類,善也,謂比類於善',失之。《王制》篇'飾動以禮義,聽斷以類',聽斷以法也。楊注'所聽斷之事皆行其善類',失之。《富國》篇'誅賞而不類',誅賞不法也。楊注'不以其類',失之。類之言律也,律亦法也,故《樂記》'律小大之稱',《史記·樂書》作'類'。《王制》篇曰:'其有法者以法行,無法者以類舉。'蓋法與類對文則異,散文則通矣。"

〔六〕楊倞曰:"約,結也。解,説也。幽隱無説,閉約無解,謂其言幽隱閉結而不能自解説。"

〔七〕案猶則也,或作安。王先謙曰:"荀書用'案'、'安'字,或爲語辭,或作'則'字用。'則'字亦然。《强國》篇云:'秦使左案左,使右案右。'使楚也。謂使左則左,使右則右也。《臣道》篇云:'是案曰是,非案曰非。'謂是則曰是,非則曰非也。《正論》篇云:'暴國獨俊,安能誅之。''能'字衍。謂暴國獨俊,則誅之也。又云:'今子宋子案不然。'謂子宋子則不然也。《解蔽》篇云:'學者以聖王爲師,案以聖王之制爲法。'謂以聖王爲師,則以聖制爲法也。此並以'安'、'案'代'則'字,餘多爲語辭。"《荀子集解》。飾辭謂緣飾其辭,即下文所謂託辭於孔子也。

〔八〕先君子謂子思稱孔子,謂託辭於孔子而自敬之也。

〔九〕子思,孔子之孫,《禮記·檀弓》釋文。伯魚之子,《吕氏春秋·審應覽》注。名伋,《孟子》、《檀弓上》。子思字也。《史記·孔子世家》。貌無須眉。《孔叢子·居衛》篇。爲魯繆公師。《漢書·藝文志》班固自注。嘗困於宋。《史記·孔子世家》。《漢志》有書二十三篇,在儒家,今佚。《中庸》及《表記》、《坊記》、《緇衣》皆在其中。據《隋書·音樂志》引沈約説。年八十二。據毛奇齡《四書賸言》、孔繼汾《闕里文獻考》。而《史記·孔子世家》及王肅《家語》後序作六十二,梁玉繩曰:'伯魚先孔子五年卒,則孔子卒時子思當不甚幼,而《孟子》、《檀弓》並稱子思在魯穆公時,故《漢書·藝文志》云子思爲繆公師也。孔子没於哀公十六年,歷悼公、元公至穆公即位之歲已七十年,安得子思年止六十二乎?毛氏《四書賸言》載王草堂復禮辨《史記》六十二是八十二之誤,是也。'冢在孔子冢南,大小相望。《史記集解》引《皇覽》。

〔一〇〕孟姓,軻名,字子居。《御覽》三百六十三引《聖證論》、《孔叢子·雜訓》篇注、顏師古《急就》篇注。而《孔叢·雜訓》、《漢書·藝文志》顏師古注引《聖證論》則作子車。《北堂書鈔》引《孟軻傳》、《荀子·非十二》篇注、《史記正義》、《文選》劉峻《辨命論》及注引《傅子》皆作子輿,不知孰是。據《御覽》引《聖證論》及《廣韻》注曰'孟子居貧轗軻,故名軻,字子居',則作子居是也。鄒人也。《史記》有傳。據《史記》云"受業子思之門人",班固《藝文志》注則曰"子思弟子"。晁公武《郡齋讀書志》曰:"《子思子》七卷,載孟軻問:'牧民之道何先?'子思曰:'先利之。'"則孟子親問業於子思也。故王邵以《史記》"人"字爲衍,是也。

〔一一〕郝懿行曰："《儒效》篇云'愚陋溝瞀'，楊注'溝，音寇'，是也。'溝猶瞀儒'四字疊韻，其義則皆謂愚蒙也。《漢·五行志》作'傋霿'。楊注引作'區瞀'。案，今《五行志》作'區霿'，或作'傋瞀'，或亦作'傋霿'。《楚辭·九辯》作'怐愁'。《說文》作'穀瞀'，案，又作'婁𪏆'。《廣韻》既作'怐愁'，又作'瞉瞀'，又作'瞉瞀'，並上音寇下音茂，此等皆以聲爲義，不以字爲義也。"王先謙曰："溝猶瞀儒者，溝瞀儒也。溝瞀訓愚闇，中不當有'猶'字。溝猶疊韻，語助耳。《儒效》篇'愚陋溝瞀'，無'猶'字，是其明證。楊倞釋猶爲猶豫、，非也。"

〔一二〕楊倞曰："嚾嚾喧嚻之貌，謂爭辯也。"郝懿行曰："嚾者，呼也。《玉篇》、《廣雅》音渙，義與喚同。《集韻》或作'讙'，音歡，則其義當爲讙譁矣。"

〔一三〕謂不知子思、孟子假託孔子之辭之非。

〔一四〕俞樾曰："楊注'仲尼、子游爲此言，垂德厚於後世'，則'爲茲厚'三字，於文未足，殆非也。厚猶重也，《戰國策·秦策》曰'其於敝邑之王甚厚'，注曰：'厚，重也。'爲茲厚於後世者，茲即指子思、孟子而言，蓋荀子之意，謂仲尼、子游之道，不待子思、孟子而重，而世俗不知，以爲仲尼、子游因此而後得重於後世。故曰'是則子思、孟軻之罪也'。"案，俞說是也。郝懿行謂"茲者，益也，多也，與'滋'義同"，非。惟楊注"子游疑子弓之誤"。下文"聖人之不得勢者，仲尼、子弓"，與仲尼連稱，楊注蓋以下文釋此文，此其證。《荀子》書他處亦婁言仲尼、子弓，不及子游，下文云"子游氏之賤儒"，與子張、子夏同譏，其不稱子游明矣。用郭嵩燾說。俞承誤，非也。又俞謂"世俗不知，以爲仲尼、子游因此而後得重於後世，爲子思、孟軻之罪"，亦非，詳下。

〔一五〕《韓詩外傳》引無子思、孟子，見上及下附。王應麟曰："荀卿非子思、孟子,蓋其門人如韓非、李斯之流,託其師說以毀聖賢,當以《韓詩》爲正。"盧文弨亦如此云。紀昀非之,以爲子思、孟子,後來論定爲聖賢耳,其在當時固亦卿之曹偶,是猶朱、陸之相非,不足訝也。是也。荀子非子游、子夏、子張諸孔門弟子,又何訝於非子思、孟子。即如王說,則《外傳》無它囂、陳仲、史鰌,抑又何也?考《不苟》篇"君子養心莫善於誠,致誠則無他事,唯仁之爲守,唯義之爲行",與子思、孟子言未嘗不合,特一以仁義爲歸,一以禮爲統。以仁義爲歸,故簡於禮。以禮爲統,則欲行仁義,必統於禮而乃成。《禮論》篇曰"道德仁義,非禮不成",亦謂"不統於禮,不足以成仁義也",此孟、荀所由同門異户,遂以相非,不足異也。所謂子思、孟子之罪,謂子思、孟子假託孔子之辭,瞽儒從而傳之,以假爲真,乃其罪也。

若夫總方略〔一〕,齊言行,壹統類〔二〕,而羣〔三〕天下之英傑,而告之以大古〔四〕,教之以至順,奥窔之間〔五〕,簟〔六〕席之上,斂然〔七〕聖王之文章具焉,佛然〔八〕平世〔九〕之俗起焉,六說者〔一〇〕不能入也,十二子者不能親也,無置錐之地,而王公不能與之爭名,在一大夫之位,則一君不能獨畜,一國不能獨容〔一一〕,成名況乎諸侯,莫不願以爲臣〔一二〕,是聖人之不得埶者也,仲尼、子弓〔一三〕是也。

〔一〕謂總合方術謀略。
〔二〕統,謂合。類,謂分。
〔三〕羣,謂會合。
〔四〕大,讀曰太。《韓詩外傳》引'古'作'道'。

〔五〕楊倞曰:"西南隅謂之奧,東南隅謂之窔,言不出堂室之内也。"

〔六〕《韓詩外傳》四引"簟"作"袵"。

〔七〕王引之曰:"古無以'斂然'二字連文者,'斂'當爲'歙'字之誤也。歙然者,聚集之貌,言聖王之文章歙然皆聚於此也。《漢書·韓延壽傳》曰:'郡中歙然,莫不相敕厲。'《匡衡傳》曰:'學士歙然歸仁。'字亦作'翕'。《史記·自序》曰:'天下翕然,大安殷富。'義並同也。楊注亦當作歙然聚集之貌。今隨正文而誤。"案,《韓詩外傳》引作"簡然"。

〔八〕楊倞曰:"佛,讀爲勃,勃然興起貌。"案,《韓詩外傳》作"沛然"。

〔九〕平世,謂平治之世。《孟子》曰:"禹稷當平世。"

〔一〇〕謝本從盧校,"六"上有"則"字。王念孫曰:"元刻無'則'字,宋龔本同,是也。上文'若夫'二字,總領下文十九句,而結之曰'是聖人之不得埶者也',此二十句皆一氣貫注,若第十一句上加一'則'字,則隔斷上下語脈矣。《韓詩外傳》無'則'字,下文'六說者立息,十二子者遷化','六說'上亦無'則'字。"是也。今不從盧校。

〔一一〕言雖在下位,非諸侯所能畜,一國所能容。

〔一二〕俞樾曰:"楊注讀'諸侯莫不願以爲臣'作一句,則'成名況乎'四字文不成義。又載或說以'況乎屬下句',則'成名'二字更不成義。皆非也。此當以'成名況乎諸侯'爲句,成與盛通,《周易·繫辭傳》'成象之謂乾',蜀才本'成'作'盛'。《史記·封禪書》曰'主祠成山',《漢書·郊祀志》'成'作'盛',然則成名猶盛名也。況者,賜也,言以盛名爲諸侯賜也。大賢所至,莫不以爲榮幸,若受其賜然。《漢書·灌夫傳》'將軍乃肯幸臨況魏其侯',即此'況'字之義。"案,以成名爲盛名,又讀'盛名況乎諸侯'爲句,是。惟釋況爲賜,未安。孫詒讓曰:"況與皇通,《書・無逸》'則皇自敬德',孔疏引王肅本'皇'作'況'。又《泰誓》'我皇多有之',《公羊・文十二年傳》作'而況乎我多有之'。《詩・周頌》'烈文',《毛傳》云:'皇,美也。'《大戴禮記・小辯》篇云:'政治之樂,皇於四海。'此云'成名況乎諸侯',與《小辯》'皇於四海'義正同。《説文・金部》云:'鍠,鐘聲也。'《吕氏春秋・自知》篇云:'鐘況然有音。''況'即'鍠'之借字。此'況乎'與《吕覽》'況然'文例相近。《儒效》篇亦有此文。義並同,得之。"王引之則以爲"成名況乎"下有脱文,蓋不得其讀而爲之辭也,又曰"《儒效》篇'願'下有'得'字,彼文因此而衍。案,《儒效》篇亦有'名在一大夫之位'一段,盧文弨曰:'此段"在一大夫之位"云云當爲衍文,《韓詩外傳》卷五無此,徑接下語勢方吻合。'王念孫曰:'此三十二字涉《非十二子》篇而衍,故王氏云。'則此文當有得字也。宋龔本有。《非相》篇'婦人莫不願得以爲夫,處女莫不願得以爲士',文義正與此同。據楊注案,楊注曰:'故諸侯莫不願得以爲臣。'亦當有'得'字。"

〔一三〕子弓有三説。王弼以爲朱張,注《論語》云:"朱張字子弓,荀卿以比孔子者。"見《經典釋文》引。韓愈以爲馯臂子弓,見《送王秀才塤序》。楊倞以爲仲弓,注《非相》篇曰:"子弓,蓋仲弓也。言子者,著其爲師也。馯臂子弓,受《易》者也,傳《易》之外,別無所聞,非馯臂也。"胡萊、汪中、俞樾從之,以爲仲弓之爲子弓,猶季路之爲子路。子路、子弓,其字也。曰季、曰仲,至五十而加以伯仲也。胡元儀曰:"韓愈以爲馯臂子弓,此説不起自昌黎,張守節作《史記正義》所據本作'子弘',辯之曰:'《荀子》作子弓。'楊倞注力辯非馯臂子弓,則唐以前之説,皆以《荀子》之子弓即馯臂矣。古説相傳,信而有徵者也。應劭云:'子弓,子夏之門人。'蓋子弓學無常師,學業必有異人者,故荀卿比之孔子,不得以典籍無傳而疑之也。

楊倞以子弓爲仲弓,考其時世,荀卿不得受業於仲弓,不過因孔子稱仲弓可使南面,以爲仲弓方可比孔子耳,殊乖事之實也。王弼以爲朱張,朱張在孔子之前,荀卿不能受業,即以爲荀所受業,亦孔子前之聖人,何以荀卿動曰'孔子、子弓',先孔子而後子弓邪?"《荀卿別傳考論》。案,胡說是也。《史記·仲尼弟子傳》、《漢書·儒林傳》皆言馯臂子弓,馯姓臂名,子弓其字也,楚人,案,《漢書》作江東,江東在楚地。孔子再傳弟子,從商瞿受《易》。《史記·仲尼弟子列傳》。○案,《漢書》云"魯商瞿子木受《易》孔子,以授魯橋庇子庸,子庸授江東馯臂子弓",則孔子三傳弟子矣。《史記》以子庸爲子弓弟子。

一天下,財萬物〔一〕,長養人民,兼利天下,通達之屬〔二〕,莫不從服,六說者立息,十二子者遷化〔三〕,則聖人之得埶者,舜〔四〕、禹是也〔五〕。

〔一〕王念孫曰:"財如《泰象傳》'財成天地之道'之'財',財,亦成也。'財萬物'與'長養人民,兼利天下'連文,是'財萬物'即'成萬物'。《繫辭傳》曰'曲成萬物而不遺'是也。《儒效》篇曰'通乎財萬物養百姓之經紀',《王制》篇曰'等賦政事,財萬物,所以養萬民也',楊注曰'裁制萬物',失之。又曰'序四時,裁萬物',裁與財同。兼利天下',《富國》篇曰'財萬物,養萬民',義並與此同。"
〔二〕楊倞曰:"謂舟車所至,人力所通者也。"
〔三〕謂遷善而從化。
〔四〕舜名,虞姓,鄭玄《尚書》注,《尚書正義》引。案,董子《繁露》、《白虎通》、《獨斷》以爲謚而非名。考《堯典》"帝曰有鰥在下曰虞舜",則確定爲名而非謚。馬融以爲舜死後賢人錄之,臣子爲諱,故變名言謚,非也。五帝之五也。舜,又作俊。《山經·大荒東經》。

〔五〕禹名,姒姓,《周語》。三王之最先。禹,又作㜽,《漢書·藝文志》。又作𡿧。《路史·後記十三》注。

今夫仁人也,將何務哉?上則法舜、禹之制,下則法仲尼、子弓之義,以務息十二子之說。如是則天下之害除,仁人之事畢,聖王之跡著矣。〔一〕

〔一〕案,以上非十二子而歸本於聖人。

信信,信也;疑疑,亦信也〔一〕。貴賢,仁也;賤不肖,亦仁也〔二〕。言而當,知也;默而當,亦知也。故知默猶知言也〔三〕。故多言而類,聖人也〔四〕;少言而法,君子也;多少無法而流湎,雖辯,小人也〔五〕。故勞力而不當民務〔六〕,謂之奸〔七〕。事勞知而不律〔八〕先王,謂之奸心。辯說譬喻,齊給便利〔九〕,而不順禮義,謂之奸說。此三奸者,聖王之所禁也。知而險,賊而神〔一〇〕,爲詐而巧〔一一〕,言無用而辯,辯不惠而察〔一二〕,治之大殃也。行辟而堅〔一三〕,飾非而好〔一四〕,玩奸而澤〔一五〕,言辯而逆〔一六〕,古之大禁也〔一七〕。知而無法〔一八〕,勇而無憚〔一九〕,察辯而操僻〔二〇〕,淫大而用之〔二一〕,好奸而與衆〔二二〕,利足而迷,負石而墜〔二三〕,是天下之所棄也〔二四〕。

〔一〕信可信者固信,疑可疑者亦以求信也,故曰亦信也。
〔二〕如舜舉八元、八愷,黜四凶。
〔三〕《論語》:"知之爲知之,不知爲不知,是知也。"

〔四〕類，亦法也，説見上。下文"多少無法"可證。楊倞以爲類於禮義，非。

〔五〕盧文弨曰："此數語，又見《大略》篇，彼作'多言無法'，此'少'字似譌。"王念孫曰："而與如同。"王先謙曰："流湎猶沈湎。"案，《淮南子·要略》篇"康梁沈湎"，《太平御覽》引作"流湎"，是其證。

〔六〕謂不當四民之務。務猶事也。

〔七〕奸，惡也。鄭玄曰："由内爲奸。"《史記集解》引。

〔八〕律，法也。

〔九〕楊倞曰："齊，疾也。給，急也。便利亦謂言辭敏捷也。"

〔一〇〕王念孫曰："'知而險'與'賊而神'對文，則知非美稱，知者，巧也。《淮南·覽冥》篇注'智，故巧詐也'，《莊子·胠篋》篇'知詐漸毒'，《淮南·原道》篇'偶睉智故，曲巧僞詐'，並與此'知'字同義。故下句即云"爲詐而巧"，言既智巧而又險巇也。"案，是也。郝懿行以知爲才智，非。神亦非美稱，謂巧於作奸，如謂神奸巨蠹。

〔一一〕俞樾曰："爲與僞通，爲詐即僞詐也。《管子·兵法》篇'不可數則僞詐不敢嚮'，《幼官》篇作'爲詐不敢鄉'，正與此同。楊注謂巧於爲詐，非是。"

〔一二〕王念孫曰："此本作'無用而辯，不急而察'，辯者，智也，慧也，《廣雅》：'辯，慧也。'慧，通作惠，《晉語》曰：'巧文辯惠則賢。'《逸周書·寶典》篇曰：'辯惠干智。'《商子·説民》篇曰：'辯惠亂之贊也。'辯，通作辨，《大戴記·文王官人》篇曰：'不學而性辨。'《荀子·性惡》篇曰：'性質美而心辯知。'《東周策》曰：'兩周辯知之士。'是辯與智慧同義。非辯論之辯。下文'言辯而逆'，乃及言論耳。無用而辯，即辯而無用，非謂言無用而辯也。今本'言'字涉下文'言辯'而衍。不急而察，即察而不急，非謂辯不惠而察也。今本'辯'字涉上句而衍。上文云'甚察而不急，今本'急'字亦誤作'惠'，辯見前'甚察而不惠'下。辯而無用'，是其明證矣。"
〔一三〕辟讀爲僻,謂所行雖邪僻而持之堅也。
〔一四〕王念孫曰:"飾非而好,言其飾之工也。'好'字當讀上聲。"
〔一五〕謂玩奸足以自澤而不滯,可眩衆而不疑也。
〔一六〕謂言雖辯而逆正道。
〔一七〕《小戴記·王制》篇"四誅"之一,曰"行僞而堅,言僞而辯,學非而博,順非而澤,以疑衆,殺,故曰古之大禁也",又本書《宥坐》篇載孔子誅少正卯,曰"人有惡者五,而盜竊不與焉。一曰心達而險,二曰行辟而堅,三曰言僞而辯,四曰記醜而博,五曰順非而澤",《尹文子·聖人》篇、《説苑·指武》篇、《劉子·心隱》篇皆同。當即本此。
〔一八〕知如字。
〔一九〕謂無忌憚,楊倞以爲輕死,非也。
〔二〇〕王念孫曰:"'察'、'辨'二字平列,'辯'字義見上。言能察能辯,而所操皆僻淫之術也。《勸學》篇曰:'不隆禮,雖察辯,散儒也。'《不苟》篇曰:'君子辯而不爭,察而不激。'《荀子》書皆以'察'、'辯'對文,不可枚舉。"俞樾曰:"當以'察辯而操僻'五字爲句,《大略》篇亦云'察辯而操僻',是其證。"是也,舊讀"察辯而操僻淫",非,據正。
〔二一〕俞樾曰:"大讀爲汰,淫汰連文。《仲尼》篇曰'若是其險,行淫汰也',是其證。之者,乏之壞字,襄十四年《左傳》曰'匱神乏祀',《釋文》曰'本或作之祀',蓋'之'、'乏'形似,故易誤耳。'淫汰而用乏',與'察辯而操僻',相對成文。此文自'知而無法,勇而無憚'至'利足而迷,負石而墜'凡七句,語皆一律,而總之曰'是天下之所棄也'。楊倞以'大而用之'四字爲句,而釋之曰'以前數事爲大而用之',則上下文氣隔矣。"
〔二二〕楊倞曰:"好奸而與衆人共之,謂使人同之也。"

〔二三〕郝懿行曰:"利足而迷,所謂捷徑以窘步也。負石而墜,所謂力小而任重,高位實疾顛也。二句皆譬況之詞。"
〔二四〕以上一段,承上文而總言所以非之之故。

兼服天下之心,高上尊貴不以驕人〔一〕,聰明聖知〔二〕不以窮人〔三〕,齊給速通〔四〕不爭先人〔五〕,剛毅勇敢不以傷人,不知則問,不能則學,雖能必讓,然後爲德〔六〕。遇君則修臣下之義,遇鄉〔七〕則修長幼之義,遇長則修子弟之義,遇友則修禮節辭讓之義,遇賤而少者則修告導寬容之義。無不愛也,無不敬也,無與人爭也,恢然〔八〕如天地之苞萬物,如是則賢者貴之,不肖者親之。如是而不服者,則可謂訞〔九〕怪狡猾人矣。雖則子弟之中,刑及之而宜〔一〇〕。《詩》云:"匪上帝不時,殷不用舊。雖無老成人,尚有典刑。曾是莫聽,大命以傾〔一一〕。"此之謂也。

〔一〕楊倞曰:"在貴位不驕人。"
〔二〕盧文弨曰:"元刻'知'作'智'。"
〔三〕謂不窮人之所不能。《韓詩外傳》六"窮"作"幽"。
〔四〕齊給,《説苑・敬慎》篇作"資給"。
〔五〕王念孫曰:"不爭先人,當依上下文作'不以先人'。今本以作'爭',涉下文'與人爭'而誤也。《韓詩外傳》案,在卷六。作'不以欺誣人'。《説苑・敬慎》篇作'無以先人'。文雖不同,而'以'字則同。"案,《羣書治要》引《説苑》亦作'爭',與本書今本同。
〔六〕謂然後爲聖賢之德。
〔七〕謂在鄉黨之中。

〔八〕《韓詩外傳》作"曠然",皆大貌。

〔九〕訞同妖,《大戴記·易本命》"訞孽數起",《漢書·文帝紀》"除訞言之皋"。皆謂妖也。

〔一〇〕楊倞曰:"訞怪狡猾之人,雖在家人子弟之中,亦宜刑戮及之。況公法乎?"

〔一一〕在《詩·大雅·蕩之篇》,鄭玄曰:"老成人,伊尹、伊陟、臣扈之屬。典刑常事故法也。"以上一段言所以爲聖賢,不服聖賢者,即爲訞怪狡猾,亦承上十二子而言。

古之所謂士仕〔一〕者,厚敦者也,合羣〔二〕者也,樂富貴〔三〕者也,樂分施〔四〕者也,遠罪過者也,務事理〔五〕者也,羞獨富〔六〕者也。今之所謂士仕者,汙漫〔七〕者也,賊亂者也,恣睢者也,貪利者也,觸抵〔八〕者也,無禮義而唯權勢之嗜者也。古之所謂處士〔九〕者,德盛〔一〇〕者也,能靜〔一一〕者也,修正〔一二〕者也,知命〔一三〕者也,著是〔一四〕者也。今之所謂處士者,無能而云能〔一五〕者也,無知而云知者也,利心無足而佯無慾〔一六〕者也,行僞險穢而强高言謹愨〔一七〕者也,以不俗爲俗〔一八〕,離縱而跂訾〔一九〕者也。

〔一〕王念孫曰:"'士仕'當爲'仕士',與下'處士'對文,今本'仕士'二字到轉。(下文同。)"

〔二〕楊倞曰:"合,謂和合羣衆也。"

〔三〕楊倞曰:"樂其道也。"俞樾曰:"樂富貴,豈得爲樂其道,正文'樂'字疑涉注文而誤。下云'羞獨富'者也,以獨富爲羞,必不以富貴爲樂。今雖不知爲何字之誤,大要是不慕富貴之意。故注以樂道說之也。"王先謙曰:"案,'富'字當時'可'字之誤,正文言'樂可貴者也',故注以樂其道釋之。惟道爲可貴也。下文'君子能爲可貴',注云'可貴,謂道德也',可互證。"

〔四〕王先謙曰:"案,《君道》篇云:'以禮分施,均遍而不偏。'均遍不偏,即分施之義。"

〔五〕務,求也,言必求事理。楊注"務使事有條理",非。上文"樂富貴"以下數句,句法相同,可證。

〔六〕楊倞曰:"使家給人足。"

〔七〕《榮辱》篇作'汗漫',《莊子》作'澶漫',一也。崔云:"淫衍也。"李云:"縱逸也。"一曰,漫,欺誑之也。

〔八〕王念孫曰:"觸抵,謂觸罪過也。此對上文'遠罪過'而言。"

〔九〕趙岐《孟子·滕文公》篇注曰:"布衣處士。"《漢書·異姓諸侯王表》注:"處士,謂不官朝而居家者也。"

〔一〇〕德盛,謂盛德。《孟子·萬章》篇咸丘蒙曰:"語云盛德之士。"

〔一一〕謂能安時處順。

〔一二〕謂修身正心。

〔一三〕謂知天命。

〔一四〕不可解。劉台拱曰:"著是,疑當作'著定',與上文'盛'、'靜'等字爲韻。言有守定不流移也。"《荀子補注》。

〔一五〕楊倞曰:"云能,自言其能也。《慎子》曰:'勁而害能則亂也,云能而害無能則亂也。'蓋戰國時以'言能'爲'云能',當時之語也。"案,以云爲言,亦習語,非戰國一時之語也。故下"言知"曰"云知"。

〔一六〕謂好利不饜,而詐謂無慾。

〔一七〕謂行僞而故爲謹愨,"愨"即"愨"字。《集韻》云:"大抵愨、慤、愨、殻,或省或通,並存可也。""愨"又"愨"字之變。

〔一八〕謂不近人情，與俗立異而自爲俗也。故下文曰"離縱而跂訾"，亦自異於衆之意，楊注意未顯。

〔一九〕王念孫曰："楊注有前後二説。前説讀訾爲恣，以離爲離於俗而放縱，跂訾爲跂足違俗而恣其志意，皆非也。後説謂縱爲縱之誤，是也。《莊子·在宥》篇'儒墨乃始離跂攘臂乎桎梏之間'，'離'、'跂'疊韻字。《荀子》云'離縱而跂訾'，'離'、'縱'、'跂'、'訾'亦疊韻字。大抵皆自異於衆之意也。楊訓縱爲步而以離縱爲離於俗而步去，跂訾爲跂足自高而訾毁於人，亦非。凡疊韻之字，其意即存乎聲，求諸其聲則得，求諸其文則惑矣。"案，王説是也。郝懿行以縱與蹤同，離縱謂離其尋常蹤跡，而令人敬異，訾訓思，訓量，跂訾謂跂望有所思量，而示人意遠。亦望文生義，王氏所謂求諸其文則惑也。以上一段言聖狂之所以分，亦承上文而極言之。

士君子之所能不能爲〔一〕：君子能爲可貴〔二〕，不能使人必貴己；能爲可信，不能使人必信己；能爲可用〔三〕，不能使人必用己。故君子恥不修，不恥見汙〔四〕；恥不信，不恥不見信；恥不能，不恥不見用。是以不誘於譽，不恐於誹，率道而行，端然正己，不爲物傾側，夫是之謂誠君子〔五〕。《詩》云："溫溫恭人，維德之基〔六〕。"此之謂也〔七〕。

〔一〕王念孫云："吕、錢本並作'士君子之所能不能爲'，世德堂本同。案，此文本作'士君子之所能爲不能爲'，乃總冒下文之詞。下文'君子能爲可貴，不能使人必貴己'六句，皆承此文而言。宋本脱上文'爲'字，元刻又脱上'能'字。盧文弨既依元刻删'能'字，又不知爲冒下之辭，而以爲承上之辭，遂畫出此句爲上段之末句,誤矣。又疑此句因下文而衍,則誤之又誤也。"案,王說是也。惟宋台州本此句連上,台州即祖呂本,是分段之誤,不自盧始也。王先謙説。

〔二〕楊倞曰:"可貴謂道德。"
〔三〕謂有才能可用。
〔四〕謂爲人詬汙。
〔五〕謂誠實無虛偽。
〔六〕《詩·大雅·抑》之篇。溫溫,寬柔貌。
〔七〕以上一段言士君子之所以爲士君子。

　　士君子之容:其冠進〔一〕,其衣逢〔二〕,其容良〔三〕,儼然〔四〕、壯然〔五〕、祺然〔六〕、蕼然〔七〕、恢恢然〔八〕、廣廣然〔九〕、昭昭然〔一〇〕、蕩蕩然〔一一〕,是父兄之容也〔一二〕。其冠進,其衣逢,其容愨〔一三〕,儉然〔一四〕,恀然〔一五〕,輔然〔一六〕,端然〔一七〕,訾然〔一八〕,洞然〔一九〕,綴綴然〔二〇〕,瞀瞀然〔二一〕,是子弟之容也。吾語汝學者之嵬容〔二二〕:其冠絻〔二三〕,其纓禁緩〔二四〕,其容簡連〔二五〕,填填然〔二六〕,狄狄然〔二七〕,莫莫然〔二八〕,瞡瞡然〔二九〕,瞿瞿然〔三〇〕,盡盡然〔三一〕,盱盱然〔三二〕,酒食聲色之中,則瞞瞞然〔三三〕,瞑瞑然〔三四〕;禮節之中,則疾疾然〔三五〕,訾訾然〔三六〕;勞苦事業之中,則儢儢然〔三七〕,離離然〔三八〕。偷儒而罔〔三九〕,無廉恥而忍謑詬〔四〇〕,是學者之嵬也〔四一〕。弟佗其冠〔四二〕,神襌其辭〔四三〕,禹行而舜趨〔四四〕,是子張〔四五〕氏之賤儒也。正其衣冠,齊〔四六〕其顏色,嗛然而終日不言〔四七〕,是子夏〔四八〕氏之賤儒也。偷儒憚事,無廉恥而耆〔四九〕飲食,必曰君子固不用力,是子游〔五〇〕氏之賤儒也〔五一〕。彼君子則不然,佚而不惰〔五二〕,勞而不僈〔五三〕,宗原應變〔五四〕,曲得其宜,如是,然後聖人也〔五五〕。

〔一〕 俞樾曰:"進,讀爲峻。峻,高也。言其冠高也。下云'其衣逢',逢,大也。於冠言高,於衣言大,義正相類。進、峻音近,故得通用。《禮記·祭統》篇'百官進徹之',鄭注曰:'進,當爲餕。'然則峻之爲進,猶餕之爲進矣。"
〔二〕 逢,大也,謂逢掖。《小戴記·儒行》篇"衣逢掖之衣",鄭玄曰:"衣掖下寬大也。掖同腋。"
〔三〕 良,謂儀容之美。
〔四〕 《詩·陳風》"碩大且儼",《毛傳》"儼,矜莊貌"。
〔五〕 壯,大也,即《詩·陳風》碩大之意。楊倞曰:"或當爲莊。"
〔六〕 未詳。楊倞曰:"或曰,祺,祥也,吉也,謂安泰不憂懼之貌。"
〔七〕 未詳。楊倞曰:"或曰,䣃,當爲肆,爲寬舒之貌。"
〔八〕 恢恢,亦大貌。《說文》"恢,大也"。楊注:"容衆貌,下文言'父兄之容',容不可以容衆,非也。"
〔九〕 廣廣,寬貌。
〔一〇〕楊倞曰:"昭昭,明顯之貌。"
〔一一〕楊倞曰:"蕩蕩,恢夷之貌。"案,《論語》曰:"君子坦蕩蕩。"
〔一二〕謂士君子爲父兄之容也。下弟子之容放此。
〔一三〕憨即愨字,詳上。愨然,誠謹貌。《說文》"愨,謹也",《廣韻》"誠也"。《不苟》篇"有愨士者",謂誠謹之士也。
〔一四〕楊倞曰:"儉然自卑謙之貌。"
〔一五〕俞樾曰:"《漢書·敍傳》'妭妭公主',師古曰'妭妭,好貌'。恀即妭之假字。嚴威儼恪,成人之道,非所以事親,故子弟之容,必恔恔然好也。"楊倞據《爾雅》"恀,恃也",以爲恃尊長之貌,較俞説爲迂。

〔一六〕楊倞曰:"輔然,相親附之貌。"

〔一七〕楊倞曰:"端然,不傾倚之貌。"案,即《曲禮》"遊毋倨,立毋跛"之意。

〔一八〕訾然,未詳。楊倞曰:"或曰與'孨'同,柔弱之貌。"亦未安。

〔一九〕楊倞曰:"洞然,恭敬之貌。"《禮記》曰"洞洞乎其敬也"。

〔二〇〕楊倞曰:"綴綴然,不乖離之貌,謂相連綴也。"

〔二一〕瞀,《説文》"低目謹視也",則瞀瞀然,亦低目謹視之貌,正子弟謹慤之容。楊倞謂不敢正視之貌,亦由《説文》之義衍之。

〔二二〕盧文弨曰:"元刻正文無'容'字,今從宋本增。"郝懿行曰:"上'嵬瑣'注,'嵬'與'傀'義同。引《大司樂》鄭注'傀猶怪也',然則嵬容者,怪異之容,故其下遂以重文疊句寫貌之。"案,是也。王先謙謂學者之嵬容,猶言學者之傀之容,"嵬"、"容"二字不連,而以下文"是學者之嵬也"爲證。非也。下文"學者之嵬"即謂學者之容,上文重文疊句皆謂容,疑"嵬"下或脱"容"字,如上文元刻奪"容"字,王據以爲證,失之。

〔二三〕楊倞曰:"俛,當爲俛,謂太向前而低俯也。"

〔二四〕《説文》"纓,冠繫也。"禁緩未詳。楊倞曰:"或曰禁讀爲紟。紟,帶也。言其纓大如帶而緩也。"亦未安。

〔二五〕楊倞曰:"簡連,傲慢不前之貌也。連讀如'往蹇來連'之'連'。"

〔二六〕郝懿行曰:"填填者,盈滿之容。"

〔二七〕郝懿行曰:"狄,與逖同,遠也。狄狄者,疏散之容也。"

〔二八〕郝懿行曰:"莫莫者,大也,謂矜大之容。"

〔二九〕郝懿行曰："睍,疑與嫛同。嫛_{烏筆切}者,細也。《方言》'細而有容謂之嫛'。睍睍者,鄙細之容。"

〔三〇〕郝懿行曰："瞿瞿者,左右顧望之容。"

〔三一〕郝懿行曰："盡盡者,閉藏消沮之容。"俞樾曰："盡盡,猶津津也。《莊子・庚桑楚》篇曰:'津津乎猶有忍也。'此作'盡盡'者,聲近故假用耳。《周官・大司徒職》曰'其民黑而津',《釋文》曰:'津,本作濜。'然則'津津'之爲'盡盡',猶'津'之爲'濜'矣。"

〔三二〕郝懿行曰："盰盰者,張目直視之容,凡此皆以相反相儷爲義。"

〔三三〕楊倞曰："瞞瞞,閉目之貌。"

〔三四〕楊倞曰："瞑瞑,視不審之貌。瞞瞞、瞑瞑,皆謂好悅之甚,佯若不視也。"郝懿行云："謂耽於酒食聲色,惛瞀迷亂之容也。瞑與眠同。"

〔三五〕楊倞曰："疾,謂憎疾。"

〔三六〕楊倞曰："訾,謂毀訾。"郝懿行曰："疾疾、訾訾,謂苦於禮節拘迫,畏憚惰窳之容也。"

〔三七〕楊倞曰："陸法言云'儢,心不力也,音吕。儢儢,不勉強之貌。'"

〔三八〕楊倞曰："離離,不親事之貌。"郝懿行曰："儢儢、離離,謂不耐煩苦勞頓,嬾散疏脫之容也。'瞞瞞'、'瞑瞑'以下,皆四字合爲雙聲,狀其醜態。"

〔三九〕偷儒,謂苟且懦弱。罔,謂罔冒。《不苟》篇曰："偷儒憚事,無廉恥而嗜乎飲食,則可謂惡少者矣。"及下文偷儒云云,皆爲學者戒偷惰。

〔四〇〕楊倞曰："譀訕,詈辱也。"盧文弨曰："正文'譀訕',元刻作'譀詢'。案,《說文》'譀,胡禮切',重文'譀',實一字也。洪興祖《楚辭補注・九思》篇'謑詬'下引《荀子》作'譙詢',正與宋本合。其引注'罵辱也',又與元刻同。案,《漢書・賈誼傳》有'焦詬亡節'語,同此。"案,《漢書》作"娭詬"。

〔四一〕詳上第二十二條。

〔四二〕盧文弨曰:"弟,本或作弟。《集韻》音徒回反。《莊子・應帝王》篇有'弟靡',此'弟佗',義當近之,與上文所云'其冠絻'亦頗相似。俗間本俱作第。"

〔四三〕楊倞曰:"神襢,當爲沖澹,謂其言淡薄。"案,此即所謂面目可憎,言語無味也。

〔四四〕謂但效法聖人威儀。

〔四五〕子張,姓顓孫,名師,子張字也,孔子弟子。《史記・仲尼弟子列傳》曰:"陳人,少孔子四十八歲。"

〔四六〕齊,謂整齊。

〔四七〕郝懿行曰:"嗛,猶謙也,抑退之貌。案,或云,嗛,口有銜也,謂若口有所銜者。"

〔四八〕子夏,姓卜,名商,子夏其字也,亦孔子弟子。《孔子家語》曰:"衛人。"鄭玄曰:"溫國卜商。"溫原屬衛,則衛人確也。《史記・仲尼弟子列傳》曰:"少孔子四十四歲。"孔子既没,居西河教授,爲魏文侯師。

〔四九〕耆,同嗜。

〔五〇〕子游,姓言,名偃,子游其字也,亦孔子弟子。《史記・仲尼弟子列傳》曰"吴人",《家語》云魯人,誤。今常熟有言偃冢,則吴人是也。"少孔子四十五歲"。爲武城宰。

〔五一〕案,三子者,孔門高弟,豈如荀子所譏?蓋言其末流之變,推其源而言之耳。《墨子・非禮》、《耕柱》、《公孟》諸篇亦譏儒者貪於飲食,惰於作務,徒古其服及言,與此合。《小戴記・儒行》記孔子之言曰"今衆人之命儒也妄,常以儒相詬病",又記哀公聞孔子之言曰"終没吾世,不敢以儒爲戲"。蓋儒之末流,多貪於飲食,飾其衣服之賤儒。聞者不察,以儒相詬病,以儒相戲者多,皆賤者有以取之也。《儒行》疑當時儒者託聖人之言以自重也。_{先儒詳之。}

〔五二〕佚、逸同。謂雖逸而不懈惰。

〔五三〕僈、慢同。謂雖勞而不弛慢。

〔五四〕《王制》篇曰:"舉錯應變而不窮,夫是之謂有原。"即此宗原應變之義也。王先謙曰:"宗原,謂以本原爲宗,應萬變而不離其宗,各得其宜,是謂聖人也。"

〔五五〕以上一段,言士君子與賤儒之不同。蓋荀子自許爲真儒,其書常言陋儒、腐儒、賤儒,恐亂其真也。故既非子思、孟子於前,復深斥三子之徒於後,其隱然自負者,至矣。本篇大旨所在别學説之是非,故於篇首曰"飾邪説……使天下混然不知是非治亂之所存",深惡其亂是非也。然非者易别,似是而非者難别也,故於儒家之不同者,尤深論之。

附《韓詩外傳》卷四一節

夫當世之愚,飾邪説,文奸言,以亂天下,欺惑衆愚,使混然不知是非治亂之所存者,則是范雎、魏牟、田文、莊周、慎到、田駢、墨翟、宋鈃、鄧析、惠施之徒也。此十子者,皆順非而澤,聞見雜博,然而不師上古,不法先王,按往舊造説,務自爲工,道無所遇,而人相從。故曰十子者之工説,説皆不足合大道,美風俗,治綱紀,然其持之各有故,言之皆有理,足以欺惑衆愚,交亂樸鄙,則是十子之罪也。若夫總方略,一統領,齊言行,羣天下之英傑,告之以大道,教之以至順,隩要之間,袵席之上,簡然聖王之文具,沛然平世之俗起,工説者不能入也,十子者不能親也,無置錐之地,而王公不能與争名,則是聖人之未得志也,仲尼是也,舜禹是也。_{案,舜禹可不謂未得}

志,"舜禹"上當有闕文,參看《荀子》。仁人將何務哉?上法舜禹之制,下則仲尼之義,以務息十子之說,如是者仁人之事畢矣,天下之害除矣,聖人之迹著矣。《詩》曰:"雨雪瀌瀌,見晛曰消。"案,《外傳》卷六引有"兼服天下"一段,因無關評論,不錄。

四、《荀子·天論》篇〔一〕一節

萬物爲道一偏〔二〕，一物爲萬物一偏，愚者爲一物一偏〔三〕，而自以爲知道，無知也〔四〕。慎子有見於後，無見於先〔五〕；老子有見於詘，無見於信〔六〕；墨子有見於齊，無見於畸〔七〕；宋子有見於少，無見於多〔八〕。有後而無先，則羣衆無門〔九〕。有詘而無信，則貴賤不分〔一〇〕。有齊而無畸，則政令不施〔一一〕。有少而無多，則羣衆不化〔一二〕。《書》曰："無有作好，遵王之道，無有作惡，遵王之路〔一三〕。"此之謂也。

〔一〕在《荀子》書第十七，名曰天論，實言萬事由人不由天之理，爲《荀子》書中最精之説。本書所選，爲篇末之一節，大旨在合衆事乃能求得公例，徒據一偏則不得，頗有同於西方學者之論。胡適謂本節與《天論》無干，疑別篇脱簡屬入者。
〔二〕一偏謂一端。
〔三〕謂愚者但能爲一物一端，不能盡一物也。即《解蔽》篇所云"蔽於一曲"之意。楊注云一端之曲説，非。
〔四〕謂得一端而自以爲知道，豈得爲知。
〔五〕慎子不尚賢，任法而行，無爭先之意，故曰"有見於後，無見於先"。吕思勉曰："謂其物來順應，更無他慮，即《莊子》不師知慮不知前後之意。非謂其知進而不知退也。"《經子解題》。亦是。

〔六〕信,同伸。《易·繫辭》"往者屈也,來者信也",《老子》書其意皆以詘爲伸,以柔勝剛,如"曲則全,枉則直,窪則盈……夫唯不爭,故天下莫能與之爭……大國以下小國,取小國,小國以下大國,取大國……江海所以能爲百谷王者,以其善下之……"此以詘爲伸之説也,"弱者道之用……柔弱勝剛……天下之至柔,馳騁天下之至堅……堅強者死之徒,柔弱者生之徒……天下莫柔弱於水而堅強者莫之能勝",此以柔勝剛之説也。以柔勝剛,亦以詘爲伸,故曰見詘而不見伸。

〔七〕畸,同奇,見上。奇,謂其不齊也。墨子尚同兼愛,故曰見齊不見畸。

〔八〕《正論》篇子宋子曰:"人之情欲寡,王念孫曰:'人之情'三字連讀,'欲寡'二字連讀,非以'情欲'連讀也。而以己之情爲欲多,(今本'而'下有'皆'字,從吕本删。)是過也,故率其羣徒,辨其談説,明其譬稱,將使人知情之欲寡也。"又曰"古之人以人情爲欲多而不欲寡,今子宋子以人之情爲欲寡而不欲多也"。故曰"有見於少,無見於多"。馮友蘭曰:"宋鈃意謂人類本性欲少不欲多,蓋人雖目欲綦色,耳欲綦聲,口欲綦味……但一人在一時内所能實在享用者極爲有限,所謂'鷦鷯巢於深林,不過一枝,偃鼠飲河,不過滿腹',再則'五色令人目盲,五音令人耳聾,五味令人口爽'……享用太多,無益反損。如人知此理,大約即情不欲多矣。宋鈃謂人情本欲寡,固不合事實,其本意蓋欲使各人享用皆適可而止,不求贏餘,所謂'人我之養畢足而止'也。"《中國哲學史》。

〔九〕楊倞曰:"夫羣衆在上之開導,皆處後而不處先。羣衆無門户也。"

〔一〇〕楊倞曰:"貴者伸而賤者詘,則分別矣。若皆貴柔弱卑下,則無貴賤之別矣。"
〔一一〕政令所以治不齊,若上同兼愛,則政令何施?
〔一二〕情多則可誘。
〔一三〕楊倞曰:"《書‧洪範》以喻偏好則非遵王道也。"

五、《荀子·解蔽》篇〔一〕一節

　　昔賓孟之蔽者，亂家是也〔二〕。墨子蔽於用而不知文〔三〕，宋子蔽於欲而不知得〔四〕，慎子蔽於法而不知賢〔五〕，申子〔六〕蔽於埶而不知知〔七〕，惠子蔽於辭而不知實〔八〕，莊子蔽於天而不知人〔九〕。故由用謂之道，盡利矣〔一〇〕；由俗謂之道，盡嗛矣〔一一〕；由法謂之道，盡數矣〔一二〕；由埶謂之道，盡便矣〔一三〕；由辭謂之道，盡論矣〔一四〕；由天謂之道，盡因矣〔一五〕。此數具者，皆道之一隅也。夫道者，體常而不變〔一六〕，一隅不足以舉之。曲知之人〔一七〕，觀於道之一隅，而未之能識也〔一八〕，故以爲足而飾之〔一九〕，內以自亂，外以惑人，上以蔽下，下以蔽上，此蔽塞之禍也。孔子仁知且不蔽，故學亂術〔二〇〕，足以爲先王者也。一家得周道，舉而用之，不蔽於成積也〔二一〕。故德與周公齊，名與三王並，此不蔽之福也。

〔一〕在《荀子》書第二十一，楊倞曰："蔽者，言不能通明，滯於一隅，如有物壅塞之也。"梁任公年丈曰："此篇爲荀子心理學說。戴東原曰：'不以人蔽己，不以己自蔽。'最足以盡此篇之意。"《讀書示例·荀子講記》。

〔二〕俞樾曰："楊注'賓孟，周景王之佞臣，欲立王子朝者'，誤。下文歷數墨子諸人之蔽,全與賓孟無涉。此二語上無所承,下無所應,殊爲不論。據上文云'昔人君之蔽者,夏桀、殷紂是也',下乃極言桀紂之蔽,而終以成湯、文王之不蔽者,明不蔽之福。又云'昔人臣之蔽者,唐鞅、奚齊是也',下乃極言唐鞅、奚齊之蔽,而終以鮑叔、甯戚諸人之不蔽者,明不蔽之福。此文云'昔賓孟之蔽者,亂家是也',下乃歷舉墨子諸人之蔽,而終以孔子之不蔽者,明不蔽之福。三段相對成文,則'賓孟之蔽'句,正與上文'人君之蔽''人臣之蔽'相對。所云賓孟,殆非周之賓孟,且非人名也。孟,當讀爲萌,'孟'與'明'古音相近,故孟可讀爲萌,猶孟豬之爲明都,孟津之爲盟津也。《呂氏春秋·高義》篇載墨子之言曰:'若越王聽吾言,用吾道,翟度身而衣,量腹而食,比於賓萌,未敢求仕。'高注曰:'賓,客也。萌,民也。所謂賓萌者,蓋當時有此稱。'戰國時遊士往來諸侯之國,謂之賓萌,若下文墨子、宋子、慎子、申子、惠子、莊子皆其人矣。然則上言人君之蔽、人臣之蔽,此言賓萌之蔽,文正相對。人君之蔽、人臣之蔽止舉兩人,故可曰'夏桀、殷紂是也','唐鞅、奚齊是也'。賓萌之蔽,則所舉人多,不可並列,故曰'亂家是也'。亂家包下文諸子而言,上文云'亂國之君'、'亂家之人',又曰'亂國之君非之上'、'亂家之人非之下',此'亂家'二字之證也。賓萌之稱,它書罕見,而字又假'孟'爲'萌',適與周賓孟之名同,其義益晦矣。"梁任公年丈曰:"家,《荀子》中有特義,皆可作諸子百家之家。亂家,猶言亂道之家。"

〔三〕墨子重物質,而忽於精神,故主實利致用,而非文飾,如非樂等是。梁任公年丈曰:"此語極得墨子之癥結……其蔽在但知狹義之應用,而不知涵養休息之間接有益於人心之功莫大也。"案,《韓非子·外儲說》田鳩曰:"墨子之說……恐人壞其文,忘其用,真以文害用也。"《説苑·反質》篇"禽子問於墨子曰:'錦繡絺紵,將安用之?'墨子曰:'……今當凶年,有欲予子隨侯之珠者,不得賣也,珍寶而以爲飾,又欲予子一鍾粟者。得珠者不得粟,得粟者不得珠,子將何擇?'禽子曰:'吾取粟耳,可以救窮。'墨子曰:'誠然,則惡在事夫奢也。長無用,好末淫,非聖人之所急也。故食必常飽,然後求美;衣必常暖,然後求麗;居必常安,然後求樂。爲可長,行可久,先質而後文,此聖人之務。'則墨子非不知文,但須先質而後文耳。"

〔四〕俞樾曰:"古'得'、'德'字通用。'蔽於欲而不知德',正與下句'慎子蔽於法而不知賢'一律。"案,是也。謂但知情欲寡而不知德。《正論》篇非宋子寡欲之説曰:"古之人爲之不然,以人之情爲欲多而不欲寡,故賞以富貴,而罰以殺損也,是百王之所同也。故上賢禄天下,次賢禄一國,下賢禄田邑,愿愨之民完衣食。今子宋子以是之情爲欲寡而不欲多也,然則先王以人之所以不欲者賞,而以人之所欲者罰邪?"可參證。

〔五〕慎子曰:"法者所以齊天下之動,至公大定之制也。故智者不得越法而肆謀,辯者不得越法而肆議,士不得背法而有名,臣不得背法而有功。我喜可抑,我忿可窒,我法不可離也。骨肉可刑,親戚可滅,至法不可闕也。"慎子既以法爲主,則治天下之事,惟在奉法而已。法立則君雖不賢可也,百官之事,亦惟以守法,不須必賢也。故曰"立君而尊賢,是賢與君爭,其亂甚於無君",又曰"鷹,善擊也。然日擊之則疲,而無全翼矣。驥,善馳也。然日馳之則蹶,而無全蹄矣"。此蔽於法而不知賢之證也。慎子言法重勢,故又曰"飛龍乘雲,騰蛇遊霧,雲罷霧霽,而龍蛇與螾螘同矣。則失其所乘也,賢人而詘於不肖者,則權輕位卑也。不肖而能服於賢者,'服'字下之'於'

字係衍文，後人依上句妄加者。則權重位尊也。堯爲匹夫不能治三人，而桀爲天子能亂天下，吾以此知勢位之足恃，而賢智之不足慕也。夫弩弱而矢高者，激於風也。身不肖而令行者，得助於衆也。堯教於隸屬而民不聽，至於南面而王天下，令則行，禁則止。由此觀之，賢智未足以服衆，而勢位足以任賢者也"，亦不知賢之證。又案，慎子雖言法而特重勢，故《韓子·難勢》、《呂覽·慎勢》皆論其說，疑下"申子蔽於勢"與此誤易。申子固任法而不言勢者也。

〔六〕申姓，不害名，《史記索隱》。京人也。故鄭之賤臣，學術以干韓昭侯，昭侯用爲相，內修政教，外應諸侯，十五年終申子之身，國治兵強，無侵韓者。申子之學，本於黃老，而主刑名，著書二篇，號曰《申子》。《史記》有傳。《漢書·藝文志》有書六篇，在法家，亡於隋。《隋志》："梁有《申子》三卷，亡。"

〔七〕梁任公年丈曰："埶，猶言權力、實力。"案，疑與上"慎子蔽於法"誤易。申子任法，而言埶，不可考。《藝文類聚》、《太平御覽》引申子曰"堯之治也，善明法察令而已。聖君任法而不任智"，又曰"至智棄知"，此蔽於法而不知知之證也。知即智字，梁任公年丈疑"知"爲"和"字之譌，非也。

〔八〕謂惠子蔽於巧辭詭辯，而不知實理也。《正名》篇曰"山淵平……此惑於用實以亂名者也"，即此所謂蔽於辭而不知實。

〔九〕莊子主任天道之自然，如曰"化其萬化而不知其禪之者，焉知其所終？焉知其所始？正而待之而已耳"，又曰"庸詎知吾所謂天之非人乎？所謂人之非天乎？"又曰"且夫物之不勝天久矣，我又何惡焉……父母於子，東西南北，唯命是從。陰陽於人，不翅於父母。彼近吾死，而我不聽，我則悍矣，彼何罪焉？夫大塊載我以形，勞我以生，佚我以老，息我以死。故善我生者，乃所以善吾死也……今一以天地爲大鑪，以造化爲大冶，惡乎往而不可哉?"又曰"不以人助天,是之謂真人",皆任天之說也。任天則必闊於人事,故曰"蔽於天而不知人"。孫隘堪先生曰:"余以諸子之書各有一二字爲其宗旨所在,《莊子》之宗旨在天……人當任天而行,爲人上者不可拂人之天性,而有所作爲。凡一切仁義之說,禮樂刑賞,俱是治人之具,而攖人之心,違乎天道之自然者也。故曰無爲爲之謂之天。其中所謂天德、天倪、天籟、天樂,固是明舉乎天,或取譬物類,以達其說,又或託辭於其人,自謂寓言十九者,要之不離乎天者,近是。"

〔一〇〕楊倞以"道"字下屬,"謂之"二字無著,失其讀。王先謙曰:"此言由用而謂之道,則人盡於求利也。下並同。數者,道之一隅,而墨、宋諸人自以爲道,所以爲蔽也","'矣'字,元刻作'也'",下句"矣"字同誤,不從。

〔一一〕俗,當爲欲。嗛,不足貌。《穀梁傳》襄二十四年注。宋子以人之情欲少而不欲多,充其類必至於盡不足。楊注以嗛釋爲快,非也。

〔一二〕數,讀如煩數、促數之數,謂由法則必至盡煩數而病民也。楊注以爲術數,非。

〔一三〕便,利也,謂由勢則人盡逐於便利。

〔一四〕盡論謂盡於辯論。

〔一五〕因,任也,謂由天必至盡任天而闊於人事也。

〔一六〕梁任公年丈曰:"體非體用之體,蓋猶《中庸》'體物而不可遺'之體,動詞也,猶言體伪。盡,亦動辭,亦猶《中庸》'盡人之性'、'盡物之性'之盡。"

〔一七〕曲,即篇首"蔽於一曲"之曲。曲知,謂蔽於一曲之知,不通於大道也。

〔一八〕謂一隅猶昧,況大道乎?

〔一九〕謂自以得一隅爲足,而文飾之。"而"或本作"五",非。

〔二〇〕郝懿行曰:"亂者,治也,謂學治天下之術。"

〔二一〕郝懿行曰:"'一家得周道'句,'舉而用之'句,此言孔子志在《春秋》,行在《孝經》,又曰'吾學周禮,今用之,吾從周',蓋能考論古今,成一家言,不蔽於諸子雜説也。"王先謙曰:"郝説是也,言孔子爲《春秋》一家之言,而得周之治道,可以舉而用之,是匹夫而有天子之道,由其不蔽於成積也。《儒效》篇云'並一而不二,所以成積也','並一而不二,則通於神明,參於天地','涂之人百姓,積善而全盡,謂之聖人'。道由積而成,故謂之成積。不蔽於成積者,猶言不蔽於道之全體也。正對上'道之一隅'言之。《榮辱》篇云'安知廉恥隅積',亦以'隅'、'積'對,與此可互證。"梁任公年丈則疑"一家得周道"句有脱文。周道非謂周代之道,蓋言周遍之道。與郝、王説不同。備考。

六、《吕氏春秋〔一〕·不二》篇〔二〕一節

聽羣衆人議以治國,國危無日矣〔三〕。老聃〔四〕貴柔〔五〕,孔子貴仁〔六〕,墨翟貴廉〔七〕,關尹貴清〔八〕,子列子貴虛〔九〕,陳駢〔一〇〕貴齊〔一一〕,陽生〔一二〕貴己〔一三〕,孫臏〔一四〕貴埶〔一五〕,王廖〔一六〕貴先〔一七〕,兒良〔一八〕貴後〔一九〕,此十人者,皆天下之豪士也〔二〇〕。故反以相非,反以相是。其所非,方其所是也。其所是,方其所非也〔二一〕。是非未定,而喜怒鬥争反爲用矣。吾不非鬥,不非争〔二二〕,而非所以鬥,非所以争。故凡鬥争者,是非已定之用也。今多不先定其是非,而先病鬥争,此惑之大者也〔二三〕。

〔一〕《吕氏春秋》,書名,秦相吕不韋輯智略士作。《漢書·藝文志》原注。吕不韋者,陽翟大賈人也。《史記》有傳。秦莊襄王元年,以吕不韋爲丞相,封文信侯。莊襄王即位三年薨,太子政立爲王,尊吕不韋爲相國。是時諸侯多辯士,如荀卿之徒,著書布天下,吕不韋乃使其客人人著所聞,集論以爲八覽、六論、十二紀,二十餘萬言,以備天地萬物古今之事,號曰《吕氏春秋》。本傳。《漢書·藝文志》:《吕氏春秋》二十六篇,在雜家。書不成於一人,不能名一家者,實始於不韋,爲雜家祖。二十六篇,蓋總八覽、六論、十二紀也。八覽,覽各八篇。六論,論

各六篇。十二紀,紀各五篇。凡百六十篇。第一覽少一篇。首八覽,故又稱《吕覽》。從梁玉繩説。畢沅非之,非也。説詳下附《諸子現存書目考》。

〔二〕在《吕氏春秋·審分覽》第六。

〔三〕高誘曰:"聽,從也,能從衆人之議。人心不同,如其面焉。故國不能安寧也。《詩》曰:'如彼築室於道謀,是用不潰於成。'此之謂也。"

〔四〕老耽,即老聃。《困學紀聞》十引仍作老聃。

〔五〕詳上《天論》篇注。

〔六〕阮元曰:"孔子之言,著於《論語》爲多。《論語》言五常之事詳矣,惟論仁者凡五十有八章。'仁'字之見於《論語》者,凡百有五,爲尤詳。"《揅經室集·論語論仁論》。此孔子貴仁之證也。王應麟曰:"吕氏以孔子列於老氏之後,秦無儒故也。"《困學紀聞》十。今案,秦本無學,豈特儒。高誘《吕氏春秋》序曰:"不韋乃集儒書,使著其所聞,爲十二紀、八覽、六論。"則秦非不知儒也。儒家本在九流,是時尚未別黑白而定一尊,則亦雜廁之而已。固無深意,猶《尸子》次孔子於墨子之後也。

〔七〕孫詒讓曰:"廉,疑兼之借字。"《墨子閒詁·後語》引《吕覽》。梁任公年丈則以爲兼之譌。《〈尸子·廣澤〉篇、〈吕氏春秋·不二〉篇合釋》。

〔八〕《莊子·天下》篇引關尹之言"在己無居,形物自著,其動若水,其靜若鏡"云云,此貴清之證也。

〔九〕詳上《尸子·廣澤》篇注。

〔一〇〕陳駢即田駢,猶田成子作陳成子,詳上《莊子·天下》篇注。

〔一一〕梁任公年丈曰:"貴齊,即《尸子》所謂貴均。《莊子·天下》篇述田駢等之學曰'齊萬物以爲首'。"

〔一二〕陽生當即楊朱。《莊子·山木》篇亦稱楊朱爲陽子。《文選·謝靈運述祖德詩》李善注、《困學紀聞》十引正作楊朱。

陽、楊古通用。楊朱行事不甚可考,或云字子居,張湛《列子注》。衛人,蓋嘗學於老子,或云後於墨子,莫能詳也。要承道家之學而稍變者,其書不傳,惟略見《莊子》、《孟子》、《韓非》及今本《列子》所稱而已。而今本《列子·楊朱》篇述其言行最詳,惟所述一意縱恣肉欲仰企桀紂若弗及,與《淮南子》"全性保真,不以物累形,楊子之所立也"云云見《氾論訓》。不合,未必足據。《淮南子》上文尚有"兼愛、尚賢、右鬼,非命,墨子之所立也,而楊子非之"云云,"兼愛"以下,皆《墨子》篇名,則"全性"、"保真"或亦楊子書中篇名矣。楊子可非墨子,則後於墨子之説較可信。今本《列子》亦載楊子與墨子弟子禽滑釐問答之辭。

〔一三〕貴己,即孟子所謂爲我,《孟子》曰:"楊氏爲我,拔一毛而利天下,不爲也。"又曰:"楊氏爲我,是無君也。"今本《列子·楊朱》篇亦載其爲我之學說,如曰"有生之最靈者,人也。人者,爪牙不足以供守衛,肌膚不足以自捍衛,趨走不足以逃利害,無毛羽以禦寒暑,必將資物以爲養性,任智而不恃力。故習之所貴,存我爲貴,力之所賤,侵物爲賤",又曰"古之人,損一毫利天下,不與也。悉天下奉一身,不取也。人人不損一毫,人人不利天下,天下治矣",頗能言爲我之精義,當有所本。

〔一四〕孫姓,臏者以臏足故,遂以爲號。齊人。《史記》卷六十五附《孫武傳》中,曰"孫武既死,後百餘歲有孫臏。臏生阿鄄之間,臏亦孫武之後世子孫也,嘗與龐涓俱學兵法。龐涓既事魏,恐其賢於己,疾之,則以法刑斷其兩足而黥之",故曰孫臏。其本名已不可考。《漢書·藝文志》有書八十九篇,圖四卷,在兵書略兵權謀家。久佚。司馬遷曰:"孫子臏脚,兵法修列。"

〔一五〕貴勢,蓋言孫臏用兵貴勢。書佚,已不可考。《史記》引其謂田忌之言曰："夫解雜亂糾紛者，不控捲，救鬥者，不搏撠。批亢擣虚，形格勢禁，則自爲解耳。"又曰："善戰者，因其勢而利導之。"此皆貴勢之證。孫武書有《勢》篇，則臏蓋述其祖説也。

〔一六〕王姓，廖名。《韓詩外傳》九作王繆。《文選·四子講德論》引正作王廖。秦繆公時内史，故又稱内史廖，《韓子·十過》、《吕氏春秋·不苟》、《史·秦紀》。亦曰王子廖。《説苑·尊賢》。賈誼《過秦論》次在孫臏、兒良之後，下有"叩關而攻秦"云云，蓋廖本六國人，後始爲秦用，如由余之於秦也。亦兵家。

〔一七〕貴先之説，已不可考。高誘曰："謀兵事，貴先建策也。"

〔一八〕兒姓，良名。顔師古曰："六國時人。"亦兵家。賈誼亦稱之。《漢書·藝文志》有書一篇，在兵書略兵權謀家。

〔一九〕貴後之説，亦不可考。高誘曰："作兵謀貴後，豈與老子言兵相似耶？"

〔二〇〕舊本無此十一字，《文選》賈誼《過秦論》、陸士衡《蒙士賦》序李善注引皆有，今據補。

〔二一〕此似用《莊子》。《莊子·齊物論》曰："有儒墨之是非，以是其所非，而非其所是……物無非彼，物無非是，自彼則不見，自知則知之，故曰彼出於是，是亦因彼。彼是，方生之説也。雖然，方生方死，方死方生，方可方不可，方不可方可，因是因非，因非因是……"方其所是之方，應讀如方生方死之方。方，將也。高誘解方爲比，似非。

〔二二〕高誘曰："非，猶罪也。"

〔二三〕"故反以相非"以下，在《孟冬紀·安死》篇。盧文弨、畢沅皆以爲本篇錯簡，今從之。

七、《韓非子⁽一⁾·顯學》篇⁽二⁾一節

　　世之顯學，儒墨也⁽三⁾。儒之所至，孔丘也；墨之所至，墨翟也。自孔子之死也⁽四⁾，有子張之儒⁽五⁾，有子思之儒⁽六⁾，有顏氏之儒⁽七⁾，有孟氏之儒⁽八⁾，有漆雕氏之儒⁽九⁾，有仲良氏之儒⁽一〇⁾，有孫氏之儒⁽一一⁾，有樂正氏之儒⁽一二⁾。自墨氏之死也⁽一三⁾，有相里氏之墨⁽一四⁾，有相夫氏之墨⁽一五⁾，有鄧陵氏之墨⁽一六⁾。取捨相反不同⁽一七⁾，而皆自謂真孔墨。孔墨⁽一八⁾不可復生，將誰使定後⁽一九⁾世之學乎？孔子、墨子俱道堯舜而取捨不同，皆自謂真堯舜。堯舜不復生，將誰使定儒墨之誠⁽二〇⁾乎？殷周七百餘歲，虞夏二千餘歲，而不能定儒墨之真，今乃欲審堯舜之道於三千歲之前，意者其不可必乎？無參驗⁽二一⁾而必之者，愚也。弗能必而據之者，誣也。故明據先王，必定堯舜者，非愚則誣也。愚誣之學，雜反之行⁽二二⁾，明主弗受也。墨者之葬也，冬日冬服，夏日夏服，桐棺三寸⁽二三⁾，服喪三月⁽二四⁾，世主⁽二五⁾以為儉而禮之。儒者破家而葬⁽二六⁾，服喪三年⁽二七⁾，大毀扶杖⁽二八⁾，世主以為孝而禮之。夫是墨子之儉，將非孔子之侈也；是孔子之孝，將非墨子之戾也。今孝戾侈儉俱在儒墨，而上兼禮之。漆雕⁽二九⁾之議，"不色撓，

不目逃，行曲則違於臧獲，行直則怒於諸侯〔三〇〕"，世主以爲廉〔三一〕而禮之。宋榮子〔三二〕之議，"設〔三三〕不鬥爭，取不隨仇〔三四〕，不羞囹圄，見侮不辱〔三五〕"，世主以爲寬而禮之。夫是漆雕之廉，將非宋榮之恕也；是宋榮之寬，將非漆雕之暴也。今寬廉恕暴俱在二子，人主兼而禮之。自愚誣之學、雜反之辭爭，而人主俱聽之，故海内之士，言無定術，行無常議〔三六〕。夫冰炭不同器而久，寒暑不兼時而至，雜反之學不兩立而治。今兼聽雜學繆行同異之辭，安得無亂乎！

〔一〕《韓非子》，書名，韓非所著。韓非者，韓之諸公子也。喜刑名法術之學，而其歸本於黄老。非爲人口吃，不能道說，而善著書，與李斯俱事荀卿……人或傳其書至秦，秦王見《孤憤》、《五蠹》之書，曰："嗟乎！寡人得見此人，與之遊，死不恨矣。"李斯曰："此韓非之所著書也。"秦因急攻韓……韓乃遣非使秦，秦王悅之。未信用，李斯、姚賈害之……秦王以爲然，下吏治非。李斯使人遺非藥，使自殺……《史記》有傳。《漢書‧藝文志》《韓子》五十五篇，在法家。王應麟《〈漢書‧藝文志〉考證》作五十六篇，殆傳寫字誤。今存，多稱《韓非子》。

〔二〕在《韓非子》書第五十，以首句"顯學"二字名篇。

〔三〕《吕氏春秋‧尊師》篇曰："孔墨徒屬彌衆，弟子彌豐，充滿天下。"又《當染》篇曰："孔墨之後學，顯榮於天下者衆矣，不可勝數。"此孔墨所以爲顯學也。

〔四〕孔子卒於魯哀公十六年，即周敬王四十一年。西曆紀元前四百七十九年。

〔五〕梁任公年丈曰："《荀子‧非十二子》篇稱子張氏、子夏氏、子游氏之賤儒,則子張門下甚盛可知。"《〈韓非子·顯學〉篇釋義》。

〔六〕梁任公年丈曰:"《史記·孟子荀卿列傳》稱孟子受業於子思之門人,則子思門人應當非不少。《非十二子》篇稱'子思唱之,孟軻和之,世俗之儒受而傳之',則子思蓋同一派,末流或小異耳。"案,《漢書·藝文志》班固注則以孟子爲子思弟子,與《史記》不同。説見上《非十二子》篇注。

〔七〕皮錫瑞曰:"孔門弟子,顏氏有八,案,爲顏無繇、顏回、顏幸、顏高、顏祖、顏之僕、顏噲、顏何,見《史記·仲尼弟子列傳》。未必即是子淵。"《經學歷史》。梁任公年丈曰:"顏淵,先孔子卒,是否有弟子傳其學,無可考。此文顏氏之儒,不知出誰何也。"案,《聖賢羣輔錄》曰"顏氏傳《詩》,爲諷諫之儒",《羣輔錄》似出僞託,不盡足據。

〔八〕孟氏之儒,當謂孟子門下。《史記·儒林傳》云:"孟子、荀卿之列,咸遵夫子之業而潤色之,以學顯於當世。"則其受授之廣可知。別詳予《孟子通考》、《孟子弟子考》。《聖賢羣輔錄》曰:"孟氏傳《書》,爲疏通致遠之儒。"趙岐稱孟子通五經,尤長於《詩》《書》,則《羣輔錄》謂傳《書》"或有本。

〔九〕梁任公年丈曰:"漆雕氏者,《漢書·藝文志》儒家有《漆雕子》十二篇,案,汪本、官本皆作十三篇。原注云'孔子弟子漆雕啓後',其學説斷片,別見下文。"案,漆雕啓,《史記·仲尼弟子列傳》作漆雕開,字子開。蓋名啓,字子開。《史記》辟景帝諱。著書者其後,王應麟説。蓋家學也。《聖賢羣輔錄》曰:"漆雕氏傳《禮》,爲恭儉莊敬之儒。"

〔一〇〕仲良氏無考,良,張榜本、道藏本作梁,梁、良同字。梁任公年丈曰:"孟子稱'陳良、楚產説周公、仲尼之道,北方之學者,未能或之先'。仲良豈陳之字,如顏子淵稱顏淵,冉子有稱冉有邪。"《聖賢羣輔錄》曰:"仲良氏傳《樂》,爲移風易俗之儒。"

〔一一〕孫氏，荀卿也。《聖賢羣輔錄》曰："公孫氏傳《易》，爲絜静精微之儒。"公孫氏即孫氏也。荀子，蓋荀伯公孫之後，稱荀氏可，稱孫氏亦可，稱公孫氏亦未嘗不可。詳上《荀子·非十二子》篇。劉向稱荀卿善爲《易》，則《羣輔錄》謂"傳《易》"當有所本。孫詒讓疑公孫爲譌，見《墨後語》。非也。

〔一二〕樂正氏，未詳，孟子弟子有樂正克，又《禮記·樂記》有樂正子春，不知孰是。《聖賢羣輔錄》曰："樂正氏傳《春秋》，爲屬辭比事之儒。"皮錫瑞曰："孟子於《春秋》之學尤深，如云'《春秋》，天子之事，其義則丘竊取之'類，皆微言大義。"《羣輔錄》云"樂正氏傳《春秋》"，不知即孟子弟子樂正克不？

〔一三〕墨子年壽於孔子差後，其卒當在周威烈王元年與十年之間。西曆紀元前四二五至四一六年，用胡適説。

〔一四〕相里氏，詳上《莊子·天下》篇注。

〔一五〕相夫氏，《意林》夫作芬，孫詒讓云："蒲阪圓引山仲質云'相夫，一本作祖夫'。"案《廣韻》二十"陌"、"伯"字注云"《韓子》有伯夫氏，墨家流"，則古本"相"或作"伯"，山氏所見本作"祖夫"，疑即"伯夫"之誤。相，或當爲柏之譌，古柏、伯聲同字通，見《札迻》。

〔一六〕鄧陵氏，《莊子·天下》篇稱"南方之墨者"，詳上《天下》篇注。

〔一七〕王先慎曰："相反不同，語義重複，蓋一本作'相反'，一本作'相同'，校者旁注於下，刊時失删耳。"《韓非子集解》。梁任公年丈曰："凡學派愈大者，其末流所分，枝別愈多，故同一儒墨，而取捨相反不同，實勢所必至。"

〔一八〕王先慎曰："乾道本不重'孔墨'二字，顧廣圻云'今本"不"上更有"孔墨"二字'。案，當有。先慎按：《北堂書鈔》九十六引重'孔墨'二字，今據增。"

〔一九〕王先慎曰："乾道本無'後'字，據張榜本、趙本補。"

〔二〇〕誠,實也。

〔二一〕胡適曰:"參驗,即證據。韓非重實驗,故云'無參驗而必之者愚也'。"

〔二二〕王先慎曰:"乾道本'反'下無'之'字。顧廣圻曰'今本有"之"字'。案,當有。今據增。"

〔二三〕《墨子‧節葬》篇曰:"墨子制爲葬埋之法,曰棺三寸,足以朽骨,衣三領,足以朽肉。"蓋託之於禹。《節葬》篇曰:"禹東教乎九夷,道死,葬會稽之山,衣衾三領,桐棺三寸。"又曰:"古聖王制爲葬埋之法,曰棺三寸,足以朽體,衣衾三領,足以覆惡。"古聖王亦謂禹也。衣衾三領,即此所謂冬日冬服,夏日夏服。

〔二四〕《北堂書鈔》卷九十二、《太平御覽》卷五百五十引此"服"作"執","三月"作"三日",《墨子‧公孟》篇亦作"三日",非。《淮南子‧齊俗訓》作"三月",誘註云"三月之服,是夏后之禮"。《後漢書‧王符傳》注引《尸子》云"禹制喪三日",亦當爲"月"。《宋書‧禮志》引《尸子》正作"三月"。

〔二五〕王先慎曰:"乾道本'世'下無'主'字,盧文弨云'主'字脫,據下文補。按:《北堂書鈔》、《御覽》引有'主'字,今據補。"

〔二六〕《墨子‧節葬》篇曰:"匹夫賤人死者,殆竭家室。諸侯死者,虛車府。""車"乃"庫"字之譌。此所謂破家而葬也。《北堂書鈔》、《御覽》引此下有"賃子而償"四字。

〔二七〕《喪服經》"爲父斬衰三年,父卒,爲母齊衰三年"。《說苑‧修文》篇,齊宣王謂田過曰:"吾聞儒者喪親三年,喪君三年。"則戰國時非儒者蓋不盡持三年服也。《北堂書鈔》、《御覽》引此,"服"均作"執"。

〔二八〕《墨子‧節葬》篇曰:"上士之操喪也,必扶而能起,杖而能行。"《禮‧喪服四制》曰:"百官備,百物具,不言而事行者,扶而起;言而後事行者,杖而起。"鄭玄注曰:"扶而起,謂天下諸侯也。杖而起,謂大夫士也。"

〔二九〕王先慎曰:"上有漆雕之儒,此別一人。"案,上漆雕氏指漆雕啓,此則《漢書·藝文志》所謂漆雕啓後著書者也。葉德輝曰:"《説苑》引孔子問漆雕馬人,臧文仲、武仲、孺子容三大夫之賢。《家語·好生》篇引作漆雕憑。疑一人,名憑,字馬人。"孔子弟子,漆雕氏啓之後,它無所見,或即馬人。

〔三〇〕梁任公年丈曰:"《漆雕子》十二篇已佚,其學説賴此僅存。儒家以智、仁、勇爲三達德,故見義不爲謂之無勇,孔子疾之。曾子云'吾嘗聞大勇於夫子矣,自反而不縮,雖褐寬博,吾不惴焉;自反而縮,雖千萬人,吾往矣。'即'行曲則違於臧獲,行直則怒於諸侯'之義。《孟子》稱'北宫黝不膚撓,不目逃……不受於褐寬博,亦不受於萬乘之君',正與漆雕説同。黝疑即漆雕氏之儒。《孟子》又稱'孟施舍似曾子,北宫黝似子夏',蓋儒家實有此一派。二者殆儒家者流也。"

〔三一〕梁任公年丈曰:"廉,訓廉隅之廉,謂有圭角也。"

〔三二〕宋榮子即宋鈃,《莊子·逍遥遊》亦作宋榮子。王先慎曰:"榮、鈃偏傍相通。《月令》'腐草爲螢',《吕覽》、《淮南》作蚈,'榮'之爲'鈃',猶'螢'之爲'蚈'也。"

〔三三〕王先慎曰:"設,疑語譌。"

〔三四〕梁任公年丈曰:"隨,疑爲'墮'字之通假字。不墮仇者,猶言不傾摧其仇人也。"

〔三五〕設不鬥争,見侮不辱兩義,皆詳上《莊子·天下》篇。

〔三六〕顧廣圻曰:"道藏本同,今本'議'作'儀',誤。"

八、《淮南子〔一〕·要略》篇〔二〕一節

文王〔三〕之時,紂〔四〕爲天子,賦斂無度,殺戮無止,康梁沈湎〔五〕,宫中成市〔六〕,作爲炮烙之刑〔七〕,刳諫者〔八〕,剔孕婦〔九〕,天下同心而苦之。文王四世纍善〔一〇〕,修德行義,處岐山〔一一〕之間,地方百里〔一二〕,天下二垂〔一三〕歸之。文王欲以卑弱制强暴,以爲天下去殘除賊,而成王道,故太公之謀生焉〔一四〕。

〔一〕《淮南子》,書名,漢淮南王安輯其賓客作。淮南王安者,高帝少子淮南厲王長長子,《史記》、《漢書》有傳。爲人好書鼓琴,不喜弋獵狗馬馳騁,亦欲以行陰德,拊循百姓,流名譽,招致賓客方術之士數千人,作爲《内書》二十一篇、《外書》甚衆,又有《中篇》八卷,言神仙黄白之術,亦二十餘萬言。《漢書》本傳。《漢書·藝文志》《淮南内》二十一篇、《外》三十三篇,在雜家。今所傳《淮南王書》凡二十一篇,蓋《内篇》也。高誘《序》云"與蘇飛、李尚、左吳、田由、雷被、毛被、伍被、晉昌等八人,及諸儒大山、小山之徒,共講論道德,總統仁義,而著此書,其旨近《老子》"。

〔二〕沈欽韓曰:"其《要略》一篇,自敍也。"《漢書疏證》。

〔三〕《史記·周本紀》曰:"公季修古公遺道……公季卒,子昌立,

是爲西伯,西伯曰文王……太子發立……謚爲文王。"

〔四〕《史記‧殷本紀》曰:"帝乙長子曰微子啓,啓母賤,不得嗣。少子辛,辛母正后,辛爲嗣。帝乙崩,子辛立,是爲帝辛,天下謂之紂。"

〔五〕高誘曰:"康梁,耽樂也。沈湎,淫酒也。"《淮南子》注。案,《御覽》八十四引"沈湎"作"流湎"。

〔六〕高誘曰:"成市,言集者多也。"

〔七〕《吕氏春秋‧過理》篇曰:"爲格雕柱而桔諸侯。"高誘曰:"格以銅爲之,布火其下,以人置上,人爛墮火而死,笑之以爲樂,即謂炮烙之刑也。"《韓非‧難言》《難一》、《淮南‧俶真》《道應》、《史記‧殷本紀》、《新序》、《列女傳》、《帝王世紀》皆載其事,而《帝王世紀》尤詳。《太平御覽》卷八十三引《世紀》曰"紂更爲銅柱,以膏塗之,加於炭火之上,使有罪者緣之,足滑跌隊火中,紂與妲己以爲大樂,名曰炮烙之刑。"

〔八〕刳諫者,蓋指醢梅伯而言,見《吕氏春秋‧行論》篇。《淮南‧俶真訓》亦曰"辜諫者",辜罪即謂刳也。剖比干之心,別爲一事。《淮南‧俶真》既曰"辜諫者",又出剖賢人之心於下,可證。

〔九〕《吕氏春秋‧過理》篇曰:"剖孕婦而觀其化。"《越絶書》、《淮南‧道應》、《春秋繁露》、《帝王世紀》皆載其事。

〔一〇〕高誘曰:"太王、王季、文王、武王凡四世也。"案,此謂"文王四世纍善",似不應闌入武王,應由文王起,上數王季、太公、公叔祖類爲四世。《世本》稱祖類爲太公。

〔一一〕《周本紀》曰:"古公亶父案,即太王。……去豳,度漆沮,踰梁山,止於岐下。"案,岐山,在今陝西岐山縣西北,顏師古曰:"其山兩岐,俗呼箭括嶺。"《寰宇記》"時人亦謂鳳皇堆,或云其峰高峻,狀若天柱,因又名天柱山"。案,《清一統志》謂岐山在岐山縣東北,今從《清會典》圖。

〔一二〕《孟子》曰:"文王由方百里起。"

〔一三〕莊逵吉云:"《御覽》'垂'作'分'。"

〔一四〕《太平御覽》八十四引作"故太公爲之謀主也",以上下文律之,不類,誤也。《漢書·藝文志》《太公》二百三十七篇,《謀》八十一篇、《言》七十一篇、《兵》八十五篇,在道家,今已殘佚。高誘曰:"太公爲周陳陰符兵謀也。"然陰符兵謀與上文"欲以卑弱制强暴"不合,此當專指《謀》、《言》而言,不謂《兵》也。謀者,即太公之陰謀。言者,即太公之金匱。《文選》注引《太公金匱》曰"詘一人之下,申萬人之上",與此"以卑弱制强暴合"。又《羣書治要》《六韜》後載陰謀三事,皆武王問太公治周居民之道,亦與此不倍。惟《史記·齊世家》云"文王與呂尚陰謀修德,以傾商政",其事多兵權與奇計,與《治要》引不合。班固《漢書·藝文志》《太公》下自注云"或有近世又以太公術者所增加",則今所傳者自多真僞雜糅,莫可詳考矣。

文王業之而不卒,武王〔一〕繼文王之業,用太公之謀,悉索薄賦〔二〕,躬擐〔三〕甲胄,以伐無道,而討不義,誓師牧野〔四〕,以踐天子之位。天下未定,海內未輯,武王欲昭文王之令德,使夷狄各以其賄來貢,遼遠未能至,故治三年之喪,殯文王於兩楹之間〔五〕,以俟遠方。武王立三年而崩〔六〕,成王〔七〕在襁褓之中,未能用事,蔡叔、管叔〔八〕輔公子祿父〔九〕而欲爲亂〔一〇〕。周公〔一一〕繼文王之業,持天子之政〔一二〕,以股肱周室,輔翼成王,懼争道之不塞,臣下之危上也。故縱馬華山,放牛桃林〔一三〕,敗鼓折枹〔一四〕,搢笏而朝,以寧靜王室,鎮撫諸侯。成王既壯,能從政事,周公受封於魯〔一五〕,以此移風易俗。孔子修成康〔一六〕之道,述周公之訓,以教七十子〔一七〕,使服其衣冠,修其篇籍,故儒者之學〔一八〕生焉。

〔一〕《周本紀》曰:"西伯崩,太子發立,是爲武王。"
〔二〕高誘曰:"薄,少也。賦,兵也。"
〔三〕高誘曰:"擐,貫著也。"
〔四〕鄭玄曰:"牧野,紂南郊地名也。"《括地志》云:"今衛州城,即殷牧野之地。周武王伐紂築也。"案,牧一作"坶",在今河南淇縣南。
〔五〕高誘曰:"殯,大殮也。兩楹,堂柱之間,賓主夾之。"
〔六〕《周本紀》曰:"武王已克殷,後二年……而崩。"《封禪書》"武王克殷二年,天下未寧而崩",與此不合。《帝王世紀》"武王定位,元年歲在乙酉,六年庚寅崩",亦與此不同。《世紀》後出,不足據也。
〔七〕《周本紀》曰:"武王……崩,太子誦代立,是爲成王。"《文選·幽憤詩》李善注引"成王"下有"幼"字。《魯周公世家》"武王既崩,成王少,在强葆之中"。"强葆"即"襁褓","褓襁"則倒文也。《史記正義》:"强,闊八寸,長八尺,用約小兒於背而負行。葆,小兒被也。"
〔八〕《史記·管蔡世家》曰:"管叔鮮、蔡叔度者,周文王子而武王弟也。"管叔,《墨子·公孟》、《耕柱》作"關叔",關即"管"字假音。
〔九〕《周本紀》曰:"封商紂子祿父殷之餘民。武王爲殷初定未集,乃使其弟管叔鮮、蔡叔度相祿父治殷。"
〔一〇〕《周本紀》曰:"成王少,周初定天下,周公恐諸侯畔,周公乃攝行政當國,管叔、蔡叔羣弟疑周公,與武庚作亂畔周。"

〔一一〕《魯周公世家》曰:"周公旦者,周武王弟也。"

〔一二〕《魯周公世家》曰:"周公恐天下聞武王崩而畔,周公乃踐阼代成王,攝行政當國。"

〔一三〕《史記》以縱馬華山、放牛桃林事屬之武王。《周本紀》曰:"縱馬於華山之陽,牧牛於桃林之墟。"《正義》:"華山在華陰縣南八里。山南曰陽也。《括地志》曰:'桃林在陝州桃林縣西。'《山海經》云:'夸父之山,其北有林焉,名曰桃林,廣圓三百里,中多馬,湖水出焉,北流入河也。'"

〔一四〕枹,擊鼓杖。《左傳》曰:"右援枹而鼓。"

〔一五〕《魯周公世家》曰:"武王……遍封功臣同姓戚者,封周公旦於少昊之虛曲阜,是為魯公,周公不就封。"

〔一六〕謂成王、康王。《周本紀》曰:"成王既崩,太子釗遂立,是為康王。"

〔一七〕七十子者,或言七十,見《呂氏春秋·遇合》篇、《史記·伯夷列傳》、《漢書·藝文志》及《劉歆傳》《儒林傳》、趙岐《孟子題詞》。或言七十二,見《史記·孔子世家》、《後漢書·蔡邕傳》、《顏氏家訓·誡兵》篇。或言七十七。見《漢書·地理志》、《史記·仲尼弟子列傳》。云七十者,蓋舉整數,云七十二、七十七,則傳聞異詞與。

〔一八〕《漢書·藝文志》諸子略曰:"儒家者流……遊文於六經之中,留意於仁義之際,祖述堯舜,憲章文武,宗師仲尼,以重其言,於道最為高……"

墨子學儒者之業〔一〕,受孔子之術,以為其禮煩擾而不說〔二〕,厚葬靡財而貧民,服〔三〕傷生而害事〔四〕,故背周道而用夏政〔五〕。禹之時,天下大水,禹身執虆垂〔六〕,以為民先,剔河而道九岐〔七〕,鑿江而通九路〔八〕,辟五湖〔九〕而定東海。當此之時,燒不暇撌〔一〇〕,濡不結扢〔一一〕,死陵者葬陵,死澤者葬澤〔一二〕,故節財、薄葬、閑服〔一三〕生焉。

〔一〕胡適曰:"墨子生當魯國,又當孔門最盛之時,所以彼之學說,處處與儒家有關。"墨子曾否學儒者之業,受孔子之術,雖不能定,但墨子所受儒家影響必不少。《呂氏春秋·當染》篇云"史角之後在於魯,墨子學焉",可見墨子曾受教於魯。呂思勉曰:"百家中惟儒家最重法古,故孔子之作六經,雖誼取創制,而仍以古書爲據。《墨子》多引《詩》、《書》,既爲他家所無,而其所引又皆與儒家之説不背,即可知其學之本出於儒。"

〔二〕高誘曰:"説,易也。"王念孫曰:"如注義則悦當爲伿,他活反。《本經》篇'其行伿而順情',彼注云'伿,簡易也',義與此注同。莊逵吉本改説爲悦,未達高氏之旨。"

〔三〕王念孫曰:"'服'上當有'久'字。厚葬、久服,相對成文。《墨子·節葬》篇多言'厚葬久喪',《晏子春秋·外篇》'厚葬破民貧國,久喪遁哀費日',皆《淮南》所本。"

〔四〕《墨子·公孟》篇曰:"儒之道足以喪天下者四政焉:儒以天爲不明,以鬼爲不神,天鬼不説,此足以喪天下;又厚葬久喪,重爲棺槨,多爲衣衾,送死若徙,三年哭泣,扶然後起,杖然後行,耳無聞,目無見,此足以喪天下;又弦歌鼓舞,習爲聲樂,此足以喪天下;又以命爲有貧富壽夭治亂安危有極矣,不可損益也,爲上者行之,必不聽治矣,爲下者行之,必不從事矣,此足以喪天下。"可參證。

〔五〕用夏政,如《孟子·離婁》篇曰:"禹思天下有溺者,猶己溺之也。"蓋兼愛之所出。《精神訓》曰:"禹南省方,濟於江,黃龍負舟,熙然而稱曰:'我受命於天,竭力而勞萬民。生,寄也。死,歸也。何足以滑和?'"蓋非命之所出。《論語》曰:禹又"菲飲食而致孝乎鬼神,惡衣服而致美乎黻冕,卑宮室而盡力乎溝渠",蓋貴儉、上賢、右鬼、尚同之所出也。用顧實說。

〔六〕莊逵吉曰:"《御覽》'虆垂'作'畚插'爲是。此誤也。"莊逵吉校記。王念孫曰:"'垂'字誤而'虆'字不誤。虆,謂盛土籠也。垂,當作臿。臿,今之鍬也。《大雅·緜》傳云'捄,虆也',箋云'築牆者抙聚壤土,盛之以虆,而投諸版中。虆字或作纍'。《說山》篇'纍成城',高注云'纍,土籠也'。《韓子·五蠹》篇'禹之王天下也,身執耒臿以爲民先',此即《淮南》所本。耒與虆聲相近,耒臿即虆臿也。《孟子·滕文公》篇'蓋歸反虆梩而掩之',趙注云'虆梩,籠臿之屬,可以取土者也'。彼言虆梩,亦即此所謂虆臿也。《廣雅》:'梩,臿也。'《管子·山國軌》篇'梩籠纍箕','纍'亦與'虆'同。《太平御覽》引此'虆'作'畚',所見本異耳,不得據彼改此也。垂者,臿之誤,非插之誤,俗書'臿'字或作'㮲',見《廣韻》。'垂'字或作'㫳',見《漢富春丞張君碑》。二形相似,故臿誤爲垂矣。"案,《北堂書鈔》九十二引'虆'作'絫'。

〔七〕高誘曰:"剔,洩去也。"九岐,河水播岐爲九以入海也。案,九岐即《禹貢》之九河,鄭玄曰:"河水自上至此,流盛而地平無岸,故能分爲九,以衰其勢,壅塞故通利之也。九河之名,徒駭、大史、馬頰、覆釜、胡蘇、簡、絜、鈎盤、鬲津。周時齊桓公塞之同爲一。今河間弓高以東至平原鬲津,往往有其遺處焉。"《詩·般·正義》引。《御覽》八十二引此文,"剔"作"疏","岐"作"支","禹之時"作"堯之時","支"下引注云"支,分"。

〔八〕高誘曰："江水通別爲九。"案，九路即《禹貢》之九江。《潯陽地記》曰："一曰烏白江，二曰蚌江，三曰烏江，四曰嘉靡江，五曰畎江，六曰源江，《史記索隱》'源'作'沙'。七曰廩江，八曰提江，九曰菌江。"張須元《緣江圖》則"一曰三里江，二曰五洲江，《索隱》作'五畎'。三曰嘉靡江，四曰烏土江，五曰白蚌江，六曰烏江，七曰箘江，八曰沙提江，九曰廩江"，略不同。並云"參差隨水長短，或百里，或五十里，始於鄂陵，終於江口，會於桑落洲。"

〔九〕高誘曰："使水辟人而相從也。"案，五湖即《禹貢》之震澤，今之太湖也。《墨子・兼愛》中篇曰："南爲江、漢、淮、汝，東流之，注五湖之處。"《周禮・職方氏》"揚州其浸五湖"，鄭注云"五湖在吳南"。《國語・越語》韋注云："五湖，今太湖。"《水經・沔水》酈注云："南江東注于具區，謂之五湖口。五湖，謂長蕩湖、太湖、射湖、貴湖、滆湖也。"又引虞翻説太湖云"是湖有五道，故曰五湖。"張勃《吳錄》亦曰："五湖者，太湖之別名也。周行五百餘里。"《文選》注引。今案，江蘇吳、吳江、宜興、武進、無錫、浙江烏程、長興七縣，皆瀕此湖也。晉、唐人釋五湖名差異，要不出五湖之支別，今不具論。

〔一〇〕高誘云："擯，排去也。"

〔一一〕高誘云："扢，拭也。"

〔一二〕《宋書・禮志》引《尸子》曰："禹治爲喪法，使死於陵者葬於陵，死於澤者葬於澤，此其所本也。"

〔一三〕閑服，應作"閒服"。王念孫云："'閒'與'簡'同，《莊子・天運》篇'食於苟簡之田'，《釋文》'簡，司馬本作閒'。簡服謂三月之服也。道藏本、劉本作閒服，他本'閒'字皆誤作'閑'，而莊本從之，謬矣。《文選・夏侯常侍誄》注及《路史・後紀》引此並作簡服。"

齊桓公〔一〕之時，天子卑弱，諸侯力征，南夷北狄，交伐中國〔二〕，中國不絶如綫〔三〕。齊國之地，東負海而北障河〔四〕，地狹田少，而民多智巧，桓公憂中國之患，苦夷狄之亂，欲以存亡繼絶〔五〕，崇天子之位，廣文武之業，故管子之書〔六〕生焉。

〔一〕齊桓公名小白，莊公購之孫，釐公禄父之子，而襄公諸兒之次弟也。《史記·齊世家》。

〔二〕《史記》曰"齊莊公二十四年，犬戎殺幽王"爲夷狄侵中國之始。釐公二十五年，山戎來伐齊。至齊桓公之時，楚日大，初收荆蠻，夷狄自置。二十三年，山戎伐燕。二十八年，衛有狄亂。三十八年，周襄王弟帶與戎翟合謀伐周。故曰南夷北狄，交伐中國也。

〔三〕高誘曰："綫，細絲也。"

〔四〕《左傳·僖公四年》管仲曰："昔召康公命我先君太公曰：'五侯九伯，女實征之，以夾輔周室。'賜我先君履，東至于海，西至于河，南至于穆陵，北至于無棣。"《史記·齊世家》亦曰"周成王少時，管蔡作亂，淮夷畔周。乃使召康公命太公曰：'東至海，西至河'"云云，服虔曰："是皆太公始受封土地疆境所至也。"《索隱》以服説爲非，謂言其征伐所至之域。然《世家》取《左傳》，《傳》明曰"賜我先君履"，則服説是也。此亦括用《傳》語。

〔五〕《論語》曰："興滅國，繼絶世。"桓公之存亡繼絶，如二十八年率諸侯城楚邱而立衛君是也。

〔六〕管子，名夷吾，字仲，謚曰敬，《左傳·閔公元年》疏。故又稱敬仲。潁上人也。《史記》本傳。姬姓之後，管嚴之子。《史記正義》引韋昭説。任政於齊，本傳。相以九惠之教：一曰老，二曰慈，三曰孤，四曰疾，五曰獨，六曰病，七曰通，八曰賑，九曰絶。《管子·入國》篇。以區區之齊在海濱，通貨積財，富國強兵，與俗同好惡，故其稱曰："倉廩實而知禮節，衣食足而知榮辱，上服度則六親固，四維不張，國乃滅亡。上令如流水之原，順民心。"故論卑而易行，俗之所欲，因而予之，俗之所否，因而去之。其爲政也，善因禍而爲福，轉敗而爲功，貴輕重，慎權衡。本傳。《史記》有傳。《漢書·藝文志》有書八十六篇，在道家。《七略》則四十八篇，在法家，《史記·管晏傳贊·正義》引。蓋出十八篇入法家也。八十六篇，梁隋時亡《謀失》、《正言》、《封禪》、《言昭》、《修身》、《問霸》、《牧民》、《解問》、《乘馬》、《輕重丙》、《輕重庚》十篇，宋時又亡《王言》篇，此書多言管子後事，或疑爲後世好事者所加。劉恕《通鑑外紀》引傅玄説。然先秦諸子皆門弟子或賓客或子孫撰定，不必手著也。嚴可均《鐵橋漫稿》説。《韓非子》曰："今治藏管商之法者，皆有之。"《五蠹》篇。可知其傳業之廣矣。

齊景公〔一〕内好聲色，外好狗馬〔二〕，獵射無歸〔三〕，好色無辯〔四〕，作爲路寢之臺〔五〕，族鑄大鐘〔六〕，撞之庭下，郊雉皆呴〔七〕，一朝用三千鐘贛〔八〕，梁丘據、子家噲導之左右〔九〕，故晏子之諫〔一〇〕生焉。

〔一〕齊景公名杵臼，靈公環之子，而莊公光異母弟也。《齊世家》。
〔二〕《齊世家》曰："景公好治宮室，聚狗馬。"
〔三〕《晏子春秋·諫上》篇曰："景公畋於署梁，十有八日而不返。"
　　案，《藝文類聚》引作"反"。

〔四〕高誘曰:"辯,別也。"
〔五〕《諫下》篇曰:"景公築路寢之臺,三年未息。"《公羊傳》曰:"路寢者何?正寢也。"
〔六〕許慎曰:"族,聚也。"《太平御覽》引高誘注同。陶方琦曰:"《莊子·在宥》'雲不待族而下',司馬注云'族,聚也'。《廣雅·釋詁》'族,聚也',皆與許注合。"《淮南許注同異誌》。
〔七〕高誘曰:"大鐘聲似雷震,雊應而呴鳴也。"《御覽》"呴"引作"雊"。有許慎注云:"鐘聲似雷震,雊皆應之。"與此略同。陶方琦曰:"當從今注全文。《說文》'雊,雄雉鳴也,雷始動,雉乃鳴,而句其頸',與《淮南》注合。"劉文典曰:"《白帖》六十二引注作'鐘聲似雷,雷震則雉鳴'。"《淮南鴻烈集解》。案,此事不見於《晏子春秋》。
〔八〕高誘曰:"鐘,十斛也。贛,賜也。一朝賜羣臣之費三萬斛也。"《諫上》篇"景公燕賞於國內,萬鐘者三,千鐘者五"。
〔九〕高誘曰:"二人景公臣也。導,諫也。"案,梁丘據,姓梁丘,名據,據又作"處",《禮·投壺》釋文。字子猶,(《左傳》昭公二十年及二十六年。)又作子將。《史記·魯世家》。子家噲未詳。二人景公佞臣。導,謂引導其淫佚,高誘謂導爲諫,失之。
〔一〇〕晏子名嬰,字仲,謚曰平,《史記索隱》。○《漢書·藝文志》注曰:"謚平仲。"似非。故稱平仲。萊之夷維人也。《史記》本傳。桓子弱之子。《索隱》。事齊靈公、莊公、景公,以節儉力行重於齊。本傳。崔杼弒莊公,嬰枕公尸而哭,三踊而出,人謂崔杼必殺之,崔杼曰:"民之望也,捨之得民。"《齊世家》。初治東河,三年大治。《晏子春秋》外篇七。既相齊,食不重肉,妾不衣帛。其在朝,君語及之,即危言,語不及之,即危行。國有道,即順命,無道,即衡命。以此三世顯名於諸侯。本傳。高子嘗問之曰:"子事靈公、莊公、景公,皆敬子。三君之心一邪?夫子之心三也?"晏子曰:"嬰聞一心可以事百君,三心不可以事一君。故三君之心非一也,而嬰之心非三心也。且嬰之於靈公也,盡復而不能立之政,所謂僅全其四支以從君者也。及莊公陳武夫,尚勇力,欲辟勝於邪,而嬰不能禁,故退而野處。嬰聞之言,'不用者不受其祿,不治其事者不與其難',吾於莊公行之矣。今之君,輕國而重樂,薄於民而厚於養,籍斂過量,使令過任,而嬰不能禁,庸知其能全身以事君乎?"外篇七。《史記》有傳。《漢書·藝文志》有書八篇,在儒家。《七略》云七篇,《史記》本傳注引。蓋合《雜》上、下二篇爲一。嬰死,賓客哀之,集其行事成書者。

晚世之時,六國諸侯〔一〕,谿異谷別,水絶山隔,各自治其境内,守其分地,握其權柄,擅其政令。下無方伯〔二〕,上無天子〔三〕,力征争權,勝者爲右,恃連與國〔四〕,約重致,剖信符,結遠援,以守其國家,持其社稷,故縱橫修短生焉〔五〕。

〔一〕六國乃魏、韓、趙、楚、燕、齊。
〔二〕禮,千里之外設方伯一。方伯,諸侯之長也。
〔三〕《公羊傳》曰:"上無天子,下無方伯。"此時周天子尚在,而曰'無天子'者,政令不自天子出,雖有如無也。
〔四〕高誘曰:"怙恃連與之國。"王念孫云:"'連與'二字連讀,《漢書·武五子傳》'羣臣連與成朋友也'。恃連與,約重致,剖信符,結遠援,皆三字爲句,則'連與'下不當有'國'字,蓋涉高注而衍。"
〔五〕劉向《戰國策序》曰:"田氏取齊,六卿分晉,道德大廢,上下失序……晚世益甚。萬乘之國七,千乘之國五,敵侔争權,蓋爲戰國,貪饕無恥,競進無厭,國異政教,各自制斷,上無天子,下無方伯,力功爭強,勝者爲右,兵革不休,詐僞並起。當此之時,雖有道德,不得施謀,有謀之強,負阻而恃固,連與交質,重約結誓,以守其國⋯⋯是以蘇秦、張儀、公孫衍、陳軫、代、厲之屬,生縱橫短長之說。"文與此略同。縱橫者,蘇秦說秦王不成,而東合六國以抗秦曰縱;張儀說山東諸國不成,而西入秦,用秦以破六國之縱曰橫。蘇秦說楚威王所謂"縱合則楚王,衡成則秦帝","衡"即"橫"也。《韓子》曰:"縱橫之黨,借力於國,縱者合衆弱以攻一強,衡者事一強以攻衆弱也,皆非所以持國也。"《五蠹》篇。修短者,謂《戰國策》。劉向《戰國策序》曰:"或曰《國策》⋯⋯或曰《短長》⋯⋯或曰《長書》,或曰《修書》,臣向以爲戰國遊士輔所用之國爲策謀,宜爲《戰國策》⋯⋯戰國之時,君德淺薄,爲之策謀者,不得不因勢而爲資,據時而爲畫,故其謀扶急持傾,爲一切之權,雖不可以臨國教化,兵革錢本'革'下有'亦'字。救急之勢也。皆高才秀士度時君之所能行,出奇策異智,轉危爲安,運亡爲存,亦可喜,皆可觀。"

申子者〔一〕,韓昭釐之佐〔二〕。韓,晉別國也〔三〕,地墝〔四〕民險,而介於大國之間〔五〕。晉國之故禮未滅,韓國之新法重出。先君之令未收,後君之令又下。新故相反,前後相繆,百官背亂,不知所用,故刑名之書生焉〔六〕。

〔一〕詳上《荀子·解蔽》篇。
〔二〕韓昭釐即韓昭侯,《世本》無名。懿侯《世本》無名,《史記·六國年表》作莊侯。之子。八年,申不害相韓,二十二年死,《史記·韓世家》。

凡十五年。《申不害傳》。

〔三〕《史記‧韓世家》曰:"韓之先,與周同姓……其後苗裔事晉,得封於韓原,曰韓武子……至韓康子,與趙襄子、魏桓子共敗知伯,分其地……康子卒,子武子代。武子卒,子景侯立……景侯虔六年,與趙、魏俱得列爲諸侯。"《漢書‧地理志》:"韓分晉得南陽郡及潁川之父城、定陵、襄城、潁陽、潁陰、長社、陽翟、郟。"故曰晉別國也。

〔四〕墽,與墝同,墜形訓,察水陸肥墽高下之宜。

〔五〕韓北與魏接,南與楚鄰,於六國爲最小,不足千里,故曰介於大國之間。

〔六〕此節取《韓子》。《韓子‧定法》篇曰:"申不害,韓昭侯之佐也。韓者,晉之別國也。晉以故法未息,而韓之新法又生。先君之令未收,而後君之令又下。申不害不擅其法,不一其憲令,則奸多,故利在故法前令,則道之,利在新法後令,則道之,利在故新相反,前後相悖,則申不害雖十使昭侯用術,而奸臣猶有所譎其辭矣。"刑名之書者,《史記‧老莊申韓傳》曰:"申子之學,本於黄老,而主刑名,著書二篇,號曰《申子》。"以刑法名實爲重,故曰刑名。

秦國之俗,貪狼强力,寡義而趨利〔一〕,可威以刑而不可化以善,可勸以賞而不可屬以名,被險而帶河,四塞以爲固,地利形便,畜積殷富。孝公欲以虎狼之勢而吞諸侯〔二〕,故商鞅之法〔三〕生焉。

〔一〕《漢書‧賈誼傳‧陳政事疏》曰:"秦人家富子壯則出分,家貧子壯則出贅,借父耰鉏,慮有德色,母取箕帚,立而誶語,抱哺其子,與公併倨,婦姑不相說,則反脣而相稽,其慈子耆利,不同禽獸者亡幾耳。此雖謂商鞅行法之後,然亦國俗使然。"可證。

〔二〕賈誼《過秦論》曰:"秦孝公據殽函之固,擁雍州之地,君臣固守,以窺周室,有席捲天下、包舉宇内、囊括四海之意,併吞八荒之心。"孝公名渠梁,獻公之子。《秦本紀》。

〔三〕商鞅者,秦封於商,故曰商,鞅其名也。衛之庶公子,姓公孫氏,其祖本姬姓也。鞅好刑名之學,事魏相公叔痤,爲中庶子。公叔痤死,鞅聞秦孝公下令國中求賢者,將修繆公之業,東復侵地。乃西入秦,因孝公寵臣景監以求見孝公。公與語,不自知厀之前於席也,語數日不厭,以鞅爲左庶長,定變法之令。令民爲什伍而相收司連坐,不告奸者腰斬,告奸者與斬敵首者同賞,匿奸者與降敵同罰。《韓子·定法》篇曰:"設告相坐而責其實,連什伍而同其罪,賞厚而信,刑重而必。"可互證。民有二男以上不分異者,倍其賦。有軍功者,各以率受上爵。爲私鬥者,各以輕重被刑。大小僇力本業耕織致粟帛多者,復其身,事末利及怠而貧者,舉以爲收孥。宗室非有軍功,論不得爲屬籍。明尊卑爵秩等級,各以差次。名田宅臣妾衣服以家次。有功者顯榮,無功者雖富無所芬華。行之十年,秦民大說,而宗室貴戚多怨望者。孝公卒,太子惠公立,公子虔之徒告商君欲反,車裂鞅以徇。《史記》本傳。《史記》有傳。《漢書·藝文志》有書二十九篇,在法家。今亡其五,亦後人所輯。

卷　下

一、《史記·太史公自序》[一]一節

談爲太史公[二]。太史公學天官於唐都[三],受易於楊何[四],習道論於黃子[五]。太史公仕於建元、元封之閒[六],愍學者之不達其意而師悖[七],乃論六家之要指曰:

《易大傳》[八]:"天下一致而百慮,同歸而殊塗[九]。"夫陰陽、儒、墨、名、法、道德[一〇],此務爲治者也[一一],直所從言之異路,有省不省耳[一二]。嘗竊觀陰陽之術,大祥[一三]而眾[一四]忌諱,使人拘而多所畏[一五],然其序四時之大順,不可失也。儒者博而寡要,勞而少功,是以其事難盡從,然其序君臣父子之禮,列夫婦長幼之別,不可易[一六]也。墨者儉而難遵,是以其事不可遍循[一七],然其强本節用,不可廢也。法家嚴而少恩,然其正君臣上下之分,不可改矣[一八]。名家使人儉[一九]而善失真,然其正名實,不可不察也。道家使人精神專一,動合無形,贍[二〇]足萬物,其爲術也,因陰陽之大順,採儒、墨之善,撮名、法之要[二一],與時遷移[二二],應物變化,立俗施事,無所不宜,指約而易操[二三],事少而功多。儒者則不然。以爲人主天下之儀表也,主倡而臣和,主先而臣隨[二四]。如此則主勞而臣逸。至於大道之要,去健羨[二五],絀聰明[二六],釋此而任術。夫神大用則竭，形大勞則敝，形神騷動[二七]，欲與天地長久，非所聞也[二八]。

夫陰陽、四時、八位、十二度、二十四節，各有教令[二九]，順之者昌，逆之者不死則亡[三〇]，未必然也，故曰"使人拘而多畏"。夫春生夏長，秋收冬藏，此天道之大經[三一]也，弗順則無以爲天下綱紀，故曰"四時之大順，不可失也"。

夫儒者以六藝[三二]爲法。六藝經傳以千萬數，累世不能通其學，當年不能究其禮[三三]，故曰"博而寡要，勞而少功"。若夫列君臣父子之禮，序夫婦長幼之別，雖百家弗能易也。

墨者亦尚堯舜道[三四]，言其德行曰[三五]："堂高三尺，土階三等，茅茨不翦，采椽不刮[三六]，食土簋[三七]，啜土刑[三八]，糲粱之食[三九]，藜藿之羹[四〇]。夏日葛衣，冬日鹿裘[四一]。"其送死，桐棺三寸，舉音不盡其哀。教喪禮，必以此爲萬民之率[四二]。使天下法若此[四三]，則尊卑無別也。夫世異時移，事業不必同，故曰"儉而難遵"[四四]。要曰強本節用，則人給家足之道也[四五]。此墨子之所長，雖百家弗能廢也。

法家不別親疏，不殊貴賤，一斷於法，則親親尊尊之恩絕矣[四六]。可以行一時之計，而不可長用也，故曰"嚴而少恩"。若尊主卑臣，明分職不得相逾越，雖百家弗能改也。

名家苛察繳繞[四七]，使人不得反其意，專[四八]決於名而[四九]失人情，故曰"使人儉而善失真"。若夫控名責實，參伍不失〔五〇〕,此不可不察也。

　　道家無爲,又曰無不爲〔五一〕,其實易行,其辭難知〔五二〕。其術以虛無爲本,以因循爲用〔五三〕。無成埶,無常形,故能究萬物之情。不爲物先,不爲物後〔五四〕,故能爲萬物主。有法無法,因時爲業;有度無度,因物與合〔五五〕。故曰"聖人不朽〔五六〕,時變是守〔五七〕。虛者道之常也〔五八〕,因者君之綱也〔五九〕"。羣臣並至,使各自明也。其實中其聲者謂之端,實不中其聲者謂之窾〔六〇〕。窾言不聽〔六一〕,奸乃不生,賢不肖自分,白黑乃形〔六二〕。在所欲用耳,何事不成。乃合大道,混混〔六三〕冥冥。光耀天下,復反無名〔六四〕。凡人所生者神也〔六五〕,所託者形也。神大用則竭,形大勞則敝,形神離則死。死者不可復生,離者不可復反〔六六〕,故聖人重之。由是觀之,神者生之本也,形者生之具〔六七〕也。不先定其神〔六八〕,而曰"我有以治天下",何由哉〔六九〕?

〔一〕在司馬遷《史記》第一百三十篇,此其一節。姚鼐《古文辭類纂》亦取之,題曰《太史公談論六家要指》。曾國藩曰:"司馬遷《自序》中,述其父太史公談論六家要旨,諸家互有得失,而終以道家爲本。此自司馬氏父子學術相傳如是。其指要則談啓之,其文辭則遷之爲之也。在《自序》篇中,僅文中之一段,故無首尾裁成之迹。今姚氏割此爲一篇,而標其目曰《太史公談論六家要旨》,失其義矣。遷作《五帝本紀》、《夏本紀》所引《堯典》、《禹貢》等書,尚多改經文之舊,此述其父之語,豈獨無所刪改?且如《管晏列傳》中,管仲自述感鮑叔之言,豈得遂錄以爲管仲之文？《淮陰侯傳》中，韓信説高祖定三秦一節，豈得遂錄以爲韓信之文邪？"是也，不從姚。《史記》、《漢書·藝文志》稱"太史公百三十篇"。太史公，解詳下。

〔二〕談爲司馬遷父，漢五大夫喜之子。太史公者，遷稱其父之辭。《史記》自稱及稱其父皆曰太史公。太史，官名，本曰太史令。其稱父爲公者，顏師古及司馬貞均謂遷自尊其父，稱之曰公。其自稱公者，桓譚《新論》謂"太史公造書成，示東方朔，朔爲平定，因署其下。太史公者，皆東方朔所加之也"。見《孝武本紀》及《自序·索隱》引。韋昭則以爲外孫楊惲所稱。見《孝武本紀·集解》。張守節《正義》則以爲遷所自稱。三説以楊惲説爲近似。用王國維説。

〔三〕王靜安先生曰："《律書》'今上即位，招致方士，唐都分其天部，而巴落下閎運算轉曆，然後日辰之度與夏正同'。《天官書》'自漢之爲天文者，星則唐都，氣則王朔'。《漢書·律曆志》'元封七年，造漢曆，方士唐都、巴郡落下閎與焉'。又《公孫閎傳》'論治律則唐都、落下閎'。是唐都實與於太初改曆之役。考司馬談卒於元封元年，而其所師之唐都，至七年尚存，則都亦壽考人矣。"《太史公行年考》。案，《天官書》曰"昔之明天數者，於楚唐昧"。《太平御覽》二百三十五引《春秋文耀鈎》云"楚立唐氏，唐氏之策，上滅蒼雲"。則唐氏世爲楚史，唐都蓋其後也。《舊唐書·曆志》曰，《麟德曆》云"周天二十八宿……漢唐都以渾儀赤道所量，其數常足紘帶天中"。此都定天度事之僅存者。

〔四〕《儒林傳》曰："《易》，漢興，田何傳東武人王同子仲，子仲傳菑川人楊何。何以《易》元光元年徵，官至中大夫。"《漢書·儒林傳》"何字叔元"。

〔五〕景帝時人，《儒林傳》謂之黃生，與轅固争論於上前，謂湯武非受命,乃殺也。王静安先生曰:"談既習道論,故論六家要旨,頗右道家,與史公無與,乃揚雄云司馬子長有言五經不如老子之約,班彪譏公先黄老而後六經,是刎司馬談之説爲史公之説矣。"

〔六〕建元、元封皆武帝年號。自建元至元封,凡建元六年、元光六年、元朔六年、元狩六年、元鼎六年,至元封元年而談卒。爲太史令當有二三十年之久。

〔七〕顔師古曰:"悖,惑也,各習師書,惑於所見。"張守節《正義》引顔説。案,蓋引《漢書·司馬遷傳》顔注,今《漢書》顔注從《漢書》"悖"作"誖","書"作"法"。案,《漢書·司馬遷傳》"悖"作"誖"。

〔八〕《大傳》,謂《易·繫辭》。《漢書》本傳"傳"下有"曰"字,惟越本亦無"曰"字。宋祁説。

〔九〕見下《繫辭》。原文曰"天下同歸而殊塗,一致而百慮",此到引。

〔一〇〕班固曰:"諸子十家,其可觀者九家而已。"談但舉六家者,縱橫起於六國,雜家出於秦漢,其持論卑淺,或漫羡無歸,農則無甚當於治道,故皆存而不論。

〔一一〕班固曰:"諸子……皆起於王道既微,諸侯力政,時君世主好惡殊方,是以九家之術蠭起並出,各引一端,崇其所善,以此馳説,取合諸侯,此務爲治之説也。"《漢書·藝文志》諸子略。

〔一二〕顔師古曰:"直,猶但也。"郭嵩燾曰:"言六家同務爲治,而所施異宜,不相爲用。務此則忽彼,故曰'有省不省',下言道家爲術無所不宜,亦無所不省也。"王先謙《漢書補注》引。

〔一三〕李奇曰:"月令星官,是其枝葉也。"《正義》引。案,"祥"即"詳"也,《漢書》作"詳"。李慈銘曰:"古'祥'、'詳'字通。《易》'視履考祥',《釋文》'本或作詳'。《孟子》'申詳',《檀弓》作'祥'。"《漢書補注》引。是也。司馬貞以作祥爲疏,顧野王釋祥爲善,皆非也。

〔一四〕王先謙曰:"衆,猶多也。"《漢書補注》。

〔一五〕張守節曰:"言拘束於日時,令人有所畏忌也。"《史記正義》。李楨曰:"褚補《史記・日者傳》言孝武時,聚會占家問之:'某日可取婦乎?'五行家曰'可',堪輿家曰'不可',建除家曰'不吉',叢辰家曰'大凶',曆家曰'小凶',天人家曰'小吉',太一家曰'大吉',辨訟不決,以狀聞。制曰'避諸死忌,以五行家爲主',人取諸五行者也。據此知忌諱拘畏,西漢時已如此。"《漢書補注》引。

〔一六〕顏師古曰:"易,變也。"

〔一七〕顏師古曰:"言難盡用。"

〔一八〕《漢書》"矣"作"也"。

〔一九〕梁玉繩曰:"名家言儉未的,董份以爲'檢'之誤寫。"《史記志疑》。李慈銘曰:"梁說是也。名家以察覈名實爲務,不得云使人儉,蓋'檢'即'斂'也。《孟子》'狗彘食人食而不知檢',趙注'檢,斂也'。《漢書・食貨志》作'不知斂'。名家以繩墨檢察人,使各約束於禮而不得肆,故曰'使人檢而善失真'。若作'儉',則與墨家義犯矣。"《漢書補注》引。繆荃孫曰:"古'檢'、'儉'、'險'多通用。《易》'君子以儉德避難',虞翻云'亦作險'。'險且枕',《釋文》云'古文鄭本作檢'。可證。"案,作"檢"是也,《尹文子》曰:"名者,名形者也。形者,應名者也……故必有名以檢形,形以定名,名以定事,事以檢名。"胡適曰:"疑當作'名以檢事,事以正名'。"此名家言檢之證也。

〔二〇〕贍,《漢書》作"澹",顏師古曰:"澹,古贍字。"案,古今字異也。

〔二一〕顏師古曰:"撮,總取也。"道家託始黃老,何得採儒、墨之善,撮名、法之要?說者曰,謂道家包有儒墨之善、名法之要耳。或曰,談所謂道家,已非黃老之真,實即《七略》、《漢志》所謂雜家,故《漢志》雜家敘曰'兼儒、墨,合名、法',此其證也。

〔二二〕移,《漢書》作"徙"。

〔二三〕顏師古曰:"操,執持也。"

〔二四〕《漢書》無兩"而"字。

〔二五〕如淳曰:"知雄守雌,是去健也。不見可欲,使心不亂,是去羨也。"案,知足不辱,亦去羨也。沈欽韓曰:"《荀子·哀公》篇孔子曰:'無取健。'注:'健羨之人。'《說苑·尊賢》篇曰'健者必欲兼,不可以為法也'。"案,《韓詩外傳》亦曰"無取健",或孔子取老子也。服虔曰:"門戶健壯也。"晉灼曰:"老子曰'善閉者,無關楗',嚴君平曰'折關破楗,使奸者自止'。服說是。"王先惠曰:"玩晉說,則服注'健壯'似當作'健牡',蓋以'健'為'楗'。(楗即鍵,《禮·月令》'修鍵閉',注'鍵牡,閉牝也'。《周禮·司門》注'鍵謂牡'。)楗牡,戶牡也。"然讀"健"為"楗",不如本義。裴駰《集解》亦取如淳說。

〔二六〕如淳曰:"不尚賢,絕聖棄智也。"絀,《漢書》作"黜",顏師古曰:"黜,廢也。"

〔二七〕《漢書》作"神形蚤衰"。

〔二八〕錢基博曰:"太史公談獨推重道家,謂'因陰陽之大順,採儒、墨之善,撮名、法之要',兼綜五家者,蓋習道論於黃子,尊其所學然也。然五家之中,獨揭儒與道家並論,何者?蓋漢承秦治,載黃老之清靜,舒名、法之慘礉。觀太史公之贊曹相國曰'參為漢相國,清靜極言合道,然百姓離秦之酷後,參與休息無為,故天下俱稱其美',其言可徵信也。然太史公之贊申、韓,謂'申子卑卑,施之於名實。韓子引繩墨,切事情,明是非,其極慘礉少恩,皆原於道德之意'。名、法原於道德,以之相救，勢所不嫌。獨儒與道爭長，漢興五六十年未有定尊。其可考見於《太史公書》者，《曹相國世家》曰：'孝惠帝元年，除諸侯相國法，更以參爲齊丞相。參之相齊，齊七十城。天下初定，悼惠王富於春秋，參盡召長老諸生，問所以安集百姓，如齊故俗，諸儒以百數，言人人殊，參未知所定。聞膠西有蓋公，善治黄老言，使人厚幣請之。既見蓋公，蓋公爲言治道，貴清静而民自定，推此類具言之。參於是避正堂，舍蓋公焉。其治要用黄老術。故相齊九年，齊國安集，大稱賢相。惠帝二年，蕭何卒……參代何爲漢相國……載其清淨，民以寧一。'《儒林傳》敍曰：'孝文帝本好刑名之言，及至孝景，不任儒者，而竇太后又好黄老之術。故諸博士具官待問，未有進者。'則是儒絀而道用也。《儒林·轅固生傳》稱'轅固生者，齊人也，以治《詩》。孝景時爲博士，與黄生爭論景帝前。黄生曰："湯武非受命，乃弑也。"轅固生曰："不然。夫桀紂虐亂，天下之心皆歸湯武，湯武與天下之心，而誅桀紂，桀紂之民不爲之使，而歸湯武，湯武不得已而立，非受命爲何？"黄生曰："冠雖敝，必加於首。履雖新，必關於足。何者？上下之分也。今桀紂雖失道，然君上也，湯武雖聖，臣下也。夫主有失行，臣不能正言匡過，以尊天子，反因過而誅之，代立踐南面，非弑而何也？"轅固生曰："必若所云，是高帝代秦即天子位非邪？"於是景帝曰："食肉不食馬肝，不爲不知味。言學者無言湯武，不爲愚。"遂罷。是後，學者莫敢明受命放殺者。竇太后好《老子》書。召轅固生問《老子》書。固曰："此是家人言耳。"太后怒曰："安得司空城旦乎？"乃使固入圈刺豕。景帝知太后怒，而固直言無罪，乃假固利兵，下圈刺豕，正中其心，一刺，豕應手而到。太后默然。無以復罪。'則是儒不爲道絀。而黄生蓋談所習道論之黄子也。《魏其武安列傳》

曰:'孝景帝崩,即日太子立。''建元元年,丞相綰病免,上議置丞相、太尉……於是乃以魏其侯爲丞相,武安侯爲太尉……魏其、武安俱好儒術,推轂趙綰爲御史大夫,王臧爲郎中令,迎魯申公,欲設明堂,令列侯就國,除關,以禮爲服制,以興太平……毀日至竇太后。太后好黃老之言,而魏其、武安、趙綰、王臧等務隆推儒術,貶道家言,於是太后滋不說魏其等。及建元二年,御史大夫趙綰請毋奏事東宮,竇太后大怒,乃罷逐趙綰、王臧等,而免丞相、太尉。'《儒林申公傳》略同。則是儒與道爭長而幾以相代也。《儒林傳》敍又曰:'及竇太后崩,武安侯田蚡爲丞相,絀黃老刑名百家之言,延文學儒者數百人,而公孫弘以《春秋》白衣爲天子三公,封平津侯。天下之學士靡然鄉風矣。'自是儒者爲制治之局定,而道家言大絀。其初文景之治,刑名與道並用事,則鼂錯學申商刑名於軹張恢生所,以知術數拜爲太子家令。《漢書·鼂錯傳》注張晏曰:"數術刑名之書也。"臣瓚曰:"術數謂法制國之術也。"至是孝武之治,法家傅儒以決事,故張湯以廷尉決大獄,欲傅古義,乃請博士弟子治《尚書》、《春秋》,補廷尉史。亦可以占一代學術得失之林也。獨太史公談仕於建元、元封之間,而建元爲武帝之初即位,會當儒道爭長未定之際,而自以習道論於黃子,故特揭儒與道並論,以見得失而明指歸。"《太史公談論六家要指考論》。案,"欲與天地長久"云云,謂長生,老莊言養生,不甚言長生,長生疑談得之於唐都。唐都,方士也,詳上。《史記·封禪書》曰:"騶衍以陰陽主運,顯於諸侯,而燕齊海上之方士傳其術。"《漢書》稱"劉向傳鄒衍重道延命方",則長生之術,蓋當時方士託始於鄒衍者也,談則冶爲一爐。後世言長生,每託於道家,談其祖與?

〔二九〕張晏曰:"八位,八卦位也。十二度,十二次也。二十四節,就中氣也。各有禁忌，《史記集解》如此。《漢書》注無"忌"字。謂日月《漢書》注作"月令"。也。"案，八卦位者，謂離南、坎北、震東、兌西、巽東南、艮東北、乾西北、坤西南也。十二次者，謂玄枵、娵訾、降婁、大梁、實沈、鶉首、鶉火、鶉尾、壽星、大火、析木、星紀十二月次也。就中氣者，五月爲一候，三候爲一氣，每月二氣，在月首者爲節氣，立春、驚蟄、清明、立夏、芒種、小暑、立秋、白露、寒露、立冬、大雪、小寒是也，月中者爲中氣，如雨水、春分、穀雨、小滿、夏至、大暑、處暑、秋分、霜降、小雪、冬至、大寒是也，共爲二十四節。

〔三〇〕《漢書》作"逆之者亡。"

〔三一〕顏師古曰："經，常法也。"

〔三二〕六藝即六經，賈誼曰："《詩》、《書》、《易》、《春秋》、《禮》、《樂》，六者之術，謂之六藝。"《新書·六術》篇。

〔三三〕《晏子春秋·外篇》載晏子沮齊景公封仲尼云"兼壽不能殫其教，當年不能究其禮"，《墨子·非儒下》引，《晏子》《抱朴子·外篇·省煩》引《墨子》略同。《墨子》作"累壽不能盡其學，當年不能行其禮"，《抱朴子》則作"累世不能盡其學，當年不能究其事"，與此文略同。此蓋取《晏子》。當年，猶丁年。《釋詁》"丁，當也"。《淮南子·齊俗訓》曰"丈夫丁壯而不耕，婦人當年而不織"，與"丁壯"對文同義。《管子·輕重丁》篇曰"男女當壯"，《戊》篇又作"丁壯"。"丁""當"雙聲互訓，是其證。此言禮文繁縟，年雖丁壯，不能究盡。用蘇輿說。

〔三四〕《漢書》無"道"字。

〔三五〕此以下至"冬日鹿裘"云云，取《韓子·五蠹》篇文，故稱"曰"。《李斯傳》亦引《韓子》，與此略不同。

〔三六〕顏師古曰："屋蓋曰茨，茅茨，以茅覆屋也。"韋昭曰："采椽，櫟榱也，採取爲椽，不刮削也。"顏師古同。《漢書》作"棌"。

沈欽韓曰："《玉篇》'梾,櫟也'。《釋木》'橄,樸心',注'橄,櫟別名'。李時珍云：'櫟有兩種,一種叢生小者,名枹,見《爾雅》。一高者,名大葉櫟,樹葉俱似栗,長大粗厚,冬月凋落,其木理粗,不及櫟木,即柞木。所謂樗櫟之材,指此。'師古以'梾'爲'柞',非也。"《說文》無'梾'字。《漢書·藝文志》作'采',是。《司馬遷傳》及《楊雄傳》並後人妄加木旁。案,《始皇紀》作"梾椽不刮",注云"一作'采椽不斲',言質素也"。《韓子·五蠹》及《李斯傳》正作"采椽不斲"。《漢書》官本又作"採",則由"梾"而譌也。

〔三七〕顏師古曰："簋,所以盛飯也。土,謂燒土爲之,即瓦器也。"食,《漢書》作"飯"。簋,《集解》引徐廣云"一作'溜'",《李斯傳》作"甌",《集解》引徐說"溜"作"雷"。案,"溜"、"雷"皆應作"塯"。

〔三八〕顏師古曰："刑所以盛羹也。"啜,《漢書》作"歠"。刑,《李斯傳》作"鈃"。

〔三九〕服虔曰："糲,麤米也。"張晏曰："一斛粟七斗米爲糲。"顏師古曰："糲脱粟,粱粟也。謂食脱粟之麤飯也。"沈欽韓曰："張說非也。《九章算術》'粟米法,粟率五十,糲米三十,粺二十七,繫二十四,御米二十一,言粟五升,爲糲米三升,以下米益精,則數亦漸減,至御米得二升一合也'。夏侯陽《算經》'粟五斗,爲糲米三斗,三十乘之,五十而一',其法亦同。則一斛粟止得糲米六斗也。"王念孫曰："服云'糲,粗米',賈逵《晉語》注'粱,食之精者',見《文選》陸機《君子有所思行》注。是糲粗而粱精,不得以糲粱連文。粱當爲'粢'字之誤也。案,'粢'、'粱'字形相近,傳寫往往誤淆。《曲禮》'稷曰明粢',《釋文》'一本作明粱',《淮南·人間》篇'飯黍粱',今本'粱'誤作'粢'。《爾雅》'粢,稷'。桓廿一年《左傳》'粢食不鑿',《玉藻》'稷食菜羹',

《論語·鄉黨》篇'疏食菜羹',粢食、稷食、疏食,異名而同食也。粢與糲,皆食之粗者。《李斯傳》'堯之有天下也,粢糲之食,藜藿之羹'。《韓子·五蠹》篇'堯之王天下也,糲粢之食,藜藿之羹'。《淮南·精神》篇'珍怪奇味,人之所美也,而堯糲粢之飯,藜藿之羹',《主術》篇'堯大羹不和,粢盛不毇',皆其證也。《列子·力命》篇'北宮子謂西門子曰:朕衣則裋褐,食則粢糲,子衣則文錦,食則粱肉',以糲粢與粱肉對言。《淮南·人間訓》'陳駢子對孟嘗君曰:臣之處於齊也,糲粢之飯,藜藿之羹,以身歸君,食芻豢,飯黍粱',<small>今本'粱'誤作'粢',上文云饗以芻豢黍粱,下文云'服輕煖,乘牢良',與粱爲韵,今據改。</small>以糲粢與黍粱對言,是粱精而糲粗,可言糲粢,不可言糲粱也。"案,張、王説是也。糲,《漢書》本作"糂","糂"爲"糲"之俗省,《説文》有"糲"無"糂"。

〔四〇〕藜,草似蓬也。藿,豆葉也。

〔四一〕《韓子》作"麑裘",惟《太平御覽》二十七、又八十、又六百九十四引並作"鹿裘",與此同。

〔四二〕《漢書》無"之"字。

〔四三〕《漢書》"便"作"故","法"作"共"。

〔四四〕《漢書》"遵"下有"也"字。

〔四五〕顏師古曰"給,亦足也。人人家家皆得足也。"

〔四六〕司馬貞曰:"案,《禮》,親親,父爲首,尊尊,君爲首也。"《史記索隱》。

〔四七〕服虔曰:"繳,音近叫呼,謂煩也。"如淳曰:"徼繞,猶纏繞,不通大體也。"案,如説是。繳繞,即上文所謂儉也。

〔四八〕《漢書》"專"作"剸"。"專"、"剸"同。

〔四九〕《漢書》"而"作"時"。

〔五〇〕晉灼曰:"引名責實,參錯交互,明知事情也。"案,《鄧析子‧無厚》篇曰"循名責實,實之極也。"

〔五一〕《老子》曰"道常無爲,而無不爲",又曰"我無爲而民自化,我好静而民自正,我無事而民自富,我無欲而民自樸",亦無爲而無不爲之義也。顔師古曰:"無爲者,守静一也。無不爲者,功利大也。"

〔五二〕《老子》曰:"吾言甚易知,甚易行,天下莫能知,莫能行。"張守節曰:"各守其分,故易行也。幽深微妙,故難知也。"

〔五三〕虚無爲本,參看上《莊子‧天下》篇"關尹、老聃"下注第七條。因循爲用,謂任自然。

〔五四〕韋昭曰:"謂因物爲制。"不爲物先,不爲物後,《漢書》作"不爲物先後"。案,參看上《天下》篇"關尹、老聃"下注第十六條。

〔五五〕法度與時物爲變通,神而明之,故曰"有法無法,有度無度,因物與合"。因物與合,一本作"因物與舍",《漢書》作"因物興舍",《後漢書‧馮衍傳》引作"與物趨舍"。王念孫曰:"因物與舍,於義爲長。舍者,居也。言因物與居,而無成心也。《鶡冠子‧世兵》篇亦云'聖人損物,從理與舍'。'因物與舍'與'因時爲業'相對爲文。"案,此從官本。

〔五六〕《漢書》"朽"作"巧"。

〔五七〕《司馬貞》曰:"此出《鬼谷子》,遷引之以成其章,故稱故曰也。"案今本無,當在佚篇。

〔五八〕王啓原曰:"韓非《解老》曰'虚者之無爲也,不以無爲有常'。"《漢書補注》引。

〔五九〕顔師古曰:"言因百姓之心以爲教,但執其綱而已。"

〔六〇〕徐廣曰:"窾,空也。"《漢書》作"款",款亦空也。王先謙曰:"言爲心聲,有實者爲正言,無實者爲空言,觀上下文甚明。李奇及司馬貞訓聲爲名,以爲實不稱名,非是。"

〔六一〕司馬貞曰:"申子曰'欵言無成'。"
〔六二〕顏師古曰:"形,見也。"
〔六三〕張守節曰:"混混者,元氣神著之貌。"
〔六四〕顏師古曰:"反,還也。"
〔六五〕浙本《漢書》"所"下有"以"字。
〔六六〕《漢書》"反"作"合"。
〔六七〕韋昭曰:"聲氣者,神也。枝體者,形也。"案,《漢書》"本"下、"具"下皆無"也"字。
〔六八〕《漢書》"神"下有"形"字。案,上文皆神形並言,有"形"字是也。
〔六九〕顏師古曰:"凡此皆道家之教爲長也。"

二、《漢書·藝文志》諸子略序〔一〕

儒家者流〔二〕,蓋出於司徒之官〔三〕,助人君順陰陽、明教化者也。遊文於六經之中,留意於仁義之際,祖述堯舜,憲章文武,宗師仲尼,以重其言〔四〕,於道最爲高〔五〕。孔子曰:"如有所譽,其有所試〔六〕。"唐虞之隆,殷周之盛,仲尼之業,已試之效者也〔七〕。然惑者既失精微〔八〕,而辟者又隨時抑揚〔九〕,遠離道本,苟以譁衆取寵〔一〇〕,後進循之〔一一〕,是以五經乖析,儒學寖〔一二〕衰,此辟儒之患〔一三〕。

〔一〕 在班固《漢書》第三十篇《藝文志》六略之第二。《藝文志》者,藝,六藝也,文,文學也,括百家,故藝文兼賅六藝百家之名也。班固承劉歆《七略》而作,其序云"成帝時,以書頗散亡,使謁者陳農求遺書於天下,詔光禄大夫劉向校經傳諸子詩賦,步兵校尉任宏校兵書,太史令尹咸校數術,侍醫李柱國校方技。每一書已,向輒條其篇目,撮其指意,録而奏之。會向卒,哀帝復使向子侍中奉車都尉歆卒父業。歆於是總羣書而奏其《七略》,故有輯略,有六藝略,有諸子略,有詩賦略,有兵書略,有數術略,有方技略。今删其要,以備篇籍。"諸子略則歆承其父向之説也。今《七略》不傳,獨賴班《志》,略存其説。

諸子者,陳鐘凡曰:"子,指人言。何休《公羊解詁》曰:'古者士大夫通稱曰子。'宣六年。汪中曰:'古者孤卿大夫皆稱子。子不成詞,則曰夫子。夫者,人所指名也。以夫配子,取足成詞。凡爲大夫,自適以下皆稱之曰子。孟獻子,穆伯之孫,穆伯之二子爲其諸父,而曰夫子。崔成、崔彊稱其父亦曰夫子。故知其爲大夫者例稱夫子。'"《述學》。今案,《魯論》載蘧伯玉使人問於孔子,孔子曰:"夫子何爲?"對曰:"夫子寡過未能。"邢昺疏謂夫子指蘧伯玉。季氏將伐顓臾,孔子曰:"求,無乃是爾過與?"冉求曰:"夫子欲之。"邢疏"夫子謂季氏"。《左傳》寧嬴稱陽處父曰:"夫子其不没乎?"文六年。晏子稱韓宣子曰:"夫子,君也。"昭二年。是皆夫子謂卿大夫通稱之明證。良以官師合一之世,肄版者必入官,《曲禮》言"宦學事師",《説文》"仕,訓學足徵",當時非仕無從授書。故子弟稱師曰子,曰夫子。迨學在私家,其人率身從大夫之後,而曾掌管守之實,子弟遂以"子"題其造述,此亦名得其正者也。至漢人著本師,更冠"子"於姓氏之上,《公羊》有子沈子、子司馬子、子女子、子北宫子諸家。何休曰:"以子冠上,著其爲師。"隱十一年《解詁》。〇案,陳説未是,《墨子》稱子墨子,《荀子》稱宋鈃爲子宋子,則不始於漢人也。宋人承其説,遂有子程子、子朱子之稱,並以"子"爲各派中本師或先師之稱矣。《諸子通誼》。

〔二〕陳鐘凡曰:"家爲疇官世業之名,周室世禄,以官爲世,代守舊業,子就父學爲疇官,故稱疇人子弟,其在《左傳》載史墨曰'夫物物有官,官修其方,朝夕思之,一日失職則死及之,失官不食,官宿其業,其物乃至'。昭二十九年。《史記·曆書》言'疇人子弟分散',《集解》引如淳曰'家業世世相傳爲疇律,年二十三,傳之疇官,各從其父學',《索隱》引韋昭曰'疇,類也,蓋謂弟子之學類其父兄,故有家學之名'。如淳訓疇爲律,阮元遂以疇人爲治曆者之稱,實望文生訓。莊子言'百家往而不反',孫卿言'百家無所竄,小家珍説之所願',孟子言'法家拂士',並指此言之也。自王官失守,家學放失,久無世業之足云,而劉《略》仍稱'某家者流'者,以各家之書多出於傳其學者所輯録,非本人之手造也……章學誠曰:'三代盛時,各守人官物曲之世氏,是以相傳以口耳。而孔孟以前,未嘗傳其書,至戰國而守師傳之道廢,通其學者,述舊聞而著於竹帛焉。'《文史通義·詩教上》。可謂知言。者流者,《説文》'者,别事辭也'。《一切經音義》兩引説文'沠,水之衺流别也'以釋'派',是則'者流'猶言此派矣。"案,班《志》儒家始《晏子》八篇,次《子思》二十三篇、《曾子》十八篇、《漆雕子》十二篇、《宓子》十六篇、《景子》三篇、《世子》二十一篇、《魏文侯》六篇、《李克》七篇、《公孫尼子》二十八篇、《孟子》十一篇、《孫卿子》三十三篇、《芈子》十八篇、《内業》十五篇、《周史六弢》應作"大弢"。六篇、《周政》六篇、《周法》九篇、《河間周制》十八篇、《讕言》十一篇、《功議》四篇、《甯越》一篇、《王孫子》一篇、《公孫固》一篇、《李氏春秋》二篇、《羊子》四篇、《董子》一篇、《俟子》一篇、《徐子》四十二篇、《魯仲連子》十四篇、《平原君》七篇、《虞氏春秋》十五篇、《高祖傳》十三篇、《陸賈》二十三篇、《劉敬》三篇、《孝文傳》十一篇,《賈山》八篇、《太常蓼侯孔臧》十篇、《賈誼》五十八篇、《河間獻王對上下三雍宮》三篇、《董仲舒》百二十三篇、《兒寬》九篇、《公孫弘》十篇、《終軍》八篇、《吾丘壽王》六篇、《虞丘説》一篇、《莊助》四篇、《臣彭》四篇、《鉤盾冗從李步昌》八篇、《儒家言》十八篇、桓寬《鹽鐵論》六十篇、劉向所序六十七篇、揚雄所序三十八篇,凡五十三家。

〔三〕《書·堯典》:"契,百姓不親,五品不遜,汝作司徒,敬敷五教在寬。"

〔四〕顏師古曰："祖,始也。述,修也。憲,法也。章,明也。宗,尊也。言以堯舜爲本始而遵修之,以文王、武王爲明法,又師尊仲尼之道。"《漢書》注。

〔五〕周壽昌曰："本《志》自此以下,道家至農家凡八家,俱用'此其所長也'五字稱之,下便作抑辭,獨此以'於道爲最高'五字極力推重,所以別儒於諸家也。"王應麟曰："湛水李氏云'儒者之術,教化仁義而已也。使儒在人主左右,得以仁義教化爲天下之治。則所謂道家者,不過爲巖野居士;名、法家者,不過爲賤有司;陰陽者,食於太史局;而縱橫、雜、墨之流,或馳一傳,或效一官;農家者流,耕王田,奉國賦,以樂天下之無事。彼得與儒者相抗而爲流哉?'"《〈漢書・藝文志〉考證》。

〔六〕見《論語・衛靈公》篇。顏師古曰："言於人有所稱譽者,輒試以事,取其實效也。"

〔七〕顧實曰："孔子之學,源於唐虞三代之政治……其辭雖不驗於當世,而千萬世以後,猶莫能有以易之者。蓋有事實而後有理論,其理論出於事實,終有不可磨滅之精神。中唐以後,禮教浸衰,而中國亦不振,此又非其已試之效乎?"《〈漢書・藝文志〉講疏》。

〔八〕惑者,謂章句鄙儒,如秦近君之釋《堯典》篇目兩字之誼至十餘萬言。見桓譚《新論》。《儒林傳》則作"秦恭延君","延"、"近"形近,不知孰是。恭,其名也。蔓衍支離,所謂失其精微者也。

〔九〕辟者,謂曲學阿世,如公孫弘。顏師古曰："辟,讀僻。"案,下同。

〔一〇〕顏師古曰："譁,誼也。寵,尊也。"

〔一一〕宋本"循"作"修"。王先謙曰："文應作'循'。"

〔一二〕顏師古曰："寖,漸也。"

〔一三〕班固六藝略序:"古之學者耕且養,三年而通一藝,存其大體,玩經文而已。是故用日少而蓄德多,三十而五經立也。後世經傳既已乖離,博學者又不思多聞闕疑之義,而務碎義逃難,便辭巧説,破壞形體,説五字之文,至於二三萬言,後進彌以馳逐。故幼童而守一藝,白首而後能言,安其所習,毀所不見,終以自蔽。此學者之大患也。"即所謂辟儒之患。周壽昌曰:"《爾雅》邢昺疏引此作'僻儒之患'也。"

道家者流〔一〕,蓋出於史官〔二〕。歷記成敗存亡禍福古今之道,然後知秉要執本,清虛以自守,卑弱以自存〔三〕,此君人〔四〕南面之術也〔五〕。合於堯之克攘〔六〕,《易》之嗛嗛,一謙而四益〔七〕,此其所長也。及放者〔八〕爲之,則欲絶去禮學,兼棄仁義,曰獨任清虛,可以爲治〔九〕。

〔一〕《志》道家始《伊尹》五十一篇,次《太公》二百三十七篇、《辛甲》二十九篇、《鬻子》二十二篇、《筦子》八十六篇、《老子鄰氏經傳》四篇、《老子傅氏經説》三十七篇、《老子徐氏經説》六篇、《劉向説老子》四篇、《文子》九篇、《蜎子》十三篇、《關尹子》九篇、《莊子》五十二篇、《列子》八篇、《老成子》十八篇、《長盧子》九篇、《王狄子》一篇、《公子牟》四篇、《田子》二十五篇、《老萊子》十六篇、《黔婁子》四篇、《宮孫子》二篇、《鶡冠子》一篇、《周訓》十四篇、《黃帝四經》四篇、《黃帝銘》六篇、《黃帝君臣》十篇、《雜黃帝》五十八篇、《力牧》二十二篇、《孫子》十六篇、《捷子》二篇、《曹羽》二篇、《郎中嬰齊》十二篇、《臣君子》二篇、《鄭長者》一篇、《楚子》三篇、《道家言》二篇,凡三十七家。沈欽韓曰:"《隋志》黃帝以下聖哲之士,所言道者,傳之其人,世無師説,漢時曹參始薦蓋公能言黃老,文帝宗之，自是相傳道學家矣。案，《樂毅傳》贊序其源流云'樂臣公本師號曰河上丈人，不知其所出。河上丈人教安期生，安期生教毛翕公，毛翕公教樂瑕公，樂瑕公教樂臣公，樂臣公教蓋公，蓋公教於齊，爲曹相國師。'"《漢書疏證》。案，《樂毅傳》贊未必足據，姑記之云爾。

〔二〕顧實曰："道家誠出於史官。伊尹、太公非史官也。其權首必自黃帝。黃帝立史官以來，案，《世本》宋衷注'黃帝之世始立史官'。史氏世守其緒。下至周末，老子爲柱下史，爰播黃帝之書於民間。不然，則黃老道德之術曷爲而來？司馬談家世爲史，猶知此義，故先黃老而後六經，其明證也。"

〔三〕沈欽韓曰："劉向序《列子》云'道家者，秉要執節，清虛無爲，及其治身接物，務崇不競，合於六經'，班氏即用其語。"案，《列子》疑僞書，劉向《序》疑亦僞作，則此云云或作僞者轉用班語也。

〔四〕王念孫曰："君人，當爲人君。《穀梁傳》序疏、《爾雅》序引此皆不誤。"

〔五〕周壽昌曰："道家取老子爲重，入《老子》經傳說四家，自漢已然，固無足怪，而書目以《伊尹》爲首、《太公》次之，後又入黃帝四家，力牧一家，極無倫次。蓋漢治黃老，竇太后好黃帝、老子言，至不許景帝嚮儒，案，說已詳上《太史公自序》注中。且恐亂其家法，所謂人君南面之術即此也。"

〔六〕《書·堯典》"允恭克讓"，攘，古讓字。錢大昕曰："《說文》揖攘字從手，責讓字從言，戴奪字從攴。"

〔七〕四益者，《易·謙卦》彖辭曰："天道虧盈而益謙，地道變盈而流謙，鬼神害盈而福謙，人道惡盈而好謙也。"顏師古曰："'嗛'字與'謙'同。"劉奉世曰："'嗛'若與'謙'同，何爲作兩字。蓋《易·文辭》有云'嗛嗛者'。"《漢書刊誤》。吳仁傑曰："《易·謙卦》初六爻，子夏《傳》作'嗛嗛君子'。"商銘曰："嗛嗛之德,不足就也,不可以矜,而祇取憂也。嗛嗛之食,不足狃也,不能爲膏,而祇離咎也。"韋昭云:"嗛嗛,猶小小也。"疑卦名與'鳴謙''勞謙''撝謙'皆當从言从兼,而初六'嗛嗛'皆當从口。字書"謙,敬也,歉通作嗛,不足貌",則嗛嗛蓋自視欲然之意。子夏《傳》作嗛,嗛止本於初六一爻耳,今卦中他字盡作"嗛",則傳者失之。《兩漢刊誤補遺》。錢大昕曰:"古書言旁字與口旁字往往相通,故'謙'或作'嗛'。"《二十二史考異》。案,錢説近是,姑兩存之。

〔八〕《史記·老莊申韓傳》贊"莊子散道德放論",是所謂放者也。

〔九〕《莊子》曰:"……聖人蹩躠爲仁,踶跂爲義,而天下始疑矣。澶漫爲樂,摘僻爲禮,而天下始分矣。故純樸不殘,孰爲犧樽?白玉不毁,孰爲珪璋?道德不廢,安取仁義?性情不離,安用禮樂?"《馬蹄》篇。又曰:"絕聖棄智,大盜乃止……殫殘天下之聖法而民始可與論議……削曾史之行,鉗楊墨之口,攘棄仁義,而天下之德始玄同矣。"《胠篋》篇。此絶去禮學、兼棄仁義之説也。然《老子》亦曰"絶聖棄知,民利百倍。絶仁棄義,民復孝慈",則知去禮學、棄仁義,老子已然矣。《老子》又曰:"天下之難治,以其上之有爲,是以難治。"又曰:"我無爲而民自化,我好静而民自正,我無事而民自富,我無欲而民自樸。"此獨任清虛可以爲治之説也。顧實曰:"老莊同歸小國寡民之治,有什伯之器而不用,是其黄金天國,故與三代大國之制殊已。"

陰陽家者流〔一〕,蓋出於羲和之官。敬順昊天,歷象日月星辰,敬授民時〔二〕,此其所長也。及拘者爲之,則牽於禁忌,泥〔三〕於小數,捨人事而任鬼神〔四〕。

〔一〕《志》陰陽家始《宋司星子韋》三篇,次《公檮生終始》十四篇、《公孫發》二十二篇、《鄒子》四十九篇、《鄒子終始》五十六篇、《乘丘子》五篇、《杜文公》五篇、《黃帝泰素》二十篇、《南公》三十一篇、《容成子》十四篇、《張蒼》十六篇、《鄒奭子》十二篇、《閭丘子》十三篇、《馮促》十三篇、《將鉅子》五篇、《五曹官制》五篇、《周伯》十一篇、《衛侯官》十二篇、于長《天下忠臣》九篇、《公孫渾邪》十五篇、雜陰陽家三十八篇,凡二十一家。

〔二〕《書·堯典》:"命羲和欽若昊天,歷象日月星辰,敬授人時。"

〔三〕顏師古曰:"泥,滯也。"

〔四〕周壽昌曰:"《禮·表記》'殷人尊神,率民以事神',幾於任鬼神矣,而'先鬼後禮,先罰而後賞',仍未能捨人事也。"

法家者流〔一〕,蓋出於理官〔二〕。信賞必罰,以輔禮制〔三〕。《易》曰:"先王以明罰飭法。"〔四〕此其所長也。及刻者爲之,則無教化,去仁愛,專任刑法而欲以爲治,至於殘害至親,傷恩薄厚〔五〕。

〔一〕《志》法家始《李子》三十二篇,次《商君》二十九篇、《申子》六篇、《處子》九篇、《慎子》四十二篇、《韓子》五十五篇、《游棣子》一篇、《晁錯》三十一篇、《燕十事》十篇、《法家言》二篇,凡十家。

〔二〕理官者,獄官也。《禮·月令》:"孟秋之月,命理贍傷,察創視折。"鄭玄曰:"理,治獄官也。"理,亦作"李","理"、"李"古通字,《管子·法治》篇"皋陶爲李",《胡建傳》"黃帝李治",李謂理官也。

〔三〕賈誼曰:"夫禮者,禁於將然之前,而法者,禁於已然之後。是故法之所用易見,而禮之所爲生難知也。若夫慶賞而勸善,刑罰以懲惡,先王執此之政,堅如金石,行此之令,信如四時。據此之公,無私如天地耳,豈顧不用哉?"《漢書》本傳。

〔四〕《易·噬嗑》象辭:"飭,整也。"

〔五〕周壽昌曰:"顔師古解'薄厚'爲變厚爲薄,未晰。此即《大學》所云'於厚者薄'之意,蓋專指秦商鞅、漢鼌錯以爲説。"案,司馬談曰"法家不別親疏,不殊貴賤,一斷於法,則親親尊尊之恩絶矣",亦所厚者薄之意也。顧實曰:"李斯以督責亡秦,其前車已。"

名家〔一〕者流〔二〕,蓋出於禮官〔三〕。古者名位不同,禮亦異數〔四〕。孔子曰:"必也正名乎〔五〕!名不正則言不順,言不順則事不成。"〔六〕此其所長也。及警〔七〕者爲之,則苟鉤鈲〔八〕析亂而已。

〔一〕名家古多合言刑名,刑即法也。蓋法與名關係最切,故《淮南子·要略》篇曰"申子者……刑名之書生焉",此論法家,而與名家連言之。《尹文子·仁義》篇曰"以名法治國,萬物所不能亂",此名家之言也,而與法家合言之。劉向敍《鄧析書》亦曰"鄧析好刑名,操兩可之説,設無窮之辭",《荀子》楊倞注引。鄧析名家也,亦與刑合言之。《尹文子》又曰"名者,名形者也。形者,應名者也……故必有名以檢形,形以定名,名以定事,事以檢名……善名命善,惡名命惡,故善有善名,惡有惡名。聖賢仁智,命善者也,頑嚚凶愚,命惡者也……使善惡盡然有分,雖未能盡物之實,猶不患其差也……今親賢而延不肖,賞善而罰惡。賢、不肖、善、惡之名宜在彼,親、疎、賞、罰之稱宜在我……名宜屬彼,分宜屬我。我愛白而憎黑,韻商而捨徵,好羶而惡焦,嗜甘而逆苦。白、黑、商、徵、羶、焦、甘、苦,彼之名也;愛、憎、韻、捨、好、惡、嗜、逆,我之分也。定名分,則萬事不亂也",此名與法相連係之説也。緣此,故古名法家常相亂而不易別。

〔二〕《志》名家始《鄧析》二篇,次《尹文子》一篇、《公孫龍子》十四篇、《成公生》五篇、《惠子》一篇、《黃公》四篇、《毛公》九篇,凡七家。

〔三〕孔子正名,在於齊禮,所謂"君君臣臣父父子子",故曰"名出於禮官"。然後世名家在於破名,與孔子正名有別矣。

〔四〕莊公十八年《左氏傳》曰:"王命諸侯,名位不同,禮亦異數。"

〔五〕劉向《別錄》曰:"名家者流,出於禮官。古者名位不同,禮亦異數。孔子曰:'必也正名乎!'"《史記·自序·索隱》引及《漢書·司馬遷傳》顏師古引。

〔六〕見《論語·子路》篇。顏師古曰:"言欲爲政,必先正其名。"案,班氏宗儒,故折衷於六藝孔子之言。

〔七〕晉灼曰:"謷,訐也。"顧實曰:"謷、譥古今字,煩也。"《史記·自序》服虔注。所謂名家苛察繳繞是也。

〔八〕顏師古曰:"釽,破也。"

墨家者流〔一〕,蓋出於清廟之守〔二〕。茅屋采椽〔三〕,是以貴儉;養三老五更〔四〕,是以兼愛;選士大射,是以上賢;宗祀嚴父,是以右鬼〔五〕;順四時而行,是以非命〔六〕;以孝視天下,是以尚同〔七〕:此其所長。及蔽者爲之,見儉之利,因以非禮〔八〕,推兼愛之意,而不知別親疏〔九〕。

〔一〕《志》墨家始《尹佚》二篇，次《田俅子》三篇、《我子》一篇、《隨巢子》六篇、《胡非子》三篇、《墨子》七十一篇，凡六家。尹佚，亦作史佚，《吕覽》"魯惠公使宰讓請郊廟之禮於天子，天子使史角往，惠公止之，其後在於魯，墨子學焉"，《當染》篇。史角或史佚之後，故以佚書爲墨家冠。葉德輝曰："《周書·世俘解》云'武王降自車，乃俾史佚䌛書'，蓋其人歷文、武、成、康四朝。《周紀》引'史佚策祝'，《逸周書·克殷解》引'尹佚策'，皆其書之佚文。《左傳》僖十五年、文十五年、成四年、襄十四年、昭元年、《晉語》均引史逸，其言合於儒術。《志》入墨家者，意以其爲太史出清廟之守，故從其朔而言之焉。"沈欽韓曰："《莊子·天下》篇'相里勤之弟子，五侯之徒，南方之墨者苦獲、已齒、鄧陵子之屬，俱誦墨經，而倍譎不同，相謂别墨'。《韓非·顯學》篇'世之顯學，儒墨也'，有相里氏之墨，有相夫氏之墨，有鄧陵氏之墨，其徒見於墨翟書者十數人。《吕覽》有腹䵍、許犯、田繁、索盧參、孟勝、徐弱等百八十三人，田襄子、謝子、唐姑果。《列子》有東門賈。《孟子》有夷之。《論衡》有纏子。《文選·文賦》注亦引纏子。《淮南·泰族訓》'墨子服役者百八十人，皆可使赴火蹈刃'。其私名門人，楊朱稷下之徒，未有若是之衆也。"

〔二〕桓公二年《左氏傳》"臧哀伯曰：'是以清廟茅屋，大路越席，大羹不至，粢食不鑿，昭其儉也。'"

〔三〕言其質素，詳上《史記·太史公自序》注第三十六條。

〔四〕古天子設三老五更，以父兄之禮養之。蔡邕以三老爲三人，五更爲五人。《禮記》注。鄭玄以三老、五更各一人，取象三辰五星。《禮記》注。鄭氏又云："三老五更皆老人，更知三德正直、剛、柔。五事貌、言、視、聽、思。者。"考漢以桓榮爲三老，李躬爲五更，則三老、五更各一人，鄭蓋據漢制。

〔五〕如淳曰:"右鬼,謂信鬼神。若杜伯射宣王,是親鬼而右之。"顏師古曰:"右,猶尊尚也。"周壽昌曰:"《墨子》有《明鬼》篇,其第三篇言鬼神報應,即首引杜伯射宣王事,故以《墨子》注《墨子》,何氏焯以爲謬,非也。"

〔六〕蘇林曰:"非有命者,言儒者執有命,而反勸人修德積善,政教與行相反,故譏之也。"如淳曰:"言無吉凶之命,但有賢不肖之善惡。"

〔七〕如淳曰:"言皆同可以治也。"顏師古曰:"《墨子》有《節用》、《兼愛》、《上賢》、《明鬼神》、《非命》、《上同》等諸篇,故《志》歷序其本意。視,讀曰示。"周壽昌曰:"今本《墨子》有《明鬼》篇,無'神'字。"呂思勉曰:"古者,生計程度甚低,通國之內,止有房屋一所,説本阮氏元,見《揅經室集·明堂論》。爲一切政令所自出。讀惠氏棟《明堂大道錄》可見。《漢志》云云,茅屋采椽,明堂之制也。蓋三老五更,學校與明堂合也。選士大射,後世行於澤宮,然選士本以助祭,其即在明堂宜也。宗祀嚴父,清廟明堂合一之制也。順四時而行,蓋《禮記·月令》、《呂覽》十二紀、《淮南·時則訓》所述之制。所謂一切政令皆出明堂也。明堂既與清廟合,以孝視天下説自易明。《論語》,子曰:'禹,吾無間然矣。菲飲食而致孝乎鬼神,惡衣服而致美乎黻冕,卑宮室而盡力乎溝渠。'致孝乎鬼神,致美乎黻冕,則宗祀嚴父之説也;卑宮室,則茅屋采椽之謂也。《禮記·禮運》,孔子曰:'我欲觀夏道,是故之杞而不足徵也,吾得夏時焉。'所謂夏時者,鄭注以《夏小正》之屬當之,而亦不能質言,竊以《月令》諸書所載,實其遺制。夏早於周千歲,生計程度尚低,政治制度亦簡,一切政令皆出明堂,是其時,周之明堂即唐虞之五府、夏之世室、殷之重屋,乃祀五帝之所。《史記·五帝本紀·索隱》引《尚書帝命驗》。……然則夏之遺制,猶存於周之明堂,正不足怪。"

〔八〕王念孫曰:"《羣書治要》引此,'禮'下有'樂'字,是也。《墨子》有《節用》、《節葬》、《非樂》三篇,故曰'見儉之利,因以非禮樂'。《穀梁序疏》引此,已脱'樂'字。"朱一新則謂"《志》言見儉之利,因以廢禮,蓋譏其儉不中禮,《治要》誤衍'樂'字。"

〔九〕顧實曰:"此蔽者,蓋墨子節葬非禮,兼愛無父,皆孟子所譏也。"

縱橫家者流〔一〕,蓋出於行人之官〔二〕。孔子曰:"誦《詩》三百,使於四方,不能專對,雖多亦奚以爲?"〔三〕又曰:"使乎,使乎!"〔四〕言其當權事制宜,受命而不受辭,此其所長也。及邪人爲之,則上詐諼〔五〕而棄其信〔六〕。

〔一〕《志》縱橫家始《蘇子》三十一篇,次《張子》十篇、《龐煖》二篇、《闕子》一篇、《國筮子》十七篇、《秦零陵令信》一篇、《蒯子》五篇、《鄒陽》七篇、《主父偃》二十八篇、《徐樂》一篇、《莊安》一篇、《待詔金馬聊蒼》三篇,凡十二家。縱橫家詳上《淮南子·要略》篇"縱橫修短生焉"注條。
〔二〕掌朝覲聘問之事,《周官》有大行人、小行人,屬秋官,列國亦有行人之官。
〔三〕見《論語·子路》篇。袁宏曰:"古人使詩賦答對。"《論語集解義疏》引。顏師古曰:"謂人不達於事,誦《詩》雖多,亦無所用。"
〔四〕見《論語·憲問》篇。顏師古曰:"歎使者之難其人。"案,此美其直對。《論衡·問孔》篇"孔子曰:'使乎,使乎!'非之也,説《論語》者曰'非之者,非其代人謙也'",不足訓。
〔五〕顏師古曰:"諼,詐言也。"

〔六〕邪人,謂蘇、張,周壽昌以爲"上詐諼而棄其信"似爲酈、寄諸人而發,似非。

雜家者流〔一〕,蓋出於議官〔二〕。兼儒墨,合名法,知國體之有此〔三〕,見王治之無不貫〔四〕,此其所長也。及盪〔五〕者爲之,則漫羨〔六〕而無所歸心〔七〕。

〔一〕《志》雜家始《孔甲盤盂》二十六篇,次《大咊》三十七篇、《伍子胥》八篇、《子晚子》三十五篇、《由余》三篇、《尉繚子》二十九篇、《尸子》二十篇、《呂氏春秋》二十六篇、《淮南內》二十一篇、《淮南外》三十三篇、《東方朔》二十篇、《伯象先生》一篇、《荆軻論》五篇、《吳子》一篇、《公孫尼》一篇、《博士臣賢對》一篇、《臣說》三篇、《解子簿書》三十五篇、《推雜書》八十七篇、《雜家言》一篇,凡二十家。

〔二〕管子曰:"黃帝立明臺之議者,上觀於賢也。堯有衢室之問者,下聽於人也。舜有告善之旌,而主不蔽也。禹立諫鼓於朝,而備訊唉。湯有總街之庭,以觀人誹也。武王有靈臺之復,而賢者進也。此古聖帝明王所以有而勿失得而勿忘者也。"桓公曰:"吾欲效而爲之,其名云何?"對曰:"名曰嘖室之議……請以東郭牙爲之。"《桓公問》篇。《呂覽》亦引管子曰:"蚤入晏出,犯君顏色,進諫必忠,不辟死亡,不重貴富,臣不若東郭牙,請置以爲大諫臣。"《勿躬》篇。○案,《韓詩外傳》、《新序》、《太平御覽》亦引其事。此正班氏所謂議官也。蓋議官雜引古今以爲諷諫,故謂雜家所自出。沈欽韓曰:"《隋志》'古者司史歷記前言往行禍福存亡之道,然則雜家者蓋出史官之職'。"未爲得之。

〔三〕顏師古曰:"治國之體,亦當有此雜家之説。"
〔四〕顏師古曰:"王者之治,於百家之道,無不貫綜。"
〔五〕周壽昌曰:"盪與蕩同。《丙吉傳》'皇孫敖盪'即遨蕩也。"
〔六〕顏師古曰:"漫,放也。"錢大昭曰:"漫羨,猶漫衍也。"
〔七〕顧實曰:"盪者,蓋指淮南,故其本傳斥之曰'好書多浮辯'。"

農家者流〔一〕,蓋出於農稷之官〔二〕。播百穀,勸耕桑,故八政一曰食,二曰貨〔三〕。孔子曰:"所重民食。"〔四〕此其所長也。及鄙者爲之,以爲無所事聖王〔五〕,欲使君臣並耕,誖〔六〕上下之序〔七〕。

〔一〕《志》農家始《神農》二十篇,次《野老》十七篇、《宰氏》十七篇、《董安國》十六篇、《尹都尉》十四篇、《趙氏》五篇、《氾勝之》十八篇、《王氏》六篇、《蔡葵》一篇,凡九家。
〔二〕沈欽韓曰:"《吕覽・上農》、《任地》二篇皆引后稷,《任地》以下三篇,似全述古者樹藝收穫之法,此農書之祖。"
〔三〕見《周書・洪範》。伏勝曰:"八政何以先食?食者,萬物之始,人所本者也。"《尚書大傳》。
〔四〕見《論語・堯曰》篇。顏師古曰:"孔子稱殷湯伐桀告天之辭也,言爲君之道,所重者在人之食。"何焯曰:"顏注誤以武爲湯。"周壽昌亦曰:"《論語》此章明有次第,此自'周有大賚'三節下爲此語,與'予小子履'節相隔絶,疑是周武王事。故晉出《武成》篇採入之,疑不能屬之湯也。"案,顏注多引《古文尚書》,此獨不引《武成》篇,而引作湯伐桀,疑别有據。
〔五〕顏師古曰:"言不須聖王,天下自治。"
〔六〕顏師古曰:"誖,亂也。"

〔七〕鄙者,謂許行。《孟子》曰:"有爲神農之言者許行,自楚之滕……陳良之徒陳相與其弟辛,負耒耜而自宋之滕……陳相見許行而大説,盡棄其學而學焉。陳相見孟子,道許行之言曰:'……賢者與民並耕而食,饔飧而治,今也滕有倉廪府庫,則是厲民而以自養也,惡得賢?'"《滕文公》篇。即此所謂無所事聖王,欲使君臣並耕,詩上下之序也。

小説家者流〔一〕,蓋出於稗官〔二〕。街談巷語,道聽塗説〔三〕者之所造也。孔子曰:"雖小道,必有可觀者焉,致遠恐泥〔四〕,是以君子弗爲也。"〔五〕然亦弗滅也。閭里小知者之所及〔六〕,亦使綴而不忘,如或一言可採,此亦芻蕘狂夫之議也〔七〕。

〔一〕《志》小説家始《伊尹説》二十七篇,次《鬻子説》十九篇、《周考》七十六篇、《青史子》五十七篇、《師曠》六篇、《務成子》十一篇、《宋子》十八篇、《天乙》三篇、《黃帝説》四十篇、《封禪方説》十八篇、《待詔臣饒心術》二十五篇、《待詔臣安成未央術》一篇、《臣壽周紀》七篇、《虞初周説》九百四十三篇、《百家》百三十九篇,凡十五家。沈欽韓曰:"《滑稽傳》東方朔博觀外家之語,即傳記小説也。《文選注》三十一引桓子《新論》曰'小説家合叢殘小語,近取譬論,以作短書,治身理家,有可觀之詞'。案,《莊子·外物》篇曰:"飾小説以干縣令,其於大達亦難矣。"《荀子·正名》篇曰:"故知者論道而已矣,小家珍説之所願皆衰矣。"所謂"飾小説"及"小家珍説",當即此所謂小説家。

〔二〕如淳曰:"稗,音鍛家排。《九章》'細米爲稗',街談巷説,其細碎之言也，王者欲知閭巷風俗，故立稗官，使稱説之，今世亦謂偶語謂稗。"顏師古曰："稗，音梯稗之稗，不與鍛排同也。稗官，小官，《漢名臣奏》唐林請省置吏，公卿大夫至都官稗官，各減什三，是也。"

〔三〕《論語》，子曰："道聽而塗説，德之棄也。"《陽貨》篇。

〔四〕張苞曰："泥，難不通也。"《論語集解義疏》引。

〔五〕見《論語·子張》篇。顏師古曰："《論語》載孔子之言。"周壽昌曰："今《論語》作子夏語，此或是齊、古兩《論語》也。《東平思王傳》'小道不通，致遠恐泥'，顏注亦云引孔子之言。《後漢書》蔡邕上封事有云'若乃小能小善，雖有可觀，孔子以爲致遠則泥'。《隋志》亦引此語，作孔子不作子夏，皆與今《論語》異。"案，高似孫《子略》亦引孔子曰"雖小道，亦有可觀"，惟考蔡邕所書《石經》，自爲子夏，一人兩據，不知何故。顧實曰："今《論語》作'子夏曰'者，子夏亦述孔子語，如有子曰'君子務本，本立而道生'，《説苑》作孔子曰，《建本》篇。即其例矣。"

〔六〕據此，則稗官者，閭胥里師之類也。

〔七〕《詩》曰"詢于芻蕘"，《傳》曰"狂夫之言，而明主擇焉"。

諸子十家，其可觀者九家而已〔一〕，皆起於王道既微，諸侯力政，時君世主，好惡殊方，是以九家之説〔二〕蠭〔三〕出並作，各引一端，崇其所善，以此馳説，取合諸侯。其篇雖殊，辟〔四〕猶水火，相滅亦相生也。仁之與義，敬之與和，相反而皆相成也〔五〕。《易》曰："天下同歸而殊塗，一致而百慮。"〔六〕今異家者，各推所長〔七〕，窮知究慮，以明其指，雖有蔽短，合其要歸，亦六經之支與流裔〔八〕。使其人遭明王聖主,得其所折中,皆股肱之材已〔九〕。仲尼有言:"禮失而求諸野。"〔一〇〕方今去聖久遠,道術缺廢,無所更索〔一一〕,彼九家者,不猶瘉〔一二〕於野乎?〔一三〕若能修六藝之術,而觀此九家之篇,捨短取長,則可以通萬方之略矣。

〔一〕小説,君子勿爲,故十家去小説曰九家。九家,亦曰九流。張衡曰:"劉向父子,領校秘書,閲定九流。"《後漢書》本傳。
〔二〕朱一新曰:"汪本'説'作'術'。"王先謙曰:"官本作'術'。"
〔三〕顏師古曰:"'鑪'與'鋒'同。"
〔四〕顏師古曰:"辟,讀曰譬。"
〔五〕顧實曰:"水火相滅,還復相生,其理至微,其事至恒,推驗羣物,莫不皆然。天有陰陽,地有山川,鳥獸草木有雌雄牝牡,人事有仁義敬和。"
〔六〕詳上《太史公自序》注第九條。
〔七〕即上所云"此其所長"。
〔八〕顏師古曰:"裔,衣末也。其於六經,如水之下流,衣之末裔。"陳鐘凡曰:"儒家助人君順陰陽,明教化,遊文於六藝之中,留意於仁義之際,其學本六經,無待論矣。道家歷記成敗存亡禍福古今之道,然後知秉要執本,清虛自守,卑弱自持,合於堯之克攘,《易》之嗛嗛,則其學本於《周易》。陰陽家敬順昊天,歷象日月星辰,敬授民時,則其學本於《尚書》。法家信賞必罰,名家正名辨物,則其學本於《禮》、《春秋》。墨家貴節儉,右鬼神,《禮經》恭儉莊敬之學也。小説家街談巷語道聽塗説者之所造,大師陳《詩》觀民風之恉也。"案,劉勰曰:"述道言治,枝條六經。"《文心雕龍·諸子》篇。梁人猶知此誼。

〔九〕顏師古曰:"已,語終之辭。"
〔一〇〕顏師古曰:"言都邑失禮,則於外野求之,亦將有獲。"
〔一一〕顏師古:"索,求也。"
〔一二〕顏師古曰:"'瘉'與'愈'同,愈,勝也。"
〔一三〕劉歆《讓太常博士書》曰:"夫禮失求之於野,古文不猶愈於野乎?"

三、《漢書·藝文志》兵書略〔一〕序

　　權謀者〔二〕,以正守國,以奇用兵〔三〕,先計而後戰,兼形勢,包陰陽,用技巧者也〔四〕。

〔一〕本篇爲《漢書·藝文志》六略之第四略。吕思勉曰:"兵家、數術、方技,《漢志》各自爲略,而後世亦入子部。"案,兵家及方技,其爲一家之學,與諸子十家同,數術與陰陽家尤相爲表裏。《漢志》所以析之諸子之外者,以本劉歆《七略》。《七略》所以别之者,以校書者異其人,《七略》固書目,非論學術派别之作者也。

〔二〕《志》兵權謀家始《吴孫子兵法》八十二篇,次《齊孫子》八十九篇、《公孫鞅》二十七篇、《吴起》四十八篇、《范蠡》二篇、《大夫種》二篇、《李子》十篇、《娷》一篇、《兵春秋》一篇、《龐煖》三篇、《兒良》一篇、《廣武君》一篇、《韓信》三篇,凡十三家。

〔三〕顧實曰:"《老子》曰:'以正治國,以奇用兵。'《孫子》曰:'凡戰者,以正合,以奇勝。'《勢》篇。故道家與兵家通。"

〔四〕即下所謂兵形勢、兵陰陽、兵技巧,形勢、陰陽、技巧,必俟權謀而用者也。

　　形勢者〔一〕,靁〔二〕動風舉〔三〕,後發而先至〔四〕,離合背鄉〔五〕,變化無常,以輕疾制敵者也。

〔一〕《志》兵形勢家始《楚兵法》七篇,次《蚩尤》二篇、《孫軫》五篇、《繇敍》二篇、《王孫》十六篇、《尉繚》三十一篇、《魏公子》二十一篇、《景子》十三篇、《李良》三篇、《丁子》一篇、《項王》一篇,凡十一家。案《孫子》書有《形》篇、《勢》篇。《形》篇曰"勝有之戰民也,若決積水於千仞之谿者,形也",《勢》篇曰"故善戰人之勢,如轉圜石於千仞之山者,勢也",又曰"戰勢不過奇正,奇正之變,不可勝窮也,奇正相生,如循環之無端,孰能窮之?"又曰"勇怯,勢也。強弱,形也",其言形勢詳矣。
〔二〕顏師古《漢書·中山靖王傳》注曰:"靁,古雷字。"
〔三〕《孫子》曰:"其疾如風。"又曰:"動如雷霆。"《軍爭》篇。
〔四〕《孫子》曰:"後人發,先人至。"《軍爭》篇。又曰:"兵之情主速,乘人之不及。"《九地》篇。
〔五〕顏師古曰:"背,音步内反。鄉,讀如嚮。"

陰陽者〔一〕,順時而發,推刑德〔二〕,隨斗擊〔三〕,因五勝〔四〕,假鬼神而爲助〔五〕者也。

〔一〕《志》兵陰陽家始《太壹兵法》一篇,次《天一兵法》三十五篇、《神農兵法》一篇、《黄帝》十六篇、《封胡》五篇、《風后》十三篇、《力牧》十五篇、《鵕冶子》一篇、《鬼容區》三篇、《地典》六篇、《孟子》一篇、《東父》三十一篇、《師曠》八篇、《萇弘》十五篇、《別成子望軍氣》六篇、《辟兵威勝方》七十篇,凡十六家。
〔二〕《淮南子·兵略訓》"挾刑德",注"刑,十二辰。德,十日也"。又《天文訓》云"凡用太陰,左前刑,右背德,擊鈎陳之衝辰,以戰必勝,以攻必剋"。《尉繚子・天官》篇"梁惠王問曰:'黃帝刑德,可以百勝,有之乎?'對曰:'刑以伐之,德以守之,非所謂天官時日陰陽向背也,人事而已矣。'"其語全放《孟子》,偽書不足據。

〔三〕《淮南子・兵略訓》"順招搖",注"招搖,斗杓也。則順招搖,即此所謂隨斗擊也"。又《天文訓》"北斗之神有雌雄,十一月始建於子,月從一辰,雄左行,雌右行。五月合午謀刑,十一月合子謀德。"先師沈子培先生曰:"《京房易傳》'陰從午,陽從子,子午分行,子左行,午右行,左右吉凶,吉凶之道',即《淮南》北斗雌雄之術。"《溫故錄》。案,據此,則兵家之說,亦源於《易》家。又案,《隋書・經籍志》五行家有《黃石公北斗三奇法》。

〔四〕顏師古曰:"五勝,五行相勝法也。"

〔五〕《武經總要》"太一,天帝之神也。其星在天一之南,總十六神",又曰"風后衍遁甲,究鬼神之奧"。

技巧者〔一〕,習手足〔二〕,便器械〔三〕,積機關〔四〕,以立攻守之勝者也。

〔一〕《志》兵技巧家始《鮑子兵法》十篇,次《五子胥》十篇、《公勝子》五篇、《苗子》五篇、《逢門射法》二篇、《陰通成射法》十一篇、《李將軍射法》三篇、《魏氏射法》六篇、《強弩將軍王圍射法》五卷、《望遠連弩射法具》十五篇、《護軍射師王賀射書》五篇、《蒲苴子弋法》四篇、《劍道》三十八篇、《手搏》六篇、《雜家兵法》五十七篇、《蹴鞠》二十五篇,凡十三家。案,今計凡十六家,陶憲曾曰:"省《墨子》重者,蓋《七略》《墨子》七十一篇,入墨家,又擇其中言兵技巧者十二篇,重收入此,而班省之也。《蹴鞠》本在諸子,班氏出之入此。"
〔二〕如射法、弋法、劍道、手搏,習手也;蹴鞠,習足也。
〔三〕謂攻守之具,入兵器,及《墨子·備城門》篇所謂"臨、鈎、衝、梯、堙、水、穴、突、空洞、蟻傅、蟥輻、軒車"十二攻具等是也。
〔四〕謂攻守之具之有機括者。

兵家者〔一〕,蓋出古司馬之職〔二〕,王官之武備也。《鴻範》八政,八曰師〔三〕。孔子曰"爲國者足食,足兵"〔四〕,"以不教民戰,是謂棄之"〔五〕,明兵之重也。《易》曰"古者弦木爲弧,剡木爲矢,弧矢之利,以威天下"〔六〕,其用上矣。後世燿〔七〕金爲刃,割革爲甲,器械甚備。下及湯武受命,以師克亂,而濟百姓,動之以仁義,行之以禮讓,《司馬法》是其遺事也〔八〕。自春秋至於戰國,出奇設伏〔九〕,變詐之兵並作〔一〇〕。漢興,張良〔一一〕、韓信〔一二〕序次兵法〔一三〕,凡百八十二家,刪取要用,定著三十五家。諸呂〔一四〕用事而盜取之〔一五〕。武帝時,軍政〔一六〕楊僕〔一七〕捃摭〔一八〕遺逸,紀奏兵錄,猶未能備。至於孝成,命任宏論〔一九〕次兵書爲四種。

〔一〕總稱上四種。
〔二〕司馬相傳起少昊時,《左》昭十七年"少昊之立,鳳鳥適至,故紀於鳥……鴡鳩氏,司馬也",《逸周書》則謂"黃帝乃命少皞司馬鳥師以正五帝之官",(《嘗麥解》。)《周官·夏官》"大司馬掌軍旅之事"。
〔三〕《鴻範》,即《周書·鴻範》。"鴻"、"洪"古通用。《史記·河渠書》"禹抑鴻水",鴻水即洪水也。八政曰師,鄭玄曰:"師,掌軍旅之官,若司馬也。"《尚書正義》引。

〔四〕見《論語·顏淵》篇,無"爲國者"三字。顏師古曰:"無兵與食,不可以爲國"。

〔五〕見《論語·子路》篇。顏師古曰:"非其不素習武備。"

〔六〕《易》下《繫辭》,無"古者"二字。顏師古曰:"弧,木弓也。剡,謂銳而利之也。"案,顏説本《説文》,《説文》曰"剡,銳利也"。

〔七〕顏師古曰:"燿,讀與鑠同,謂銷也。"

〔八〕王應麟曰:"《周官·縣師》'將有軍旅會同田役之戒,則受法於司馬,以作其衆庶。小司馬掌事如大司馬之法,司兵授兵,從司馬之法以頒之',此古者《司馬法》,即周之政典也。《周禮疏》云'齊景公時,大夫穰苴作《司馬法》'。《史記·司馬穰苴傳》云'齊威王使大夫追論古者司馬兵法,而附穰苴於其中,因號曰《司馬穰苴兵法》'。"案,《司馬法》,《志》列於經之禮類,曰《軍禮司馬法》百五十五篇,言軍禮者,本於劉歆《七略》。《周禮·大宗伯》有吉、凶、軍、賓、嘉五禮之説,故以入於禮類,而曰軍禮。今《司馬法》存五篇,頗言仁義,而言禮不可見。《史記·穰苴傳》論曰"余讀《司馬兵法》,閎闊深遠,雖三代之征伐,未能竟其義,如其文也,亦少褒矣。若夫穰苴區區以小國行師,何暇及《司馬兵法》之揖讓乎?"意其書多言仁義禮讓,故此曰"動之以仁義,行之以禮讓",《司馬法》是其遺事也。佚文甚多,不可悉考。

〔九〕伏,猶覆也,謂伏兵。

〔一〇〕古者寓兵於農,至春秋戰國之際,由徵變爲召募,而兵與農離。時君以侵伐爲能,出奇運巧,兵禍日亟,於是不仁之謀愈工,,不仁之器愈精,不仁之兵亦愈衆。然春秋時霸國全軍尚不及十萬人,長勺之戰,齊桓公自謂帶甲十萬,車五千乘,爲最多矣。晉鄢之戰,死喪最衆,不過二軍二萬三千人。逮戰國之世,大國號稱萬乘,《國策·趙策三》。故蘇秦稱燕帶甲數十萬,車六百乘,騎六千匹,《燕策一》。趙帶甲數十萬,車千乘,騎萬匹,《趙策二》。韓帶甲數十萬,《韓策一》。魏武士二十萬,蒼頭二十萬,奮擊二十萬,廝徒十萬,車六百乘,騎五千匹,《魏策一》。齊帶甲數十萬,《齊策一》。楚帶甲百萬,車千乘,騎萬匹,《楚策一》。秦戰車萬乘,奮擊百萬,《秦策一》。其數皆十倍於春秋。而殺機亦日甚,戰術亦愈精。秦將白起攻趙,前後斬首虜至四十五萬人,《史記·白起傳》。所謂出奇設伏變詐之兵並作,於是有所謂兵書出焉。最著者,吳起、孫武,然起之書尚禮明教訓,或有合於大司馬法者,至《孫子》十三篇,則反覆馳騁,一出乎奇,而行兵窾要,至此搜剔無遺。蓋趨利罔義,不復能有假借者,自孫子始。

〔一一〕張姓,良名,其先韓人也……秦滅韓……悉以家財求客刺秦王爲韓報仇……擊秦皇帝博浪沙中,誤中副軍……亡匿下邳……有一老父……出一編書曰:"讀此,則爲王者師矣……"視其書,乃《太公兵法》也……良數以《太公兵法》說沛公,沛公善之,常用其策……漢六年正月封功臣,良未嘗有戰鬥功,高帝曰:"運籌策帷帳中,決勝千里外,子房功也……"封張良爲留侯。《史記·留侯世家》。《史記》有世家。

〔一二〕韓姓,信名,淮陰人也……項梁渡淮,仗劍從之……項梁死,又屬項羽……數以策干項羽,羽不用。漢王之入蜀,信亡楚歸漢……以爲大將……漢四年立爲齊王……五年正月,徙齊王信爲楚王……六年人有上書告楚王信反……高帝以陳平計……械繫信至雒陽,赦信罪,以爲淮陰侯……上常從容與信言諸將能否,各有差。上問曰:"如我能將幾何?"信曰:"陛下不過能將十萬。"上曰:"於君何如?"曰:"臣多多而益善耳"……十一年,呂后……斬之長樂鐘室。《史記·淮陰侯列傳》。

《史記》有傳。

〔一三〕王應麟曰："《高帝紀》'韓信申軍法',李靖云:'張良所學,《六韜》《三略》是也,韓信所學,穰苴、孫武是也,然大體不出三門四種而已。'"案,《史記‧留侯世家》老父遺《太公兵法》,即李靖所謂《六韜》。然《太公兵法》與《六韜》,同在《志》《太公》二百三十七篇之內,不能以《六韜》包《兵法》也。《三略》,即《隋書‧經籍志》《黃石公三略》,《七錄》謂之《黃石公記》。_{孫詒讓說}。《史》祇謂《太公兵法》,疑依託也。《韓信兵法》三篇,在兵權謀,不傳。馬隆《八陳讚》云"天地前衝,變爲羽翼。淮陰用之,變化無極。垓下之會,魯公莫測",或用其遺說乎？

〔一四〕謂漢高祖后呂氏昆弟諸呂。

〔一五〕諸呂盜取,當自中秘。

〔一六〕錢大昭曰："軍政,即軍正也。軍正有丞,見《胡建傳》。"

〔一七〕《酷吏傳》有楊僕,宜陽人,拜樓船將軍,征南越、東越有功,封將梁侯,亦武帝時,疑其人。

〔一八〕顏師古曰："捃摭,謂拾取之。"

〔一九〕《志》序曰："步兵校尉任宏校兵書。"陶憲曾曰："據《哀紀》、《公卿表》,有任宏,字偉公,爲執金吾,守大鴻臚,蓋即其人。"案,《公卿表》孝成元延三年,任宏以護軍都尉爲太僕,綏和元年爲執金吾,十一月貶爲代郡太守。《哀紀》云"明年,使執金吾任宏守大鴻臚,持節徵定陶王,立爲皇太子",謂成帝綏和元年也,其官階可考如此而已。

四、《漢書·藝文志》數術略序

天文者〔一〕,序二十八宿〔二〕,步五星〔三〕日月,以紀吉凶之象〔四〕,聖王所以參政也〔五〕。《易》曰:"觀乎天文,以察時變。"〔六〕然星事殆〔七〕悍,非湛〔八〕密者不能由〔九〕也〔一〇〕。夫觀景以譴行,非明王亦不能服聽也。以不能由之臣,諫不能聽之王〔一一〕,此所以兩有患也。

〔一〕《志》大文家始《泰壹雜子星》二十八卷,次《五殘雜變星》二十一卷、《黃帝雜子氣》三十三篇、《常從日月星氣》二十一卷、《皇公雜子星》二十二卷、《淮南雜子星》十九卷、《泰壹雜子雲雨》三十四卷、《國章觀霓雲雨》三十四卷、《泰階六符》一卷、《金度玉衡漢五星客流出入》八篇、《漢五星彗客行事占驗》八卷、《漢日旁氣行事占驗》三卷、《漢流星行事占驗》八卷、《漢日旁氣行占驗》十三卷、《漢日食月暈雜變行事占驗》十三卷、《海中星占驗》十二卷、《海中五星經雜事》二十二卷、《海中五星順逆》二十八卷、《海中二十八宿國分》二十八卷、《海中二十八宿臣分》二十八卷、《海中日月彗虹雜占》十八卷、《圖書秘記》十七篇,凡二十一家。

〔二〕高誘曰:"二十八宿,東方角、亢、氐、房、心、尾、箕,北方斗、牛、女、虛、危、室、壁,西方奎、婁、胃、昴、畢、觜、參,南方井、鬼、柳、星、張、翼、軫也。"《淮南·天文訓》注。案,《史記·天官書》:"東宮蒼龍,南宮朱鳥,西宮咸池,北宮玄武,每宮各七宿,爲二十八宿也。"

〔三〕高誘曰:"五星,歲星、熒惑、鎮星、太白、辰星也。"案,又名五緯,蓋二十八宿左轉爲經,五星右旋爲緯也。《史記·天官書》曰"此五星者,天之五佐爲經緯",何焯云:"經字衍。"

〔四〕《易》曰:"天垂象,見吉凶。"

〔五〕《管子》曰:"是故陰陽者,天地之大理也。四時者,天地之大德也。刑德者,四時之合也。刑德合於時則生福,詭則生禍。然則春、夏、秋、冬將何行? 東方曰星,其時曰春,其氣曰風,風生木與骨,其德喜嬴,而發出節時,其事號令,修除神位,謹禱弊梗,宗正陽,治隄防,耕耘樹藝,正津梁,修溝瀆,甃屋行水,解怨赦罪,通四方,然則柔風甘雨乃至,百姓乃壽,百蟲乃蕃,此謂星德……南方曰日,其時曰夏,其氣曰陽,陽生火與氣,其德施捨修樂……此謂日德。中央曰土,土德實輔四時入出,以風雨節土益力,土生皮肌膚,其德和平用均,中正無私,戴望《管子校正》云:'丁云"中正"上脫"其事"二字'。實輔四時,春嬴育,夏長養,秋聚收,冬閑藏……此謂歲德……西方曰辰,其時曰秋,其氣曰陰,陰生金與甲,其德憂哀,靜正嚴順,不敢淫佚……此謂辰德……北方曰月,其時曰冬,其氣曰寒,寒生水與血,其德淳越,溫怒周密……此謂月德……是故春凋秋榮,冬雷夏有霜雪,此皆氣之賊也。刑德易節失次,則賊氣遬生,則國多災殃,是故聖王務時而寄政焉,作教而寄武焉,作視而寄德焉,此三者,聖王所以合於天地之行也。"《四時》篇。案,此古陰陽家之遺說,以爲政教必合於天地之行,雖非專指天文而言,然所重爲星、日、歲、辰、月之德,正《志》所謂聖王所以參政也。《月令》亦可參看。

〔六〕《易·賁卦》象辭。

〔七〕顏師古曰:"殈與凶同。"

〔八〕顏師古曰:"湛,讀曰沈。"

〔九〕顏師古曰:"由,用也。"

〔一〇〕顧炎武曰:"星事多殈,《漢書》謂夫子言性與天道,不可得聞,而仲舒下吏,夏侯囚執,眭孟誅戮,李尋流放,此學者之大戒……蜀漢杜瓊精於術學,初不視天文,無所論説,譙周常問其意,瓊曰:'欲明此術甚難,須當身視識其形色不可信人也。晨夜苦劇,然後知之,復憂漏洩,不如不知,是以不復視也。'……石虎之太史令趙攬,以天文死……故《淮南子》曰'好事未嘗不中'。"原注'中傷也',《日知録》卷三十。

〔一一〕王南雍本、閩本、汪本並作"主",是也,應正。

曆譜者〔一〕,序四時之位,正分至之節,會日月五星之辰,以考寒暑殺生之實,故聖王必正曆數〔二〕,以定三統服色之制〔三〕,又以探知五星日月之會,凶阨之患、吉隆之喜,其術皆出焉。此聖人知命之術也〔四〕,非天下之至材,其孰與〔五〕焉!道之亂也,患出於小人,而强欲知天道者,壞大以爲小,削遠以爲近,是以道術破碎而難知也〔六〕。

〔一〕《志》曆譜家始《黃帝五家曆》三十三卷,次《顓頊曆》二十一卷、《顓頊五星曆》十四卷、《日月宿曆》十三卷、《夏殷周魯曆》十四卷、《天曆大曆》十八卷、《漢元殷周諜曆》十七卷、《耿昌月行帛圖》二百三十二卷、《耿昌月行度》二卷、《傳周五星行度》三十九卷、《律曆數法》三卷、《自古五星宿紀》三十卷、《太歲謀日晷》二十九卷、《帝王諸侯世譜》二十卷、《古來帝王年譜》五卷、《日晷書》三十四卷、《許商算術》二十六卷、《杜忠算術》十六卷,凡十八家。

〔二〕聖王必正曆數者,如堯命舜曰:"天之曆數在爾躬。"《堯典》載命羲和四子,舜在璇璣玉衡是也。

〔三〕王應麟曰:"劉歆作三統曆及譜三代,各據一統,天統子,地統丑,人統寅。《春秋緯》、《樂緯》云'夏以十三月爲正,息卦受泰,物之始,其色尚黑,以寅爲朔。殷以十二月爲正,息卦受復,物之牙,其色尚白,以雞鳴爲朔。周以十一月爲正,息卦受復,其色尚赤,以夜半爲朔'。"案,劉歆作三統曆及譜三代,詳《律曆志》。歆蓋以說《春秋》,班氏稱其推法密要,然杜預、《長曆》。姜岌、沈括以下,皆訛其最疏。

〔四〕知命之術者,孔子上律天時,著之《春秋》,故《論語》曰"不知命,無以爲君子矣"。《律曆志》曰:"夫曆春秋者,天時也,列人事而目以天時,《傳》曰'民受天地之中以生,所謂命也',是故有禮誼動作威儀之則以定命也。能者養以之福,不能者敗之以取禍,故列十二公二百四十二年之事,以陰陽之中制其禮。故春爲陽中,萬物以生;秋爲陰中,萬物以成。是以事舉其中,禮取其和,曆數以閏正天地之中,以作事厚生,皆所以定命也。"

〔五〕顏師古曰:"與,讀曰豫。"

〔六〕小人亂道,蓋謂太史令張壽王之徒,《律曆志》謂其課訛遠,非漢曆,逆天道,陰陽不調,謂之亂世,蓋壽王據殷曆與當時不合故也。

五行者[一],五常之形氣[二]也。《書》云:"初一曰五行,次二曰羞用五事。"[三]言進用五事以順五行也。貌、言、視、聽、思心失，而五行之序亂，五星之變作，皆出於律曆之數而分爲一者也〔四〕。其法亦起五德終始，推其極則無不至〔五〕，而小數〔六〕家因此以爲吉凶，而行於世，寖〔七〕以相亂。

〔一〕《志》五行家始《泰一陰陽》二十三卷，次《黃帝陰陽》二十五卷、《黃帝諸子論陰陽》二十五卷、《諸王子論陰陽》二十五卷、《太元陰陽》二十六卷、《三典陰陽談論》二十七卷、《神農大幽五行》二十七卷、《四時五行經》二十六卷、《猛子閒昭》二十五卷、《陰陽五行時令》十九卷、《堪輿金匱》十四卷、《務成子災異應》十四卷、《十二典災異應》十二卷、《鍾律災異》二十六卷、《鍾律叢辰日苑》二十二卷、《鍾律消息》二十九卷、《黃鍾》七卷、《天一》六卷、《泰一》二十九卷，一本作"《泰一》二十二九卷"，錢大昭曰："當作'二十九卷'，衍'二'字。"案，官本正作"二十九卷"。《刑德》七卷、《風鼓六甲》二十四卷、《風后孤虛》二十卷、《六合隨典》二十五卷、《轉位十二神》二十五卷、《羨門式法》二十卷、《羨門式》二十卷、《文解六甲》十八卷、《文解二十八宿》二十八卷、《五音奇胲用兵》二十三卷、《五音奇胲刑德》二十一卷、《五音定名》十五卷，凡三十一家。《周書·洪範》曰："五行：一曰水，二曰火，三曰木，四曰金，五曰土。"鄭玄曰："行者，言順天行氣。"《永樂大典》鑒字部引《尚書注》。

〔二〕形，官本作刑。王應麟曰："《中庸》注'木神則仁，金神則義，火神則禮，土神則智，水神則信'。"案，參看上卷《荀子·非十二子》篇"謂之五行"注。

〔三〕《周書·洪範》辭"羞用五事"，今書作"敬用五事"。《五行志》及《孔光傳》並作"羞"。師古曰："羞，進也。"錢大昕曰："案，古文'敬'作'苟',與'羞'相似,'羞'疑'敬'之譌也。《五行》、《藝文》二志,皆取劉歆之説,則歆所傳《尚書》本是羞字。"江聲曰:"羞,當爲苟,古文'苟'字作'苟',與'羞'相似,故誤也。苟,自急敕也。"《尚書集注音疏》。又曰:"五事與庶徵相應。蔡傳謂貌爲水,言爲火,視爲木,聽爲金,思爲土,雨暘燠寒風之休咎亦如之。若漢儒之説大不同。伏生《尚書大傳》以貌爲木,言爲金,視爲火,聽爲水。楊子《太玄》,其説亦同,亦雨暘燠寒推之,似是。四時之氣,春温多雨,秋燥多暘,夏火故燠,冬水故寒。然則貌言視聽,亦以木金水火屬之,不必如五行生出之序也。腎竅屬耳,卦亦屬坎,則聽當屬水。肝竅爲目,火必麗於木而明,河圖三木即離火,後天離趨於南,故視之光明,當屬火。《説卦》亦以離爲目也。言出於舌,雖屬心,而言有聲音,屬肺,兑爲口舌,荀九家言,以乾爲言,乾兑皆金,故言宜屬金。然則貌之屬木者,人之貌,恭如木之植立有容,而蔡傳以貌澤爲水者,似未安。"《羣經補義》。

〔四〕顏師古曰:"説皆在《五行志》也。"案,文繁不舉,故引顏説括之。

〔五〕王應麟曰:"《曆書》'鄒衍明於五德之傳,而散消息之分',沈約云'五德更王有二家之説,鄒衍以相勝立體,劉向以相生爲義'。"案,《史記·封禪書》亦言之,《孟荀列傳》尤詳,曰"鄒衍稱引天地剖判以來,五德轉移,治各有宜,而符應若兹"。又《吕氏春秋》曰"凡帝王之將興也,天必先見祥乎下民。黄帝之時,天先見大螾大螻,黄帝曰'土氣勝',土氣勝,故其色尚黄,其事則土。及禹之時,天先見草木,秋冬不殺,禹曰'木氣勝',木氣勝,故其色尚青,其事則木。及湯之時,天先見金,刃生於水,湯曰'金氣勝',金氣勝,故其色尚白,其事則金。及文王之時,天先見火,赤鳥銜丹書集於周社,文王曰'火氣勝'，火氣勝，故其色尚赤，其事尚火。代火者必將水，天且先見水氣勝，水氣勝，故其色尚黑，其事則水。水氣至而不知，數備，將徙於土"。《應同》篇。雖不言誰說，然考李善《文選》注引《七略》云"鄒子終始五德，從所不勝，木德繼之，金德次之，火德次之，水德次之"。左太沖《魏都賦》注引。又引鄒子云"五德從所不勝，虞土，夏木、殷金、周火"。沈休文《故安隆昭王碑文》注。與《吕覽》合，則《吕覽》用衍說也。周壽昌曰："本《志》陰陽家有《鄒子終始》一書，即此。古帝王以三統遞傳，三正迭用，自五德終始之説出，秦始皇信之，自命水德，建亥爲正，幾成四正，而後世造言惑世之妖民，俱借此以造亂，皆鄒衍此法之流禍。班氏所謂'無所不至'也。五行家，見《史記·日者傳》，蓋漢舊行其法。"

〔六〕小數，如後世風水行年推命之屬。

〔七〕顔師古曰："寖，漸也。"

　　蓍龜者〔一〕，聖人之所用也。《書》曰："女則有大疑，謀及卜筮。"〔二〕《易》曰："定天下之吉凶，成天下之亹亹者，莫善於蓍龜。""是故君子將有爲，將有行也。問焉而以言，其受命也如嚮，無有遠近幽深，遂知來物。非天下之至精，其孰能與於此！"〔三〕及至衰世，解於齊戒，而婁煩卜筮〔四〕，神明不應。故筮瀆不告，《易》以爲忌〔五〕；龜厭不告，《詩》以爲刺〔六〕。

〔一〕《志》蓍龜家始《龜書》五十二卷，次《夏龜》二十六卷、《南龜書》二十八卷、《巨龜》三十六卷、《雜龜》十六卷、《蓍書》二十八卷、《周易》三十八卷、錢大昭曰："'周易'下當有'倪'字。"《周易明堂》二十六卷、《周易隨曲射匿》五十卷、《大筮衍易》二十八卷、《大次雜易》三十卷、《鼠序卜黄》二十五卷、《於陵欽易吉凶》二十三卷、《任良易旗》七十一卷、《易卦八具》,凡十五家。

〔二〕《周書·洪範》辭。顏師古曰:"言所爲之事有疑,則以卜筮决之也。龜曰卜,蓍曰筮。"

〔三〕《易·上》繫辭。顏師古曰:"亹亹,深致也。言君子所爲行,皆以其言問於易,受命如嚮者,謂示以吉凶,其應速疾,如響之隨聲也。遂,猶究也。來物謂當來之事也。嚮與響同。與,讀爲豫。"錢大昭曰:"莫善,《易》繫辭作'莫大'。陸《釋文》作'莫善',云本亦作'莫大'。案,何休注《公羊》,亦引作'莫善',《儀禮疏》同。"賈公彦云:"凡草之靈,莫善於蓍,凡蟲之智,莫善於龜。《中山經》'江水出焉,其中多良龜',郭璞曰'良,善也'。"案《易》繫辭"定天下之吉凶"三句,實在"是故君子將有爲也"八句之後。"是故"作"是以"。

〔四〕顏師古曰:"解,讀曰懈。齊,讀曰齋。婁,讀曰屢。"

〔五〕《易·蒙卦》辭。顏師古曰:"初筮告,再三瀆,瀆則不告,言童蒙之來决疑,初則以實而告,至於再三,爲其煩瀆,乃不告也。"

〔六〕《小雅·小旻》之詩曰:"我龜既厭,不我告猶。"顏師古曰:"言卜問煩數,媟嫚於龜,龜靈厭之不告以道也。"

雜占者〔一〕,紀百事之象,候善惡之徵〔二〕。《易》曰:"占事知來。"〔三〕衆占非一,而夢爲大,故周有其官〔四〕。而《詩》載熊羆虺蛇衆魚旐旟之夢,著明大人之占,以考吉凶〔五〕,蓋參卜筮。《春秋》之説訞也,曰:"人之所忌,其氣炎以取之,訞由人興也。人失常則訞興,人無釁焉,訞不自作。"〔六〕故曰:"德勝不祥,義厭不惠。"〔七〕桑穀共生,大戊以興〔八〕。鴝雉登鼎,武丁爲宗〔九〕。然惑者不稽〔一〇〕諸躬,而忌訞之見,是以《詩》刺"召彼故老,訊之占夢"〔一一〕,傷其捨本而憂末,不能勝凶咎也。

〔一〕《志》雜占家始《黄帝長柳占夢》十一卷,次《甘德長柳占夢》二十卷、《武禁相衣器》十四卷、《嚏耳鳴雜占》十六卷、《禎祥變怪》二十一卷、《人鬼精物六畜變怪》二十一卷、《變怪誥咎》十三卷、《執不祥劾鬼物》八卷、《請官除訞祥》十九卷、《禳祀天文》十八卷、《請禱致福》十九卷、《請雨止雨》二十六卷、《泰壹雜子候歲》二十二卷、《子贛雜子候歲》二十六卷、《五法積貯寶藏》二十三卷、《神農教田相土耕種》十四卷、《昭明子釣種生魚鼈》八卷、《種樹藏果相蠶》十三卷,凡十八家。

〔二〕顏師古曰:"徵,證也。"

〔三〕《易·下》繫辭。顏師古曰:"言有事而占,則睹方來之驗也。"

〔四〕顏師古曰:"謂大卜掌三夢之法,又占夢中士二人,皆宗伯之屬官。"

〔五〕《小雅·斯干》之詩曰:"吉夢維何?維熊維羆,維虺維蛇。大人占之,維熊維羆,男子之祥。維虺維蛇,女子之祥。"又《無羊》之詩曰:"牧人乃夢,衆維魚矣,旐維旟矣。大人占之,衆維魚矣,實維豐年。旐維旟矣,室家溱溱。"顏師古曰:"言熊羆虺蛇,皆爲吉祥之夢,而生男子。及見衆魚,則爲豐年之應,旐旟則爲多盛之象。大人占之,謂以聖人占夢之法占之也。畫龜蛇曰旐,鳥隼曰旟。"

〔六〕莊公十四年,《左氏傳》申繻之辭。顏師古曰:"炎,謂火之光始燄燄也,言人之所忌,其氣燄引致於災也。釁,瑕也。失常,謂反五帝之德也。炎,讀與談同。"案,傳"炎"本亦作"談","失"作"棄"。"人失常則訞興"三句,原作"人無釁焉,妖不自作,人棄常則妖興。"

〔七〕顏師古曰:"惠,順也。"

〔八〕《商書·咸乂》書序"伊陟相太戊,亳有祥,桑穀共生"。書亡,《大傳》"俱生於朝,七日而大拱,伊陟戒以修德而木枯"。《史記·殷本紀》"帝大戊立,伊陟爲相,亳有祥,桑穀共生於朝,一暮大拱。帝大戊懼,問伊陟,伊陟曰:'臣聞妖不勝德,帝之政,其有闕與?帝其修德。'大戊從之,而祥桑枯死而去……殷復興,諸侯歸之"。此外《三代世表》及《説苑》、《論衡》、《漢書》、《家語》、《帝王世紀》皆載其事。

〔九〕《商書·高宗肜日》書序"高宗祭成湯,有雊雉登鼎耳而雊",《書》曰"高宗肜日,越有雊雉,祖己曰:'惟先格王正厥事。'"《史記》"帝武丁祭成湯,明日,有飛雉登鼎耳而呴,武丁懼,祖己曰:'王勿憂,先修政事……'武丁修政行德,天下咸驩,殷道復興。帝武丁崩,子帝祖庚立,祖己嘉武丁之以祥雉爲德,立其廟爲高宗"。案,此事舊皆以爲武丁,非,當屬武丁子祖庚,詳予《三代史商書》中,此不贅。

〔一○〕顏師古曰:"稽,考也,計也。"

〔一一〕《小雅·正月》之詩。顏師古曰:"故老,元老也。訊,問也。言不能修德以禳災,但問故老以占夢之吉凶。"

形法者〔一〕,大舉九州之勢〔二〕,以立城郭室舍〔三〕,形人〔四〕及六畜骨法之度數〔五〕、器物之形容,以求其聲氣貴賤吉凶。猶律有長短,而各徵其聲,非有鬼神,數自然也。然形與氣相首尾,亦有有其形而無其氣,有其氣而無其形,此精微之獨異也。

〔一〕《志》形法家,始《山海經》十三篇,次《國朝》七篇、《宮宅地形》二十卷、《相人》二十四卷、《相寶劍刀》二十卷、《相六畜》三十八卷,凡六家。
〔二〕《晉書》裴秀曰:"漢氏所畫輿地及括地諸雜圖,各不設分率,又不考正準望,亦不備載名山大川,雖有粗形,皆不精審。"猶可考見漢時輿地形法之大概。
〔三〕即《論衡・詰術》篇所言圖宅術。
〔四〕即相人,《荀子・非相》篇楊注:"相,視也。視其骨狀,以知吉凶貴賤。"
〔五〕《日者傳》"黃直,丈夫也,陳君夫,婦人也,以相馬立名天下。留長孺以相彘立名。滎陽褚氏以相牛立名"。骨法者,如相人,揣視骨狀,知美惡。《後漢書》馬援上表曰:"近世西河子輿明相馬法,子輿傳西河儀長孺……傳成紀楊子阿。臣援嘗師事子阿受相馬骨法。"

數術者〔一〕,皆明堂羲和史卜之職也。史官之廢久矣〔二〕,其書既不能具,雖有其書而無其人。《易》曰:"苟非其人,道不虛行。"〔三〕春秋時,魯有梓慎〔四〕,鄭有裨竈〔五〕,晉有卜偃〔六〕,宋有子韋〔七〕。六國時,楚有甘公〔八〕,魏有石申夫〔九〕。漢有唐都〔一〇〕,庶得麤觕〔一一〕。蓋有因而成易,無因而成難,故因舊書以序數術爲六種。

〔一〕總稱上六種。
〔二〕宋祁曰:"'史官'之下,舊本有'術'字。"周壽昌曰:"史是史巫之史官,則太卜詹尹之官。本書《律曆志》太史令張壽王、太史丞鄧平,本《志》太史令尹咸,皆是。非載筆執簡記之史官也。故於數術家舉之。"

〔三〕《易·下》繫辭。

〔四〕梓慎,魯大夫,事見襄公二十八年《左氏傳》,及昭公七年、十五年、十七年、十八年、二十一年、二十四年。

〔五〕裨竈,鄭大夫,事見襄公二十八年《左氏傳》,及三十年、昭公九年、十年、十七年、十八年。

〔六〕卜偃,晉掌卜大夫,韋昭《國語》注、杜預《左氏傳》注。一作郭偃。《晉語》一、三、四。卜其官,郭其姓,亦作高偃。《墨子·所染》篇。"高"與"郭"爲一聲之轉。又作郤偃,《吕氏春秋·當染》篇。則郭之誤。《太平御覽》六百二十引《吕覽》正作郭偃。事見僖公二年《左氏傳》及六年、十四年、二十三年、二十五年、三十二年、《國語·晉語》。

〔七〕子韋,宋景公之史,《志》陰陽家注。王嘉《拾遺記》"賜姓子,名曰韋",《志》稱司星子韋,亦曰司馬子韋,《文選·辨命論》注。當係司星之譌。事見《吕氏春秋·制樂》篇及《淮南·道應訓》、《新序·雜事》第四、《論衡·變虛》篇。

〔八〕甘公,或曰名德,《史記集解》引徐廣曰:"甘公名德也。"《宋志》直稱甘德。齊人,本《史記·天官書》,《續·天文志》及晉、隋《志》皆以爲齊人。或曰本是魯人,徐廣說。此又作楚,《七錄》同,《史記正義》引。未詳孰是。《七錄》曰"戰國時,作天文星占八卷"。

〔九〕石申夫,魏人。見《七錄》。《七錄》、《新唐志》、《宋志》作石申,非。《律曆志》及《後書·郎顗傳》及《法言·五百》篇李軌注皆作石申夫,《史記·天官書》同《正義》譌斷"夫"字下屬,《七錄》等譌同。《舊唐志》作石申甫,申甫即申夫也。用沈子培師說。《七錄》云"戰國時,作文八卷"。《史記正義》引。沈子培師曰:"《甘石星占》,《漢·藝文志》不載,而《天文志》兼載二家之說,孟堅非不見其書也。梁有石氏、甘氏《天文占》各八卷、《石氏星經》七卷。陳卓記,又《石氏星官》十七卷。《隋志》,《石氏渾天圖》一卷、《石氏星簿經讚》一卷、《星經》二卷、《甘氏四七法》一卷,所存僅此。今《靈臺秘苑》、《開元占經》所録《甘石中外官》諸説,大抵皆本於此耳……《唐志》僅録《石氏星經簿讚》一卷、《甘氏四七法》一卷,所存更少於隋。《宋志》别出《甘石巫咸星經》一卷、《石氏星簿讚曆》一卷,爲隋唐《志》所無,意亦抄掇小書,如明人所傳《通天大象甘石星經》之流耳。《占》經次石氏説,似以《星經》居前,《占》次之,《讚》又次之。《甘氏四七法》,豈即《占》經所録《甘氏中外官》二卷耶?"

〔一〇〕詳上《史記·太史公自序》注。
〔一一〕顔師古曰:"觕,粗略也。"沈欽韓曰:"《管子·水地》篇'心之所慮,非特知於麤觕也',《春秋繁露》俞序'始於麤觕,終於精微',俗亦作粗。《莊子·則陽》篇注,司馬彪云'鹵莽,猶麤粗也'。"

五、《漢書·藝文志》方技略序

醫經者〔一〕,原人血脈經絡〔二〕骨髓陰陽表裏,以起百病之本,死生之分,而用度箴石湯火所施〔三〕,調百藥齊和〔四〕之所宜,至齊〔五〕之德〔六〕,猶慈石取鐵〔七〕,以物相使。拙者失理,以瘉〔八〕爲劇,以生爲死〔九〕。

〔一〕《志》醫經家始《黃帝內經》十八卷,次《外經》三十九卷,《扁鵲內經》九卷、《外經》十二卷、《白氏內經》三十八卷、《外經》三十六卷、《旁篇》二十五卷,凡七家。

〔二〕朱一新曰:"汪本'絡'作'落',古'絡'、'落'通。"

〔三〕顏師古曰:"箴,所以刺病也。石,謂砭石,即石箴也。古者攻病則有砭,今其術絕矣。"案,"箴"亦作"鍼",《黃帝內經·素問·異法方宜論》曰:"南方者,天地所長養,陽之所盛處也。其地下,水土弱,霧露之所聚也。其民嗜酸而食胕,故其民皆緻理而赤色,其病攣痹,其治宜微鍼。故九鍼者,亦從南方來。"九鍼者,《靈樞·九鍼十二原論》曰:"一曰鑱鍼,二曰員鍼,三曰鍉鍼,四曰鋒鍼,五曰鈹鍼,六曰員利鍼,七曰毫鍼,八曰長鍼,九曰大鍼。"石者,《異法方宜論》曰:"東方之域,天地之所始生也。魚鹽之地,海濱傍水。其民食魚而嗜鹹,皆安其處美。其食魚者,使人熱中,鹽者勝血,故其民皆黑色疏理,其病皆癰瘍,其治宜砭石。故砭石者,亦從東方來。"《山海經》曰:"高氏之山,有石如玉,可以爲鍼。"即砭石也。湯者,《素問》有《湯液論》,下經方有《湯液經法》三十二卷。《事物紀原》:"《湯液經》出於商伊尹。"雖未必可信,要其來久矣。火者,灸也,《異法方宜論》:"北方者,天地所閉藏之域也。其地高陵,居風寒冰冽,其民樂野處而乳食,藏寒,生滿病,其治宜灸焫。故灸焫者,亦從北方來。"王念孫曰:"案,'所施'上,亦當有'之'字,方與下句一例。《文選·東方朔畫贊》注引此有'之'字。"

〔四〕《周禮·天官·醬人》,鄭玄注曰:"食有和齊,藥之類也。"又《食醫》"八珍之齊"。

〔五〕同上。

〔六〕德,一本作得。

〔七〕石名,《六書精蘊》"山產鐵於其陽者,慈石產其陰"。郭璞《慈石讚》:"慈石吸鐵,母子相戀也。"俗作"磁",非。

〔八〕顏師古曰:"瘳,與愈同。愈,差也。"

〔九〕一本作"以死爲生",義兩通。

經方者〔一〕,本草石之寒温,量疾病之淺深,假藥味之滋,因氣感之宜,辨五苦六辛,致水火之齊,以通閉解結,反之於平。及失其宜者〔二〕,以熱益熱,以寒增寒,精氣内傷,不見於外,是所獨失也。故諺曰:"有病不治,常得中醫。"〔三〕

〔一〕《志》經方家始《五藏六府痺十二病方》三十卷,次《五藏六府疝十六病方》四十卷、《五藏六府癉十二病方》四十卷、《風寒熱十六病方》二十六卷、《泰始黃帝扁鵲俞拊方》二十三卷、《五藏傷中十一病方》三十一卷、《客疾五藏狂顛病方》十七卷、《金創瘲瘲方》三十卷、《婦人嬰兒方》十九卷、《湯液經法》三十二卷、《神農黃帝食禁》七卷,凡十一家。

〔二〕汪本"其"下有"所"字。

〔三〕錢大昭曰:"今吳人猶云'不服藥爲中醫'。"周壽昌曰:"《周禮》賈疏全引此文,改易數語,致不可通。又《隋書·經籍志》醫方類亦本此志以立論。"

房中者〔一〕,性情〔二〕之極,至道之際,是以聖王制外樂以禁內情,而爲之節文。傳曰:"先王作樂,所以節百事也。"〔三〕樂而有節,則和平壽考。及迷者弗顧,以生疾而隕性命〔四〕。

〔一〕《志》房中家始《容成陰道》二十六卷,次《務成子陰道》三十六卷、《堯舜陰道》二十三卷、《湯盤庚陰道》二十卷、《天老雜子陰道》二十五卷、《天一陰道》二十四卷、《黃帝三王養陽方》二十卷、《三家內房有子方》十七卷,凡八家。周壽昌曰:"案,房中各書,雖鮮傳錄,玩《志》所闡述,大約容成玉女之術,而僞託於黃帝堯舜,尤爲謬妄。至於《養陽》、《有子》諸方,辭不雅馴,搢紳先生所不道,而歆校入《七略》何也?蓋歆仕當孝成時,成帝溺志色荒,禍水召孽,歆校書其間,特爲編塵乙覽,道淫逢欲,卒使成帝殞命殄嗣,歆之罪不可逭矣。班氏雖以制樂禁情,强作理語,未能剗除此門,徒使藝文留玷,亦一恨事。隋唐《志》存房中一門,而不錄書目,差爲有識,然不如徑刪去此門尤佳。"案,房中爲道家之支衍,故亦託始黄帝。道家之可考信者自老子始,老子云:"甚愛必大費。"注云:"甚愛色,費精神,惟不愛而與之接,故能不施。"《莊子·知北遊》篇老子詔孔子曰"精神生於道,形本生於精,而萬物以形相生","邀於此者,四支强,思慮恂達,耳目聰明,其用心不勞,而應物無方",亦言養精氣,其明言元牝者,如《辨正論》引内侍律老子云,雖不足信,亦古説也。此房中碻出道家之證。又案,《漢書·李尋傳》"成帝時,齊人甘忠可有《天官歷包元太平經》十二卷,夏賀良、丁廣世、郭昌、解光及尋皆好之,言延年益壽皇子生之事",即《哀帝紀》所謂"赤精子讖"。《後漢書·襄楷傳》云"順帝時,琅邪宫崇,上其師于吉於曲陽泉,上所得神書百七十卷,號《太平請領書》。後襄楷上言神書有廣嗣之術",注引《太平經·興帝王》篇云"天師曰:'如令施其人,欲其生也,開其玉户,施種其中,比若春種於地也。今無子之女,雖日百施其中,猶無所生也,不得其所生之處,比若此矣。'"《真誥運象篇》云"紫虚真人書,是張道陵受教施化,爲種子之一術"。據此則知房中術實盛於西漢之末。道家末流,巧揣附益,以逢人君之欲,故其書大出。上有好者,下必甚焉。其後王莽亦信之。似當時風氣使然,故劉歆特列一門,必謂其導淫逢欲,則在彼而未必在此。又案,俞正燮曰:"古道術易子而教,《白虎通》言師授之道,當極説陰陽夫婦變化之事,以是父難教子。按《易》著咸象,又稱男女媾精,萬物化生。《詩》稱'亦既覯止,心則夷悦',覯即媾精。《箋》如此。《魏書·列女傳》高元詩云'遘止一暮'。《記》稱'飲食男女,人之大欲',又稱'君子之道,造端乎夫婦',著之典策,而難口説,言文行遠,其體如此。自儒者通天地而不通人，陰陽夫婦變化之事，仙佛極說，又失其本旨，或爲世害，是不可以不質言之也"(《積精》篇)云云，其説極正，周君謂房中一門，留玷藝文，似非知古者，惟迷者弗顧，失其本旨，則房中之罪人矣。

〔二〕性情，汪本作情性，官本同。

〔三〕見昭公元年《左氏傳》秦醫和語。原文無"作"字。

〔四〕《論衡·命義》篇曰"素女對黃帝陳五女之法，非徒傷父母之身，乃又賊男女之性"，可與班説參。

神僊者〔一〕，所以保性命之真，而遊求於其外，聊以盪〔二〕意平心，同生死之域，而無怵惕於胸中。然而或〔三〕者專以爲務，則誕〔四〕欺怪迂〔五〕之文彌以益多〔六〕，非聖王之所以教也。孔子曰："索隱行怪，後世有述焉，吾不爲之矣。"〔七〕

〔一〕《志》神僊家始《宓戲雜子道》二十篇，次《上聖雜子道》二十六卷、《道要雜子》十八卷、《黃帝雜子步引》十二卷、《黃帝岐伯按摩》十卷、《黃帝雜子芝菌》十八卷、《黃帝雜子十九家方》二十一卷、《泰壹雜子十五家方》二十二卷、《神農雜子技道》二十三卷、《泰壹雜子黃冶》三十一卷，凡十家。

〔二〕顏師古曰："盪，滌。一曰盪，放也。"

〔三〕"或"，與"惑"同。

〔四〕顏師古曰："誕，大言也。"

〔五〕顏師古曰："迂，遠也。"

〔六〕王先謙曰："不敢斥言武帝，而其文甚顯。"

〔七〕見《禮記·中庸》篇，"索"作"素"，"勿"作"不"。顏師古曰：

"索隱,求索隱暗之事,而行怪迂之道,妄令後人有所祖述,非我本志。"張佖曰:"案,《禮記·中庸》篇鄭玄注云'素,讀如攻城攻其所傃之傃。傃,猶鄉也。言方鄉避害隱身,而行詭譎,以作後世名也,弗爲之矣,恥之也'。今《志》作索隱。師古從而解之,文注即與《禮記》不同,意義亦不相遠,故'索'字不更刊正作'素'字。"案《玉篇》直作"傃",下引《禮記》、《三國志·方技傳》亦作"索"。朱子《或問》從《志》,以爲二字之義既明,而下文"行怪"二字語勢亦相類,蓋當時傳本猶未譌,至鄭氏時乃失之,顏説近是。惟探賾索隱易以爲聖人之學,豈行怪者亦可言索隱乎?鄭未必非是也。

方技者〔一〕,皆生生之具,王官之一守也。太古有岐伯〔二〕、俞拊〔三〕,中世有扁鵲〔四〕、秦和〔五〕,蓋論病以及國〔六〕,原診以知政〔七〕。漢興有倉公〔八〕。今其技術晻昧〔九〕,故論其書,以序方技爲四種。

〔一〕總稱上四種。
〔二〕岐伯,相傳爲黃帝太醫,《史記·司馬相如傳·集解》。又稱天師。《黃帝内經·素問·上古天真論》。《黃帝内經·素問》、《靈樞》載其語甚詳。《路史》謂"岐,國名",梁玉繩謂"伯,其爵也"。
〔三〕俞拊,《史記》"拊"作"跗",《扁鵲倉公列傳》。《說苑》同此作"拊"。中古之爲醫者。《説苑》。治病不以湯液醴灑,鑱石橋引,案杌毒熨,一撥見病之應,因五藏之輸,乃割皮解肌,訣脈結筋,搦髓腦,揲荒,爪幕,湔浣腸胃,漱滌五藏,練精易形。《史記》。應劭曰:"黃帝時將也。"《史記正義》引。
〔四〕扁鵲,姓秦,名越人,《史記》本傳。又名少齊,《周禮·天官·疾醫》釋文。與軒轅時扁鵲相類,仍號之爲扁鵲,又家於盧國,因命之曰盧醫。《史記》本傳《正義》引《黃帝八十一難序》。扁,又作鶣。《集韻·類篇》。渤海郡鄭人也。《史記》本傳原作"鄭人",徐廣曰:"鄭當作鄚。鄚,縣名,今屬河間。"司馬貞曰:"案,渤海無鄭縣,徐說是,從之。"少時爲人舍長,舍客長桑君……出其懷中藥予扁鵲,飲以上池之水,三十日當知物矣,乃悉取禁方書盡與扁鵲,忽然不見……扁鵲以其言,飲藥三十日,視見垣一方人,以此視病,盡見五藏癥結,特以診脈爲名耳……秦太醫令李醯,自知伎不如……使人刺殺之。《史記》本傳。《史記》有傳。王勃《黃帝八十一難經序》云:"岐伯以授黃帝,黃帝歷九師以授伊尹,伊尹以授湯,湯歷六師以授太公,太公以授文王,文王歷九師以授醫和,醫和歷六師以授秦越人。秦越人始定立章句,歷九師以授華陀,華陀歷六師以授黃公,黃公以授曹元。"此皆臆託,不足據也。

〔五〕秦和,和名,顏注。佚其姓,秦人。晉平公有疾,秦景公使和視之,《國語·晉語》八。曰:"疾不可爲也。是謂近女室,疾如蠱,非鬼非食,惑以喪志,良臣將死,天命不祐。"事見昭公元年《左氏傳》及《國語·晉語》八。

〔六〕《晉語》八,趙文子曰:"醫及國家乎?"醫和對曰:"上醫醫國,其次疾人,固醫官也。"

〔七〕顏師古曰:"診,視驗,謂視其脈及色候也。"

〔八〕倉公,姓淳于氏,名意,臨菑人也,齊太倉長,《史記》本傳。故曰倉公。少而喜醫方術。高后八年,更受師同郡元里公乘陽慶……使意盡去其故方,更悉以禁方予之。傳黃帝扁鵲之脈書,五色診病,知人死生,決嫌疑,定可治,及藥論,甚精。受之三年,爲人治病,決死生多驗。《本傳》。《史記》有傳。

〔九〕周壽昌曰:"案,周世多良醫,除秦和、秦緩、扁鵲外,如《周禮·天官》'疾醫'疏引劉向云'扁鵲治趙太子暴疾尸蹷之病,使子明炊湯，子儀脈神，子術案摩'。又《中經簿》云'《子義本草經》一卷'，義與儀一人也，亦周末時人。扁鵲有弟子子陽、子豹，見《史記》本傳。漢有倉公，若非史公立傳，早晻昧矣。公之師元里公乘陽慶，精醫，無傳。其弟子臨菑宋邑，濟北高期、王禹、太倉馬良、馮信、高永、杜信，臨菑召里、唐安，皆傳公學，亦無傳。晉元康中，裴頠謂醫方人命之急，而稱兩不與古同，爲害特重。醫爲生死所係如此。劉歆有方技略，而班列傳無此一門，終是闕典。"

附：見存先秦諸子書答問（附西漢）

民國二十三年秋，予主任大夏大學師，專科國文系諸生多以先秦諸子書見問，並及版本之優劣，遂草此篇答之。今附本書之後，倉卒不及董理，舛漏百出，體例亦未盡畫一，惟宏達教之。王蘧常識。

一、儒家

《晏子》班固《漢書·藝文志》注云"名嬰"。

存《漢書·藝文志》諸子略著録八篇。《隋書·經籍志》，新、舊《唐書·藝文志》作七卷，蓋後人以篇爲卷，又合《雜》上、下二篇爲一，故爲七卷。宋《崇文總目》作十四卷，則以每卷析爲二也。後人以其篇數不同，疑其非劉氏之舊，譌也。

  明活字本
  涵芬樓《四部叢刊》景印明活字本
  明吳勉學《二十子》本
  王節愍校四卷本
  烏程閔氏朱墨版六卷本
  萬曆乙酉沈啓南本
  清乾隆戊申《經訓堂叢書》孫星衍校本
  浙江書局《二十二子》重刻孫校本
  嘉慶丙子吳鼒放宋刻本顧廣圻、王念孫校勘
  海昌陳琰編《古書叢刊》景印吳氏放宋本
  天津圖書館藏管廷芬編《一瓻筆存》牟庭初校正本鈔本未刻

清孫星衍《音義》二卷
　　《經訓堂叢書》附孫校本後
　　浙江書局《二十二子》重刻孫校本
蘇輿《集釋》七卷
　　光緒間長沙思賢講舍刻本
黃以周《校勘記》二卷
　　浙江書局《二十二子》本
劉師培《校補》或作"斠補"二卷
　　《國粹學報》第三十五期以下未完
　　鈔本
又《佚文輯補》一卷
　　鈔本
又黃之寀本《校記》一卷
　　未刻

附：《孔子家語》

僞《漢書・藝文志》六藝略論語家著錄二十七卷，顏師古曰："非今所有《家語》也。"案，今所傳《家語》十卷，王肅注，蓋即王肅僞託，前人論之已詳矣。惟其傳已久，附之。

　　宋蜀大字本
　　貴池劉世珩玉海堂覆刻宋蜀大字本（附《札記》）
　　同文書局景印內府本
　　文瑞樓景本
　　明嘉靖間黃周賢刻本
　　四部叢刊景印黃氏本
　　經廠本
　　《二十子》本

黃魯曾本

包山陸氏本

武林錢受益校刻本

永明書院刊本

又重刻本

汲古閣本

清乾隆中李氏重刻汲古閣本

元王廣謀《標題句解》三卷庸陋荒昧

明何孟春《注》八卷

　　正德中張公瑞刻本

　　乾隆丁亥何泰吉刻本附盧文弨校

清姜兆錫《正義》十卷似講章體

陳厚耀《注》十卷

孫志祖《疏證》六卷

　　乾隆五十八年志祖子同元刻本

　　會稽章壽康光緒間《式訓堂叢書》本

　　《校經山房叢書》本即式訓堂版

陳士珂《疏證》十卷

　　光緒辛卯武昌局刻《湖北叢書》本

范家相《證譌》十一卷

　　文學山房木活字本

　　光緒二十六年會稽徐氏刻《鑄學齋叢書》本

《曾子》《漢志》注云"名參"。

　　亡《漢志》著錄十八篇。《隋志》作二卷，目一卷。《唐志》同，無目，視漢已亡其八。宋時猶存，故晁公武《郡齋讀書志》云"二卷凡十篇，蓋唐本也，考其書已見《大戴禮》"。王應麟説略同。陳振孫《書錄解題》併稱慈湖楊簡注，是宋時原有《曾子》行世。宋汪晫編有《曾子》一卷,今《四庫全書》著錄分十二篇,自立名目,割裂《戴禮》,殆未見此本也。其後趙汝騰、劉清之、章樵、宋鳴梧、曾承業、戴良各有輯本,皆汪晫之流亞。清阮元取《大戴禮》十篇,名曰《曾子》,加以注釋,蓋取晁氏之説,隱合唐本之舊。《吕覽》曾子言事凡五,其三卷存於十篇中,則此十篇即《漢志》所錄十八篇本,而此入於《大戴禮》者當如陳邵所云,原在古文《記》二百四篇中,殆劉氏校書别出於儒家者也。

清阮元《注釋》四卷

嘉慶三年文選樓刻本

又道光二十五年重刻本

《學海堂經解》本

渭南嚴氏《曾子三種》本

魏源《章句》

王安定《曾子家語》原名《集語》

光緒十六年刻本

《漆雕子》《漢志》注云"孔子弟子漆雕啓後"。(下皆注語)

亡《漢志》著錄十二篇,官本、汪本作十三篇。王應麟《漢志考證》作十二。隋、唐《志》無,佚已久。

清馬國翰輯本一卷

《玉函山房叢書》本

《宓子》名不齊。

亡《漢志》著錄十六篇。隋、唐《志》無,佚已久。

清馬國翰輯本一卷

《玉函山房叢書》本

《子思子》名伋。

亡《漢志》著錄二十三篇。隋、唐《志》七卷。晁公武云"《子思子》七卷,載孟軻問牧民之道何先",是北宋時期書尚存。惟汪晫輯本一卷分九篇,中取僞《孔叢子》,則未見此本也。

清魏源《章句》只取《小戴禮·中庸》、《坊記》、《表記》、《緇衣》四篇

洪頤煊輯本一卷

　　《問經堂叢書·經典集林》内

黃以周《輯解》七卷

　　自刻本案，黃氏輯逸子四十四種既成，仁和許益齋增見之願爲刊本，嗣以久未見梓，索還，竟妄以疏失對，其實書在也，今不知流落何處矣。此爲重輯本，南菁講舍學生顧鴻闓、曹元忠、胡玉縉、蔣元慶、李達、林之祺襄輯。

《景子》說宓子語，似其弟子。

　　亡《漢志》著録三篇。隋、唐《志》無，佚已久。

清馬國翰輯本一卷

　　《玉函山房叢書》本

《世子》名碩，陳人也，七十子之弟子。

　　亡《漢志》録二十一篇。隋、唐《志》無，佚已久。

清馬國翰輯本一卷

　　《玉函山房叢書》本

《魏文侯書》

　　亡《漢志》著録六卷。隋、唐《志》無，佚已久。

清馬國翰輯本一卷

　　《玉函山房叢書》本

《李克書》子夏弟子，爲魏文侯相。

　　亡《漢志》著録七篇。隋、唐《志》無，佚已久。

清馬國翰輯本一卷

《玉函山房叢書》本

《公孫尼子》七十子之弟子。

　　亡《漢志》著錄二十八篇。隋、唐《志》一卷。
清馬國翰輯本一卷
　　《玉函山房叢書》本
洪頤煊輯本一卷
　　《問經堂叢書·經典集林》内

《孟子》名軻，鄒人，子思弟子。

　　内篇存，外篇亡。《漢志》著錄十一篇，蓋統内篇七、外篇四而言也。趙岐《題辭》云："外書四篇：《性善辯》、《文説》、《孝經》、《爲正》。其書不能宏深，似非孟子本真。"明季姚士粦等所傳《熙時子注孟子外書》四卷，蓋出宋後人僞託。

　　宋刻大字本
　　涵芬樓《續古逸叢書》景宋刻大字本
　　又《四部叢刊》景宋刻大字本
　　明閩本
　　明北監注疏本
　　汲古閣注疏本
　　金蟠葛鼐同刻永懷堂本今江寧書局補足印行
　　清乾隆四年武英殿注疏本
　　同治十年廣州書局覆刻殿本
　　星子干氏稽古樓單注巾箱本
　　乾隆壬辰孔繼涵《微波榭遺書》校宋本
　　日本覆宋刻本
　　《吉石盫叢書》景日本覆宋刻本本多不備載
漢趙岐《注》十四卷

清宋翔鳳《趙注補正》六卷
  道光二十年浮谿精舍本
  廣州局刻本
  王先謙《續清經解》本
漢劉熙《注》馬國翰輯本一卷
  《玉函山房叢書》本
劉熙《注》宋翔鳳輯本一卷
  浮谿精舍本
  廣州局本
劉熙《注》葉德輝輯本一卷
  觀古堂自刻本
顧震福《劉注輯述》七卷
  自刻本
宋孫奭《音義》二卷
  《通志堂經解》本
  乾隆辛亥抱經堂校刻本
  士禮居覆刻蜀大字本
  羅振玉景印覆宋蜀大字本
  微波榭本
  韓岱雲刻本
  成都局本
  光緒壬辰榮成孫氏山淵閣刻日照許氏校景宋本
清蔣仁榮《音義考證》二卷
  《續清經解》本
僞孫奭《疏》十四卷
宋朱熹《集注》七卷
  明刻放宋大字本

清乾隆元年內府放宋淳祐大字本
　　　嘉慶辛未潢川吳氏放宋本附考四卷
　　　揚州鮑刻本此以下皆合五經刻
　　　南昌萬刻本
　　　江寧局本
清劉寶楠《集注附考》二卷
　　《國粹學報》
焦循《正義》三十卷
　　　道光五年《焦氏叢書》本
　　《清經解》本
　　　商務印書館《萬有文庫》本
錢東垣《解誼》十四卷
　　　未刻
錢侗《正義》十四卷
　　　未刻

《荀子》名況，趙人，為齊稷下祭酒。
　　存《漢志》著錄《孫卿子》三十三篇。王應麟曰："當作三十二篇，蓋傳刻之誤，今作二十卷"。
　　　北宋熙寧刻本案，即世所稱呂夏卿本也，詳見《百宋一廛賦》注，後輾轉歸於烏程蔣氏，予曾見之，後蔣氏中落，聞將出售美利堅，不知近尚在中土不也。
　　　宋台州刻本
　　《古逸叢書》景宋台州本
　　《四部叢刊》景《古逸叢書》本
　　　宋龔士卨編建陽麻沙書坊《纂圖互注五子》本明世德堂本即從此出
　　　明世德堂本
　　　日本覆刻世德堂本

天一閣藏明放宋本

明虞九章、王震亨合校本

天啓間武林汪道焜刻本

丙午謝墉校本案，實出盧文弨手，蓋據北宋熙寧刻本。《荀子》舊有三本，一即熙寧本，所謂呂夏卿本也；一宋錢佃校本，陳奐據以手錄；一景鈔大字宋本。又顧廣圻亦錄二本。王念孫皆見之，謂呂本有刻本、景鈔本之不同，錢本亦有二本，不但錢本與呂本字句多不同，即同是呂本，亦不能盡同。王仁俊云。

蘇州王氏《十子全書》重刻謝本

浙江書局《二十二子》重刻謝本

定州王氏《畿輔叢書》重刻謝本

寶慶三味書坊重刻謝本

聚文堂重刻謝本

重刻聚文堂刻本

中華書局《四部備要》據謝本

唐楊倞《注》二十卷

　　同上

宋錢佃《考異》一卷

常熟瞿氏鐵琴銅劍樓藏明景鈔宋本

江陰繆荃孫覆宋刻本今版歸吳興張氏，彙入《擇是居叢書》中。

中國學會《周秦諸子斠注十種》景繆本

《對雨樓叢書》本

郝懿行《補注》一卷

《郝氏遺書》本

《齊魯先哲遺書》本

《周秦諸子斠注十種》景《齊魯先哲遺書》本

劉台拱《補注》一卷

《端臨遺書》本

《周秦諸子斠注十種》景《端臨遺書》本

胡元儀《集注》

  未刻

王先謙《集解》二十一卷

  長沙刻本

  光緒間坊景長沙刻巾箱本

  涵芬樓景長沙本

  《萬有文庫》本

劉師培《拾補》四卷

  稿本曾載劉君自編民國五年印行之《中國學報》第三期至第五期，不足一卷，北平圖書館叢書第四集擬目列之。

又《逸文輯補》一卷

  《中國學報》第一期

又《補釋》一卷

  《國粹學報》四十五期及六十期

又《詞例舉要》

  《國粹學報》三十一期、三十三期、三十七期

又《名學發微》

  《國粹學報》三十二期

又《正名隅論》

  《國粹學報》二十二期未完

孫德謙《注》二十卷

  未刻

陶鴻慶《札記》

李笠《札記》

日本信洲久保愛《增注》

  日本刊本

豬飼彥博《注補遺》
　　日本刊本
物茂卿《讀荀子》四卷
　　日本刊本
岡本保孝《荀子考》

《內業》不知作者。
　　亡《漢志》著錄十五篇，注"不知作者"。隋、唐《志》無，佚已久。
清馬國翰輯本一卷序稱"周管夷吾術"，以《管子》第四十九篇《內業》當之，謂"蓋古有成書而管子述之"，蓋用王應麟説，不知碻否。
　　《玉函山房書》本

附：《讕言》不知作者，陳人君法度。
　　亡《漢志》著錄十篇，注"不知作者"，或作十一篇。隋、唐《志》無，佚已久。
清馬國翰輯本一卷馬氏依偽《孔叢子》錄出，似非其舊也。故附出。
　　《玉函山房叢書》本

《寧越書》中牟人，爲周威王師。
　　亡《漢志》著錄一篇。隋、唐《志》無，佚已久。
清馬國翰輯《寧子》一卷
　　《玉函山房叢書》本

《王孫子》一云《巧心》。馬國翰云："巧心，書之別名。"
　　亡《漢志》著錄一篇。《隋志》於《孫卿子》十二卷下注"梁有《王孫子》一卷，亡"。《唐志》無。馬總《意林》景宋本卷二"鶡冠子"之後錄《王孫子》一節，則唐時其書尚存，明刻本無之，標題三卷，其字誤與？《藝文類聚》稱《王孫子新書》。
清馬國翰輯本一卷

《玉函山房叢書》本

嚴可均輯本一卷

《四錄堂類集》

黃以周輯本一卷

未刻

《李氏春秋》

亡《漢志》著錄二篇。隋、唐《志》無，佚已久。

清馬國翰輯本一卷案，只有《呂氏春秋·勿躬》篇一節，是否即此李子尚不可知。

《玉函山房叢書》本

《董子》名無心，難墨子。

亡《漢志》著錄一篇。隋、唐《志》一卷。《宋志》無。惟明陳第世善堂藏書目有之，不知是何時本，今不可復得矣。

清馬國翰輯本一卷

《玉函山房叢書》本

《徐子》宋外黃人。

亡《漢志》著錄四十二篇。隋、唐《志》無，佚已久。

清馬國翰輯本一卷

《玉函山房叢書》本

《魯仲連子》

亡《漢志》著錄十四篇。《隋志》五卷，錄一卷。《舊唐志》五卷。《新唐志》一卷。《意林》、《宋志》仍云五卷。從庾仲容子鈔之舊題也。

清洪頤煊輯本一卷

《問經堂叢書·經典集林》内

馬國翰輯本一卷
　　《玉函山房叢書》本
嚴可均輯本一卷
　　《全上古三代文》卷八
黃以周輯本一卷
　　未刻

《虞氏春秋》虞卿也。

　　亡《史記・虞卿傳》云"不得志，乃著書，上採春秋，下觀近世，曰《節儉》、《稱號》、《揣摩》、《政謀》，凡八篇，以刺譏得失，世傳之曰《虞氏春秋》"。《漢志》著錄十五篇。

清馬國翰輯本一卷
　　《玉函山房叢書》本

附：《孔叢子》

偽《漢志》不著錄。《隋志》論語家始著錄七卷，題"陳涉博士孔鮒撰"。《唐志》同。先儒謂出王肅偽託，論之詳矣，不贅。其傳已久，附之。

　　明萬曆橘李馮夢禎《先秦諸子合編》本
　　程榮《漢魏叢書》本
　　潮州鄭氏龍谿精舍重刻程榮《漢魏叢書》本
　　何鏜《漢魏叢書》本
　　《子彙》本
　　鍾評《秘書七種》本
　　清康熙中孔氏刻本案，以上皆三卷。

宋宋咸《注》七卷
　　金山錢氏藏宋刻本
　　儀徵阮氏藏景鈔宋刻巾箱本阮氏《四庫未收書目提要》云"以世所傳三傳之本校之，戞然不同"。

浙江景刻宋巾箱本

杭州葉氏藏明翻宋本

四部叢刊景明翻宋本

指海續刻本

漢陸賈《新語》

殘《漢志》著錄《陸賈》二十三篇。《史記》、《漢書》本傳曰"賈凡著十二篇,號曰《新語》",此作二十三篇,蓋合他所論著計之。《史記正義》引梁《七錄》曰"《新語》二卷,陸賈傳",隋、唐《志》同,與今本和。王應麟曰"今存《道基》、《雜事》、《輔政》、《無爲》、《資質》、《至德》、《懷慮》七篇"。嚴可均曰"此書蓋宋時佚而復出,出而不全,至明弘治間莆陽李廷梧字仲陽得十二篇足本刻之。《羣書治要》載有八篇,其《辨惑》、《本行》、《明誠》、《思務》四篇皆非。王伯厚所見與明本相合"。

明弘治間李仲陽刻本

《四部叢刊》景李仲陽本

天啓中朱謀㙔序重刻李仲陽本

萬曆十年胡維新《兩京遺編》二卷本

《快閣藏書》本

程榮《漢魏叢書》本

何鏜《漢魏叢書》本

萬曆《子彙》本

陳明卿《秘書七種》本

鍾評《秘書七種》本

姜思復定本

天一閣刻本

《湖北先正遺書》景范氏天一閣本

江南圖書館藏盧文弨手校明鈔本

瑞安孫氏玉海樓傳錄宋翔鳳校本

清嚴可均《注釋》一卷
　　《龍谿精舍叢書》本
又《佚文》二卷
　　《四錄堂類集》

賈誼《新書》

殘《漢志》著錄《賈誼》五十八篇，本傳同。隋、唐《志》並作十卷。沈欽韓曰："《崇文總目》本七十二篇，劉向刪定爲五十八篇，隋、唐《志》皆九卷，今別本或爲十卷，蓋附誼《傳》，今佚二篇。"

　　明弘治乙丑沈頡刻本
　　正德十年乙亥吉藩刻本
　　四部叢刊景吉藩刻本
　　陸相補刊吉藩本
　　萬曆十年胡維新《兩京遺編》本
　　程榮《漢魏叢書》本
　　何鏜《漢魏叢書》本
　　《子彙》本
　　陳明卿《秘書七種》本
　　江南圖書館藏盧文弨手校明刻本
　　乾隆甲辰抱經堂校刻本
　　浙江書局《二十二子》重刻抱經堂本
　　《龍谿精舍叢書》重刻抱經堂本
　　《四部備要》據抱經堂本
　　王謨《西漢四大家書》本
　　戴望手校本未刻，瑞安孫氏玉海樓有傳鈔本
　　《屈賈文合編》本
　　日本《昌平叢書》本

明何孟春《訂注》十卷
　　江南圖書館藏明正德滇省刻本
清王耕心《次詁》十六卷
　　龍樹精舍刻本
劉師培《補釋》
　　《國粹學報》六十二期至七十一期
又《斠補》一卷
　　未刻案，此書與《補釋》内容相同，惟文字互有詳略。
又法信《補釋》
　　《國粹學報》三十四期、三十七期
又《遺文輯補》一卷
　　未刻
宋慈抱《音義》
　　未刻

董仲舒《春秋繁露》

存《漢志》《董仲舒》百二十三篇，六藝略春秋家《公羊董仲舒治獄》十六篇，無"繁露"之名。案，本傳"仲舒所著，皆明經術之意，及上疏條教，凡百二十三篇。而說春秋事得失，《聞舉》、《玉杯》、《蕃露》、《清明》、《竹林》之屬，復數十篇，十餘萬言"，是《蕃露》不在百二十三篇之中。蕃露，即繁露也。隋、唐《志》並著十七卷，與今本同，第篇第舛譌，似出於後人採掇也。

　　明正德丙子錫山華氏蘭雪堂活字本多誤字
　　嘉靖潙陽周大夫刻本
　　天啓王道焜刻本
　　程榮《漢魏叢書》本
　　何鏜《韓魏叢書》本
　　孫月峰《秘書七種書》本

鍾評秘書本
胡維新本
清乾隆董氏刻本
乾隆四十八年武英殿聚珍本
《四部叢刊》景聚珍本
閩覆聚珍本
乾隆乙巳抱經堂校刻本
浙江書局重刻抱經堂本
王謨《西漢四大家書》本

明吳建舉《節解》見《萬卷堂書目》
　　未見
清凌曙《注》十七卷
　　嘉慶乙亥凌氏蜚雲閣自刻本
　　《古經解彙函》本
　　《畿輔叢書》本
　　《龍谿精舍叢書》本
張駒賢《凌注校記》
　　《畿輔叢書》附凌注後
孫星華《校勘記》
　　光緒甲午刻本
蘇輿《義證》十七卷
　　宣統二年長沙刻本
董金鑑《集注》十七卷
　　長沙刻本
劉師培《斠補》三卷
　　自刻本
又《佚文輯補》一卷

自刻本

桓寬《鹽鐵論》

存《漢志》著錄六十篇,王應麟所見本十卷六十篇,今分十二卷,篇數同,然通行本仍只十卷。

丁雨生藏宋刻本

明弘治十四年涂禎覆刻宋九行本

倪邦彥重刻涂本

胡心耘藏元刻本

長沙葉氏觀古堂藏明刻本

《四部叢刊》景葉氏藏明刻本

明錫山華氏活字版本

胡維新本

程榮《漢魏叢書》本

沈廷餘刻本

清嘉靖丁卯張敦仁刻本 浦江周心如刻紛欣閣叢書本,即張氏原版。

海寧陳氏《古書叢刊》景張本

《龍谿精舍叢書》翻張本

《四部備要》據張本

王先謙校刻本

明張之象《注》

明嘉靖刻本

清盧文弨《校補》

《羣書拾補》中

孫星衍《論考》

張敦仁《考證》三卷 此係顧廣圻代張撰。

張刊本

《龍谿精舍叢書》本
　　《古書叢刊》景張本
王先謙《校勘小識》一卷
　　自刻本
王紹南《注》十卷
　　未刻

劉向《新序》

殘 《漢志》劉向所序六十七篇,注《新序》、《說苑》、《世說》、《列女傳頌圖》。本傳"向採傳記,著《新序》、《說苑》凡五十篇"。《隋志》、《新序》三十卷、《說苑》二十卷,卷即是篇,與《漢志》篇數合。今《新序》亡二十篇,存十篇。

　　北平圖書館藏元刻本
　　明黑口本
　　正德中楚藩刻本
　　江南圖書館藏嘉靖翻宋本
　　《四部叢刊》景嘉靖翻宋本
　　嘉靖中何良俊《新序》、《說苑》合刻本
　　經廠合刻本
　　袁宏道等合校刻本
　　胡維新本
　　程榮《漢魏叢書》本
　　何鏜《漢魏叢書》本
　　鐵琴銅劍樓藏校宋本
　　長洲蔣氏鐵華館放宋本
　　龍谿精舍重刻鐵華館本
　　陳壽祺校本 未刻
盧文弨《校語》

《羣書拾補》
又《逸文》
　　同上
戴清《正誤》
　　未刻

劉向《説苑》

殘嚴可均曰："宋本《説苑》有劉向序，言凡二十篇七百八十四章，今本《説苑》尚少一百四十五章，是亦非完書也。"
　　北平圖書館藏元刊本
　　鐵琴銅劍樓藏校宋本及元刊本
　　平湖葛氏傳樸堂藏明鈔北宋本
　　《四部叢刊》景明鈔本
　　明楚府本
　　萬曆丙申汾州刊本
　　胡維新本
　　《漢魏叢書》本
　　金豀王氏校刊本
　　龍豀精舍刻盧抱經校本
清盧文弨《校正》
　　《羣書拾補》中
又《逸文》
　　同上
戴清《説苑正誤》
日本尾張關嘉《纂注》
　　日本寬政六年刻本
剛本保孝《説苑考》

揚雄《太玄》

殘《漢志》揚雄敍三十八篇,注《太玄》十九、《法言》十三、《樂》四、《箴》二。陳振孫云:"《太玄》,本傳三方、九州、二十七篇、八十一家、二百四十三表、七百二十九贊,分爲三卷,有《首》《衝》《錯》《測》《攡》《瑩》《數》《文》《掜》《圖》《告》十一篇,與本經三卷,共爲十四卷。"朱一新"《太玄》本十四篇,據《別錄》有《玄問》一篇,疑即解難之類,合十五篇。《新論》亦稱經三篇,傳十二篇,與《別錄》合。本傳謂章句尚不存焉,則此亡佚四篇當爲章句無疑。"

  鐵琴銅劍樓藏宋鈔本

  明嘉靖中郝氏萬玉堂翻宋本_{《天禄琳琅後編》著録誤入宋版,實明刻也。}

  《四部叢刊》景萬玉堂本

  黄道周翻萬玉堂本

  江南圖書館藏明玉鏡堂放宋刊本_{與萬玉堂本同}

  萬曆中鄭樸刻本

  天啓中趙如淵校刻本

  王道焜校刻本

  趙明卿《秘書七種》本

  清道光辛卯孫澍《古棠書屋叢書》本

晉范望《解贊》十卷

  同上

宋司馬光《集注》十卷_{前六卷,光輯漢宋衷、吳陸績、晉范望、唐王涯、宋宋維幹、陳漸、吳秘七家《音》《釋》《解》《義》撰爲《集注》。後四卷,則光録同時人許翰所注也。}

  《道藏》本_{無後四卷}

  涵芬樓《道藏舉要》景《道藏》本

  嘉慶庚午陶氏五柳居校宋鈔刻本

  成都存古書局刻本

明葉子奇《本旨》五卷

  明刻本

清牟庭初《注》十卷_{附子雲絶句十一首}

未刻

揚雄《法言》
    存
    宋治平監本
    嘉慶二十三年秦恩復石研齋景刻宋治平監本
    《四部叢刊》景秦刻本
    《湖北先正遺書》景秦刻本
    浙江書局《二十二子》重刻秦本
    《四部備要》據秦本
    鐵琴銅劍樓藏元刊纂圖互注十卷本 此據宋監本付刊
    何焯校宋本
    新安山人校宋本
    莫友芝藏元刊《六子》本
    明賀泚校刻本
    重刻小字本
    程何《漢魏叢書》本
    焦竑《九子全書》本
    張賓王《秘書七種》本
    吳勉學本
    謝其盛本
    清王謨《西漢四大家書》本
    李賡芸刻抱經堂校定本
    湖北局本
晉李軌《解》一卷
    散見上
宋司馬光《注》十卷 又稱"五臣注"，《四庫提要》曰："《法言》自漢以來有侯芭《注》六卷、宋衷《注》十三卷、李軌《解》一卷、辛德源《注》二十三卷，又有柳宗元《注》、宋咸《廣注》、吳秘《注》，至光之時，惟柳宗元、宋咸、李軌、吳秘之注尚存，故光袞合四家，增以己意而爲此書。"

  世德堂《六子》本

  《十子全書》本

劉師培《斠補》一卷

  未刻

又《佚文》

  未刻

汪榮寶《疏證》四卷

汪東《疏證別錄》

  《華國月刊》

二、道家

《伊尹書》湯相

  亡《漢志》著錄五十一篇，又小說家《伊尹說》二十七篇。隋、唐《志》無，佚已久。清馬國翰輯本一卷小說家之《伊尹說》，馬氏不能加以分別矣。

  《玉函山房叢書》本

嚴可均輯本一卷

  《全上古三代文》卷一

《太公金匱》

  亡《漢志》著錄《太公》二百三十七篇，《謀》八十一篇、《言》七十一篇、《兵》八十五篇。沈欽韓曰："《言》者，即《太公》之《金匱》。"黃以周曰："《金匱》，古人本稱金版。《文選》注引《金匱》之言曰'請著金版，其命書之'義也。"《隋志》：《金匱》二卷。

清洪頤煊輯本一卷

  《問經堂叢書・經典集林》内

嚴可均輯本一卷

《全上古三代文》卷七
黄以周輯本一卷
　　未刻

附:《六韜》

疑僞《漢志》:《太公書》下云"《兵》八十五篇",無《六韜》之名,儒家有《周史六弢》,蓋《大弢》之譌。顏師古牽合附會,非也。惟《莊子·徐無鬼》篇"女商請金版六弢","六弢"當即謂此。《隋志》始著録五卷,注梁六卷。今傳六卷本與《羣書治要》異,乃元豐間刪定本,即《通志》所載改正四卷本也,已非梁、隋之舊,宋儒多斥其僞。《四庫書提要》言之尤詳,不贅。惟其傳已久,附之。

　　常熟瞿氏鐵琴銅劍樓錢孝脩景宋鈔本
　　《四部叢刊》景印錢孝脩景宋鈔本
　　嘉慶乙丑平津館校刻本
　　長恩書室重刻平津館本
清孫同元《輯佚文》
　　附平津館校刻本後
黄奭《輯佚文》
　　《戴學堂叢書》本
嚴可均《輯佚文》一卷
　　《全上古三代文》卷六

《辛甲書》紂臣,七十五諫而去,周封之。
　　亡《漢志》著録二十九篇。隋、唐《志》不著録,佚已久。
清馬國翰輯本一卷
　　《玉函山房叢書》本

《鬻子》名熊,爲周師,自文王以下問焉,封爲楚祖。

殘《漢志》著録二十二篇,又《鬻子説》十九篇在小説家,注"後世所加"。今存一卷十四篇。唐永徽中,逢行珪所上庾仲容子鈔云"六篇",馬總《意林》同。宋高似孫疑爲漢儒綴輯。李仁父、王弇州、楊用修、姚際恒、畢沅、《四庫提要》則皆疑其爲僞。隋、唐《志》並録此書。《隋志》道家一卷,小説家無。《舊唐志》小説家一卷,道家無。《新唐志》同《隋志》,蓋本一書而轉輾相隸,其文有僞。《列子》所引不合,而視《賈子》所引相符,則其出於漢儒綴輯説或可信,故不入附。

  正統十年《道藏》逢注二卷本

  弘治中明楊一清校五子本

  《二十二子全書》本

  嘉靖方凝《十二子》本

  《十二子》本(非方本)

  嘉靖五年刊《五子全書》本

  謝其盛本

  《子彙》本

  《先秦諸子合編》本

  清聚珍本

  閩翻聚珍本

  《墨海金壺》本

  《守山閣叢書》本

  《崇文百子》本(未善)

  盧靖《湖北先正遺書》本

唐逢行珪《注》

宋陸佃校本十五卷瑣碎殊甚

清錢熙祚《校勘記》

  《守山閣叢書》本

又《逸文》

  同上

嚴可均《佚文》
　　《全上古三代文》卷九
葉德輝《輯佚文》二卷
　　《觀古堂叢書》刻本

《筦子》名夷吾,相齊桓公,九合諸侯,不以兵車也。

　　殘《漢志》著録八十六篇,至梁、隋時亡《謀失》、《正言》、《封禪》、《言昭》、《修身》、《問霸》、《牧民解》、《問乘馬》、《輕重丙》、《輕重庚》十篇,宋時又亡《王言》篇,今分二十四卷。考《文選》陸機《猛虎行》注引《管子》佚文一條,不知屬於何篇。

　　士禮居藏宋紹興本
　　聊城楊氏藏宋本
　　常熟瞿氏藏鐵琴銅劍樓藏宋隆興二年楊忱刻本
　　《四部叢刊》景楊忱刻本
　　清光緒間張瑛覆宋楊忱刻本
　　任蔣橋顧氏藏宋刻小字本
　　陸敕先校宋本
　　豐城丁氏藏校元本
　　萬曆壬午常熟趙用賢校刻本即《管》《韓》合刻本,從楊忱本出。
　　浙江書局《二十二子》重刻趙用賢本
　　《四部備要》據趙用賢本
　　吳勉學《二十子》本
　　《十子全書》本
　　《中都四子》本
　　萬曆中立《四子》本
　　明天啓花齋原刻本
　　聚文堂重刻花齋本
　　《秘書七種》本

閔氏刻朱墨本

李氏放宋刻本

唐尹知章《注》舊題房玄齡注，晁公武《郡齋讀書志》定爲尹知章，房注見林佑指略序，尹注見《唐書》本傳，或房創而尹繼也。殊陋。

明劉績《補注》

別下齋蔣氏藏本

許光清校景宋本

趙用賢刻本

《中都四子》本

《湖北先正遺書》景《中都四子》本

朱長春《劉注參補》

清宋翔鳳《識誤》一卷

原刻本

《周秦諸子校注十種》景原刻本

洪頤煊《義證》八卷

傳經堂本

《積學齋叢書》本

戴望《校正》二十六卷

家刻本

上海中國書店《清代學術叢書》景家刻本

張佩綸《管子學》不分卷，十二冊。

景印原稿本

劉師培《斠補》

《國粹學報》八十期至八十二期

章炳麟《餘義》一卷

《章氏叢書》本

尹桐陽《新釋》

范耕研《集證》二十六卷
　　未刻
日本安井衡《纂詁》二十四卷
　　嘉慶乙丑江户書林玉山堂刊本
清王紹蘭《地圓篇注》四卷
　　胡燏棻校刊本
莊述祖《弟子職集解》一卷
　　《珍蓺宧遺書》本
　　遵義唐氏重刻本
　　蘇州書局重刻本
　　端溪書院重刻本
　　章氏《式訓堂叢書》重刻本
　　朱氏《槐廬叢書》重刊本
　　貴筑黄彭年校刻本附《考釋》、《釋音》各一卷
洪亮吉《弟子職箋釋》一卷
　　《北江遺書》本
王貞《弟子職詁》一卷
王元啓《弟子職補注》一卷
王紹蘭《弟子職古本考》一卷
王筠《弟子職正音》一卷
　　咸豐二年鄂宰四種本
　　式訓堂重刻本
　　福山王懿榮刻《天壤閣叢書》本
鍾廣《弟子職音誼》一卷
　　家刻本
　　光緒十六年校補本
　　中國學會影印《周秦諸子校注十種》本

《老子》姓李,名耳。

　　存《漢志》有《鄰氏經傳》四篇、《傅氏經説》三十七篇、《徐氏經説》六篇,劉向《説老子》四篇,並亡。今《老子》經不詳何本。董思靖《道德經集解》序説引《七略》謂劉向定著二篇八十一章,上經三十四章,下經四十七章。今本亦八十一章,猶劉本之舊,惟分上經三十七章,下經四十四章,則又異矣。通行河上公注,亦非真書,蓋魏晉間人僞作。

　　常熟瞿氏鐵琴銅劍樓藏南宋建安虞氏刊四卷本孝宗以後刻

　　涵芬樓影瞿氏南宋本

　　宋龔士卨編建陽麻沙書坊《纂圖互注五子》二卷本

　　元刻本

　　《道藏》本

　　涵芬樓《道藏舉要》景印《道藏》本

　　嘉靖癸巳顧春世德堂本

　　嘉靖戊戌周藩《道書全集》本

　　新安吳勉學《二十子》本

　　萬曆六年謝其盛《二十家子書》本

　　焦竑《九子全書》本

　　《十子全書》本

　　《秘書》本

魏王弼《注》二卷

　　燉煌石室唐寫本

　　日本集唐字本

　　《古逸叢書》影印集唐字本

　　《道藏》四卷本

　　涵芬樓《道藏舉要》景印《道藏》本

　　《聚珍版叢書》本

　　閩覆聚珍本

　　杭縮聚珍本

南昌局重刻聚珍本
　　浙江書局《二十二子》校刻華亭張氏本
　　《四部備要》據華亭張氏本
近人羅振玉《王弼注唐寫本校字記》
　　《國學叢刊》本
清嚴可均《輯魏鍾會等注》一卷
　　見《四錄堂類集目》，未刻
唐陸希聲《道德經傳》四卷
　　《道藏》本
　　涵芬樓《道藏舉要》景印《道藏》本
唐張君相《道德真經集解》八卷
　　《道藏》本
　　涵芬樓《道藏舉要》景印《道藏》本
唐玄宗《御製道德真經疏》四卷
　　《道藏》本
　　涵芬樓《道藏舉要》景印《道藏》本
唐陸德明《音義》
　　《經典釋文》中
《老子義》
　　燉煌石室碎金本
宋林希逸《鬳齋口義》二卷
　　嘉靖刻本
　　萬曆精刊《三子口義》本
　　《道藏》四卷本
　　涵芬樓《道藏舉要》景印《道藏》本
董思靖《道德真經集解》四卷本
　　《道藏》本

涵芬樓《道藏舉要》景印《道藏》本
　　《十萬卷樓叢書》本
顧歡《道德真經疏》（注取河上公）
　　吳興劉氏嘉業堂刊本
金趙秉文《集解》四卷
　　《十萬卷樓叢書》本
元吳澄《道德真經注》四卷
　　《道藏》本
　　涵芬樓《道藏舉要》景印《道藏》本
明焦竑《老子翼》三卷、《考異》一卷
　　明刊本
　　《金陵叢書》本
　　漸西村舍刻本
朱得之《通義》二卷
　　嘉靖刻《三子通義》本
薛蕙《集解》二卷、《考異》一卷
清畢沅《考異》二卷
　　乾隆癸卯《經訓堂叢書》本
　　日本昌平黌官板六然堂《昌平叢書》本
姚鼐《章義》二卷
　　吳啓昌刊本
近人李大防《姚本集注》二卷
　　石印本
清牟庭初《繹老》
　　未刻
又《道德經釋文》
　　未刻

高延第《正義》二卷
　　《老莊正義》合印本
　　景印合印本
魏源《本義》二卷
　　漸西村舍本
嚴可均《唐本考異》一卷案,此據易州碑本、傅奕古本、明皇注本與《釋文》互校。
　　未刻
馬其昶《老子故》
嚴復《老子道德經評點》二卷頗多新解
　　商務印書館排印本
易順鼎《讀老札記》二卷、《補》一卷
　　巾箱本
羅振玉《道德經考異》二卷
　　自刻《永豐鄉人稿續集》本
鄭環《老子本義》
　　未刻
劉師培《斠補》二卷
　　《中國學報》第二册至五册
　　《武昌高師國學卮林》(僅上卷)
又《老子韻表》
　　丙午《國粹學報》
馬敍倫《老子覈詁》四卷
　　民國十四年排印本
楊樹達《古義》三卷
　　中華書局排印本
李翹《古注》三卷
王重民《老子考》七卷

民國十六年北京排印本
日本大田敦叔《全解》五卷
　　　日本刊本

附：《文子》老子弟子，與孔子並時，而稱周平王問，似依託者也。
　　　偽《漢志》著録九篇。《隋志》著録十二卷，注"《七略》有九篇，梁《七録》十卷，亡"，豈《七略》本亡而十二卷偽本行邪？今分二卷，篇仍十二，與《隋志》合。
　　　新安吳勉學《二十子》本
　　　謝其盛本
唐徐靈府《通玄真經注》十二卷
　　　宋刊本
　　　長洲茂苑蔣氏鐵華館叢書放宋本
　　　常熟瞿氏鐵琴銅劍樓藏宋刻本《道藏》本
　　　涵芬樓《道藏舉要》景《道藏》本
朱弁《通玄真經注》七卷
　　　《道藏》本
　　　涵芬樓《道藏舉要》景《道藏》本
杜道堅《纘義》十二卷
　　　明道潛堂本
　　　《道藏》本（足本）
　　　涵芬樓《舉要》景《道藏》本
　　　清《聚珍版叢書》本 自《永樂大典》輯出，內闕五篇，非足本。
　　　閩覆本
　　　杭覆本
　　　浙局《二十二子》覆聚珍本
　　　《四部備要》據聚珍本
徐、朱、杜《合注》十二卷

明楊尒曾刻本
清俞樾《讀文子》一卷
《俞樓雜纂》本

《關尹子》名喜,爲關吏,老子過關,喜去吏而從之。

偽《漢志》著録九篇,佚。今本一卷,宋人偽作。

萬曆《先秦諸子合編》本

《子彙》本

謝其盛本

吳勉學本

《十二子書》本非方凝

清《墨海金壺》本

守山閣本

《四部備要》據守山閣本

《珠叢別録》本

杜道堅《闡玄》三卷錢遵王《讀書敏求記》曾著録,今未見。

陳顯微《文始真經言外旨》一卷

《道藏》本

涵芬樓《道藏舉要》景印《道藏》本

清嘉慶間蔣元庭《道藏輯要》本傳本甚少

《莊子》名周,宋人。

殘《漢志》著録五十二篇。晉司馬彪注二十一卷,孟氏注十八卷,皆爲五十二篇。書已亡。郭象注三十三卷三十三篇,即今郭注本。

燉煌石室南華真經碎金本

北宋大字刻殘本

南宋大字刻殘本

涵芬樓《續古逸叢書》合景南北宋大字本

常熟瞿氏鐵琴銅劍樓藏元重刻南宋書坊本

清沈寶賢校宋本

涵芬樓《四部叢刊》朱墨景沈寶賢校宋本

明周之嶧刻本

嘉靖癸巳胡氏世德堂《六子》大字本

上海右文社景世德堂本

浙局《二十二子》覆世德堂本

《四部備要》據世德堂本

明謝其盛本

吳勉學三卷本

《八子書》本

《中都四子》本

萬曆刻本

閩刻三色套印子十六卷本

《格致叢書》本

日本元文年刻本元文當我乾隆初

晉郭象《注》三十三卷、清孫馮翼輯晉司馬彪《注》一卷附錄《逸篇》又附《考逸》一卷

嘉靖七年問經堂本

道光十四年高郵茆氏《十種古逸書》本

黃奭輯司馬彪《注》

《漢學堂叢書子史鉤沈》本

唐成玄英《南華真經注疏》三十五卷

宋大字本

《古逸叢書》景印宋大字本

《道藏》本

涵芬樓《道藏舉要》景印《道藏》本

《道藏輯要》本

宋王雱《新傳》二十卷、《拾遺》一卷

《道藏》本

涵芬樓《道藏舉要》景印《道藏》本

林希逸《口義》三十二卷

常熟瞿氏藏元刻十卷本

《道藏》本

涵芬樓《道藏舉要》景印《道藏》本

萬曆精刻《三子口義》本

褚伯秀《義海纂微》一百六卷

《道藏》本

涵芬樓《道藏舉要》景印《道藏》本

元吳澄《內篇訂正》二卷

同上

明焦竑《莊子翼》八卷

明刻本

《金陵叢書》本

楊慎《闕誤》一卷、附錄一卷

明刻本

函海本

孫應鼇《要刪》十卷

明刻本

朱得之《通義》十卷

清王夫之《莊子解》三十二卷

《船山叢書》本

又《莊子通》一卷

同上
王懋竑《存校》一卷
姚鼐《章義》五卷
　　題襟館刻本
吳世尚《輯解》十二卷
　　《貴池先哲叢書》本
陳壽昌《正義》四卷、《識餘》三種三卷
　　怡顏齋刻本
劉鴻典《約解》
　　家刊本
郭慶藩《集釋》十卷
　　光緒二十年長沙思賢講舍刻本
王先謙《集解》八卷
　　宣統間長沙思賢講舍刻本
　　涵芬樓景印思賢講舍本
王闓運《王氏注》不分卷
　　長沙思賢講舍刻本
李大防《王本集注》不分卷
　　石印本
馬其昶《莊子故》八卷
　　《集虛草堂叢書》本
廖平《新解》
又《敍意》
陶鴻慶《札記》
劉師培《斠補》一卷
　　自刻本 又載《中國學報》第一冊
章炳麟《解故》一卷

《章氏叢書》本
馬敍倫《義證》
　　自刻本不全
　　商務印書館排印本
阮毓崧《集注》稿本
　　中華書局景印本
奚侗《補注》四卷
　　南京排印本
陳守玄先生《内篇學》
　　排印本
章炳麟《齊物論釋》二卷
　　《章氏叢書》本
顧實《天下篇講疏》
　　《東南大學叢書》本
錢基博《天下篇疏記》
　　商務印書館《萬有文庫》本
陳守玄《天下篇集解》
　　未刻
宋王應麟《莊子逸文》
　　玉海本
　　一瓻筆存本道光時有鈔本
清黄奭《逸莊子》
　　《子史鉤沈》本
蔣超伯《莊子逸文》
　　《南漘楛語》中
馬敍倫《莊子逸文》
　　附《義證》中

劉鴻典《莊子逸語》
　　家刊本

附：《列子》名圄寇，先莊子，莊子稱之。
　　僞《漢志》著錄八篇，久佚。今本八篇蓋魏晉間僞書，前人辨之詳矣。
　　《道藏》本
　　涵芬樓《道藏舉要》景印《道藏》白文三卷本
　　謝其盛本
　　吳勉學本
　　《八子書》本
　　《十子全書》本
　　明焦竑《九子全書》本
晉張湛《注》八卷
　　常熟瞿氏鐵琴銅劍樓藏北宋刊本沖虛善本當以此爲第一
　　涵芬樓《四部叢刊》景瞿氏北宋本
　　聊城楊氏校宋本
　　常熟瞿氏鐵琴銅劍樓藏元末書肆刻本
　　世德堂本
　　民國三年上海右文社景印明世德堂本
　　浙局覆世德堂本
　　《四部備要》據世德堂本
　　清乾隆五十二年任大椿燕禧堂刻本
　　嘉慶癸酉湖海樓汪繼培校刻本
　　長洲蔣氏鐵華館覆宋刻本
唐殷敬順《釋文》二卷
　　任大椿校刊本
　　湖海樓刻本

《周秦諸子校正十種》本
宋陳景元《釋文補遺》
　　《湖海樓叢書》本
清任大椿《釋文考異》
　　　燕禧堂刻本附
　　　乾隆間單行本
　　　《周秦諸子校正十種》本
唐盧重玄《注》八卷 此注已殘，從道藏中和光散人高守元《沖虛至德真經四解》之内録出刊之，《楊朱》一篇注佚其半。
　　　嘉慶八年秦恩復校刻本
宋江遹《沖虛至德真經解》八卷
　　　元刻本
　　　《道藏》本
　　　涵芬樓《道藏舉要》景印《道藏》本
　　　明刻本
　　　《道藏輯要》本
金高守元《沖虛至德真經四解》二十卷 此書集録張湛、盧重玄及宋徽宗、范致虛四家注。
　　　《道藏》本
　　　涵芬樓《道藏舉要》景印《道藏》本
明朱得之《通義》八卷
　　　嘉靖刊本
今人王重民《列子校釋》
　　　《國立北平圖書館月刊》第三卷第一、二兩號
厶氏《湯問篇意多出於波斯印度六甲五龍考》
　　　《通學彙編》本

《公子牟書》魏之公子也,先莊子,莊子稱之。

亡《漢志》著録四篇,隋、唐《志》無,佚已久。

清馬國翰輯《公子牟子》一卷

《玉函山房叢書》本

《田子》名駢,齊人,遊稷下,號"天口駢"。

亡《漢志》著録二十五篇,隋、唐《志》無,佚已久。

清馬國翰輯本一卷

《玉函山房叢書》本

《老萊子》楚人,與孔子同時。

亡《漢志》著録十六篇,《史記·老子傳》作十五篇。隋、唐《志》無,佚已久。

清馬國翰輯本一卷

《玉函山房叢書》本

《黔婁子》齊隱士,守道不詘,威王下之。

亡《漢志》著録四篇,《廣韻》去聲十九侯"婁"字注下引《漢志》有《贛婁子》,著書與今本異。隋、唐《志》皆不著録,佚已久。

清馬國翰輯本一卷

《玉函山房叢書》本

《鶡冠子》楚人,居深山,以鶡為冠。

疑《漢志》著録一篇。隋、唐、宋《志》、《崇文書目》、《書録解題》俱作三卷。《讀書志》、《通志》俱作八卷。晁氏曰:"今書八卷,前三卷十三篇,與今所傳《墨子》書同;中三卷十九篇,唐韓愈所稱《博選》、《學問》兩篇皆在,柳宗元非之者,《篇名》、《世兵》亦在;後兩卷有十九論,多稱引漢以後事,皆後人雜亂附益之,今削去前後五卷,止存十九篇,庶得其真。"則晁氏所見竟多至五十一篇矣。今本三卷十九篇,當即晁氏削去之本。三卷本及八卷本皆非《漢志》之舊。沈欽韓曰："其中龐煖論兵法，《漢志》本在兵家，爲後人傅合耳。"

江陰繆氏藏明翻宋本

涵芬樓《四部叢刊》景印繆氏明翻宋本

《道藏》本

涵芬樓《道藏舉要》景印《道藏》本

雙鑑樓巾箱《道藏》本

弘治中楊一清校《五子》本

嘉靖《五子全書》大字本<small>此據元大德八年任仁發抄重刻，爲此書第一古本，版式似世德堂。</small>

萬曆《先秦諸子合編》本

《子彙》本

陳明卿《秘書七種》本

《十子全書》本

《十二子》本

清《聚珍板叢書》本

沔陽盧靖《湖北先正遺書》景聚珍本

閩覆聚珍本

《學津討源》本

儀徵張丙炎刻《榕園叢書》重刻《討源》本

瓶花齋本

初唐人寫厶氏《注》<small>傅增湘《跋》云："撰著者不著何人，以初唐人書測之，則撰者當爲隋以前人矣。注文說理深摯而筆勢廉銳，大非陸農師循文敷衍可比。"</small>

江安傅氏藏貞觀三年五月燉煌教授令狐衰傳寫卷子殘本<small>案，傅氏云："凡二十六紙，每紙二十八行，每行十七字，都七百二十行，不標篇名。"傅氏《跋》見《國立北平圖書館月刊》第三卷第六號。</small>

宋陸佃《注》三卷

清王仁俊《間詁》

未見

王闓運《注》一卷

　　《湘綺樓全書》本

今人孫仁和《校正》

　　《國立北平圖書館月刊》第三卷第二號

《鄭長者書》六國時，先韓子，韓子稱之。

　　亡《漢志》著録一篇，慧苑《華嚴經音義》下引應劭曰："春秋之末，鄭有賢人，著書一篇，號《鄭長者》。"隋、唐《志》無，佚已久。

清馬國翰輯本一卷

　　《玉函山房叢書》本

三、陰陽家

《宋司星子韋書》景公之史。

　　亡《漢志》著録三篇。隋、唐《志》無，佚已久。

清馬國翰輯本一卷只《吕氏春秋·制樂》篇一節

　　《玉函山房叢書》本

《鄒子》名衍，齊人，爲燕昭王師，居稷下，號"談天衍"。

　　亡《史記·孟荀列傳》云"騶衍睹有國者益淫侈，不能尚德，若《大雅》整之於身，施及黎庶矣。乃深觀陰陽消息而作怪迂之變，《終始》、《大聖》之篇十餘萬言。其語閎大不經"，又云"要其歸，必止乎仁義節儉君臣上下六親之施，始也濫耳"。又《封禪書》云"鄒子以陰陽主運"，裴駰《集解》如淳曰："今其書有《主運》。"《漢志》：《鄒子》四十九篇、《鄒子終始》五十六篇。隋、唐《志》無，佚已久。

清馬國翰輯本一卷《鄒子》與《鄒子終始》不能分別，一併輯録，後附《黄帝終始傳》。

　　《玉函山房叢書》本

四、法家

《李悝法經》悝相魏文侯，富國强兵。

　　疑《漢志》：《李子》三十二篇，不言《法經》。後魏《刑罰志》始言"商君以《法經》六篇入秦"。《晉書・刑法志》云"李悝撰次諸國法，著《法經》，以爲王者之政，莫急於盜賊，盜賊須劾捕，故著《網捕》一篇，其《輕狡》、《越城》、《博戲》、《借假》、《不廉》、《淫侈》、《逾制》以爲《雜律》一篇，又以其律具有加減，是故所著六篇而已"。《唐六典》注云"六法：一盜法，二賊法，三囚法，四捕法，五雜法，六具法"。孫星衍《李子法經序》謂即《李子》三十二篇。疑莫能定。

清黃奭輯本一卷

　　《漢學堂叢書》本

《商君書》名鞅，姬姓，衛後，相秦孝公。

　　殘《漢志》著録二十九篇。《隋志》五卷。《新唐志》作《商子》。晁公武《郡齋讀書志》云"今亡三篇"。嚴萬里《校敍目》云"今二十六篇，又亡其二，實二十四篇"。考所謂亡三篇者，《羣書治要》載"商鞅六法篇，餘不可考"。所謂又亡其二者，《刑賞》第十六及無目之第二十一兩篇也。

　　　明天一閣五卷本

　　　涵芬樓《四部叢刊》景印天一閣本

　　　《先秦諸子合編》本

　　　程榮《漢魏叢書》本

　　　吳勉學《二十子》本

　　　明《十二子》本

　　　道光癸卯《指海》本

　　　嚴可均校本未刊。端安孫氏玉海樓有傳録本，繆荃孫謂平津館有別刻本，誤。

　　　《問經堂叢書》孫馮翼校本

　　　杭局《二十二子》嚴萬里校本

　　　《四部備要》據西吳嚴萬里校本

王仁俊《商君書微》二十六篇篇數疑誤

未見
朱師轍《解詁》五卷、附錄二卷
　　　石印本
王時潤《集解》五卷
　　　排印本
陶鴻慶《札記》

《申子》名不害，京人，相韓昭侯，終其身，諸侯不敢侵韓。

　　亡《史記》本傳言申子之學本於黃老而主刑名，著書二篇，號曰《申子》。《七略》云"今民間所有上、下二篇，中書六篇，皆合二篇，已備，過太史公所記"。（王應麟引《史記》本傳注與今《史記集解》微異。）《漢志》著錄六篇，據中秘書言也。《七錄》三篇（《史記》本傳《正義》引。）《隋志》云"梁有《申子》三卷，亡"。新、舊《唐志》仍以三卷著目。今佚。其篇目之可考者，《淮南子·泰族訓》云"今商鞅之《開塞》，申子之《三符》，韓非之《孤憤》"，是《申子》有《三符》篇也。《太平御覽》卷二百二十一引《七略》云"孝宣皇帝重申不害《君臣》篇"，《羣書治要》載有《大體》篇，其他已不可徵。

清馬國翰輯本一卷黃以周云"未盡善"。
　　《玉函山房叢書》本
嚴可均輯本一卷黃以周云"遺漏尚多"。
　　《全上古三代文》卷四
黃以周輯本一卷
　　未刻
王時潤《輯佚文》
　　排印本

《慎子》名到，先申、韓，申、韓稱之。

　　殘《史記·孟荀列傳》曰"慎到，趙人，學黃老道德之術，故著十二論"。《漢志》著錄四十二篇。隋、唐《志》皆十卷。《崇文總目》三十七篇。《書錄解題》稱麻沙刻本纔五篇。王應麟《漢志考證》云"《漢志》四十二篇，今三十七篇，亡，惟有《威德》、《因循》、《民雜》、《德立》、《思人》五篇"。滕輔注明刻本亦皆五篇。嚴可均從《羣書治要》寫出七篇,有注,即滕輔注,其多出之篇曰《知忠》,曰《君臣》,其《威德》篇多出二百五十三字。雖亦節本,視陳振孫所見本爲勝。

  明愼懋賞輯刻附注解本

  江陰繆氏藕香簃據愼懋賞本迻寫鈔本附《補遺校記》

  涵芬樓《四部叢刊》景印藕香齋鈔本

  《先秦諸子合編》本

  《子彙》本

  錢熙祚道光辛丑《守山閣叢書》本

  《四部備要》守山閣本

  《墨海金壺》本

  中國學會三種合帙本

  王繼堂《二十二子全書》本

晉滕輔《注》《藝文類聚》卷六十有漢滕輔祭牙文,《隋志》梁有《晉太學博士滕輔集》,此注爲漢爲晉,不可定,姑從《隋志》。

清錢熙祚《輯佚文》

  《守山閣叢書》本

  《四部備要》據守山閣本

嚴可均輯七篇本

  四錄堂本

《韓子》名非,韓諸公子,使秦,李斯害而殺之。

  存《漢志》著錄五十五篇,今本同,分二十卷。

  宋乾道本

  嘉慶戊寅全椒吳氏景刻乾道本精

  杭局《二十二子》重刻吳本

  日本放吳本

陳氏《古書叢刊》景吳本
　　　《四部備要》據吳本
　　　錢氏述古堂景宋鈔校本
　　　涵芬樓《四部叢刊》景印述古堂景宋鈔本
　　　《道藏》本
　　　涵芬樓《道藏舉要》景印《道藏》本
　　　萬曆壬午趙用賢校刊本
　　　杭州蔣氏藏周孔教刊大字本
　　　吳勉學本
　　　《十子全書》本
　　　中立四子集本
　　　閔刻硃墨套印本
　　　《秘書七種》本
　　　焦竑《九子全書》本
　　　天啓錢唐趙如源、王道焜校刻本
清顧廣圻《識誤》三卷
　　　附刻吳氏景乾道本
　　　浙局《二十二子》重刻吳本
牟庭初《校正》
王先愼《集解》二十卷附《考證》、《佚文》一卷
　　　光緒二十二年長沙思賢講舍刻本
　　　商務印書館《萬有文庫》本
李笠《集解校補》
　　　《中央大學季刊》第一期 未全
劉師培《斠補》一卷
尹桐陽《新釋》
　　　排印本

孫楷第《讀韓非子劄記》

  《北平圖書館月刊》三卷六號

孫仁和《舉正》

  《北平圖書館月刊》第五卷一號

日本松澤圓《韓非子纂聞》十一卷

太田方《翼毳》十一卷

岡本保孝《疏證》

依田利用《校注》二十卷 頗精博

加賀津田《解詁》二十卷、附錄一卷

  大阪府下書肆大野木市兵衛刊本

物茂卿《讀韓非子》二十卷

蒲阪圓《讀韓非子》

五、名家

《鄧析子》鄭人，與子產並時。

  存《漢志》著錄二篇，今本同。崇文書局言劉歆校爲二篇。嚴可均云："今本即歆所分，而前有劉向奏稱除重複重爲一篇者，蓋歆冠以向奏，唐本相承如此也。"

  陸費墀藏宋本

  常熟瞿氏鐵琴銅劍樓藏宋本

  明初刻黑口本

  海寧陳氏景印黑口本

  江南圖書館藏明初刻本

  涵芬樓《四部叢刊》景印明初刻本

  《先秦諸子合編》本

  《十二子》本

  《子彙》本

  嘉靖刻本

　　　　孫月峰評點本

　　　　清錢熙祚本

　　　　道光癸卯《指海》本

　　　　《四部備要》據《指海》本

　　　　瓶花齋本

　　　　王纘堂《二十二子全書》本

　　　　同治壬申江山劉履芬覆巾箱本

　　　　嚴可均校刻本_{改補五十餘事，舊三十二章合併爲三十一章。}

譚儀《校文》

　　　　原刻本

馬敍倫《校錄》一卷

　　　　《天馬山房叢書》本

附：《尹文子》_{說齊宣王，先公孫龍。}

　　僞《漢志》著錄一篇。隋、唐《志》二卷。今本《尹文子》上、下二篇，詞說庸近，復有殘闕，前人論之詳矣。

　　　　宋古迂陳氏刻本

　　　　《道藏》本

　　　　江安傅氏雙鑑樓景印道藏巾箱本

　　　　涵芬樓《道藏舉要》景印《道藏》本

　　　　嘉靖五年歐陽清序刻《五子全書》大字本

　　　　弘治中楊一清校《五子》本

　　　　嘉靖五年《五子全書》大字本

　　　　《先秦諸子合編》本

　　　　謝其盛本

　　　　《子彙》本

　　　　《十二子書》本_{非方凝}

《二十二子全書》本

梁杰訂本

清肅山陳春刻《湖海樓叢書》汪繼培校本

《墨海金壺》本

道光辛丑《守山閣叢書》錢熙祚校本

《四部備要》據錢本

中國書店嚴可均校《道藏》本

錢熙祚《校勘記》

附守山閣本

孫詒讓《宋本尹文子校文》

《札迻》中

王時潤《校錄》一卷

排印本

《公孫龍子》趙人。

殘《漢志》著錄十四篇。《隋志》不著錄。《舊唐志》三卷。《通志》一卷,亡八篇,則殘於宋矣。今本只六篇。

《道藏》本

江安傅氏雙鑑樓景印道藏巾箱本

涵芬樓《道藏舉要》景印《道藏》本

梁杰訂本

弘治中楊一清校《五子》本

嘉靖五年《五子全書》大字本

《先秦諸子合編》本

謝其盛本

《子彙》本

《十二子》本

　　　　又《十二子》本
　　　　《二十二子全書》本
　　　　《墨海金壺》本
　　　　守山閣本
　　　　《四部備要》據守山閣本
　　　　中國書店嚴可均校《道藏》本
　　　　王時潤校本
宋謝希深《注》
清陳澧《注》
辛從益《注》
　　　　《豫章叢書》本
王琯《縣解》（不分卷二冊）
　　　　中華書局聚珍本
金受申《釋》
　　　　商務印書館排印本

《惠子》名施，與莊子並時。
　　　亡《漢志》著錄一篇。隋、唐《志》無，佚已久。
清馬國翰輯本一卷
　　　　《玉函山房叢書》本

六、墨家

《尹佚書》周臣，在成康時也。
　　　亡《漢志》著錄二篇。隋、唐《志》無，佚已久。
清馬國翰輯本一卷
　　　　《玉函山房叢書》本
嚴可均輯本一卷

《全上古三代文》卷一

《田俅子》先韓子
　　亡《漢志》著錄三篇。《隋志》一卷,亡。唐《志》無,佚已久。
清馬國翰輯本一卷
　　《玉函山房叢書》本

《隨巢子》墨翟弟子。
　　亡《漢志》著錄六篇。隋、唐、《通志》皆一卷,蓋亡於宋。
清馬國翰輯本一卷
　　《玉函山房叢書》本
嚴可均輯本一卷
　　未刻
孫詒讓輯本
　　《墨子閒詁》附錄

《胡非子》墨翟弟子。
　　亡《漢志》著錄三篇。隋、唐、《通志》皆一卷,亦亡於宋。
清馬國翰輯本一卷
　　玉函山房叢書本
孫詒讓輯本
　　《墨子閒詁》附錄

《墨子》名翟,爲宋大夫,在孔子後。
　　殘《漢志》著錄七十一篇。宋《館閣書目》稱《墨子》十五卷六十一篇,考今傳本凡佚《節用下》第二十二、《節葬上》第二十三、《節葬中》第二十四、《明鬼上》第二十九、《明鬼下》第三十、《非樂中》第三十三、《非樂下》第三十四、《非儒上》第三十八,凡八篇,尚存六十三篇，反較《館閣書目》多兩篇，或《書目》誤記邪？又陳振孫《書錄解題》稱有一本止存十三篇，今亦不可見矣。

  《道藏》本

  涵芬樓《道藏舉要》景印《道藏》本

  顧廣圻校《道藏》本

  嘉靖癸丑陸穩序唐堯臣刊本

  又甲辰唐氏修改刻本

  《四部叢刊》景印唐堯臣本

  嘉靖壬子芝城活字印本

  《先秦諸子合編》四卷本

  《子彙》本

  《秘書七種》李卓吾纂本

  陳仁錫選刻本

  評選諸子琅環本

  清牟庭初校正本 未刻

清畢沅《校正》十五卷

  乾隆甲辰經訓堂本

  浙局《二十二子》重刻本

  《四部備要》據經訓堂本

孫詒讓《間詁》十五卷、《目錄》一卷、《附錄》一卷、《後語》二卷

  光緒二十一年乙未冬蘇州毛上珍活字本

  成都昌福公司排印本

  光緒三十三年永嘉黃景羲校刊本

  民國間涵芬樓景印黃刻本

  日本漢文大系本

李笠定本《間詁校補》

  民國十一年商務印書館排印本

張純一《閒詁箋》一卷、又《校補》一卷原名《墨子哲學》
　　排印本
張純一《集解》十五卷即係上兩種後集諸家之說。
　　醫學書局本
劉昶《續閒詁》四卷
　　民國十四年掃葉山房石印本
陳守玄先生定本《墨子閒詁補正》十五卷、《目錄補正》一卷、《附錄補正》一卷、《後語補正》一卷、附《墨學討論集》一卷
蘇時學《墨子刊誤》二卷
　　原刻本
　　中國學會《周秦諸子斠注十種》景原刻本
　　中華書局聚珍本
陳守玄先生《墨子刊誤刊誤》二卷
　　民國十三年中華書局聚珍本
吳汝綸《注》
王景羲《墨商》三卷
王闓運《注》二卷
　　光緒甲辰江西官書局刊本
　　《湘綺樓全書》本
　　唐蔚芝先生鈔本與刻本有不同
　　陳守玄先生鈔本
王樹枏《斠注補正》二卷
　　文莫室刻本
鄭文焯《墨子故》十五卷
　　未刻
劉師培《拾補》二卷
　　上卷見《國學叢刊》中全書未刻

陶鴻慶《札記》
　　未刻
尹桐陽《新釋》三卷
　　民國八年武昌排印本
章士釗《章氏墨學》
　　《甲寅周刊》中
張惠言《經説解》二卷
　　光緒乙酉上海國學保存會景印手稿本
　　金武梓傳録本孫詒讓所據
鄭文焯《批校張皋文經説解》
　　稿本未刻稿本南海康氏藏，陳守玄先生有鈔本。
楊保彝《經説校注》
王闓運《經説上下篇注》
　　稿本與刊本頗多不同
鄭文焯《王氏經説上下篇注輯補》
　　稿本未刻南海康氏藏，陳守玄先生有鈔本。
鄭文焯《墨經古微》二卷
　　未刻
梁啓超《墨經校釋》一卷
　　商務印書館排印本
李大防《墨經集解》
　　《安徽大學月刊》
張之銳《新考正墨經注》
又《大取篇釋義》
張其鍠《墨經通解》五卷
　　民國二十年京津印書局排印本
葉瀚墨《經詁義》上編下編闕

民國九年五月杭縣排印本

胡國銓《小取篇解》

見《哲學雜志》不全

胡適《墨辯新詁》

見《北京大學日刊》不全

鄧高鏡《墨經新釋》

樸社本

胡韞玉《經說淺釋》僅《經上》、《經說上》

范耕研《辯經疏證》八卷

未刻

伍非百《墨辯解詁》

排印本

七、縱橫家

《鬼谷子》

殘《漢志》無，《隋志》始著録三卷，《新唐志》二卷，樂壹注三卷，後人頗疑其偽，然《說苑·善說》篇引，則劉向校書時非無《鬼谷子》也。且《史記》已引鬼谷子說者，謂即在《漢志》《蘇子》三十一篇中，故《漢書·杜周傳》注服虔釋抵巇云"在蘇秦書"，而顏師古云"在鬼谷子"。《史記索隱》引樂壹注云"蘇秦欲神秘其道，故假名鬼谷"，近是。楊慎云"《漢志》有《鬼臾區》三篇，即《鬼谷子》，則傅會矣。今書自《捭闔》至《符言》十二篇，佚《轉丸》、《胠篋》二篇。"

《子彙》本內一卷，外一卷。

《十二子》本

又《十二子》本

《先秦諸子合編》本

《秘書七種》本

吳勉學本

謝其盛本

梁陶弘景《注》三卷

    《道藏》本

    涵芬樓《道藏舉要》景《道藏》本

    秦恩復乾隆五十四年己酉據《道藏》本

    《四部叢刊》景印秦氏乾隆刊本

    《四部備要》據秦氏乾隆刻本

    秦恩復嘉靖十年據述古堂鈔本刻本

    《湖北先正遺書》景秦氏嘉慶刻本

    《古書叢刊》景印秦氏刻本

    王時潤校本

《蘇子》名秦。

    亡《漢志》著錄三十一篇，文佚。

清馬國翰輯本一卷

    《玉函山房叢書》本

嚴可均輯本一卷

    未刻

《闕子》

    亡《漢志》著錄一篇。馬國翰云"《隋志》云梁有《補闕子》十卷。《湘東鴻烈》十卷，並元帝撰，亡。"《唐志》載梁元帝補《闕子》十卷，蓋梁時《闕子》書已不傳，故元帝補之。

清馬國翰輯本一卷

    《玉函山房叢書》本

《蒯子》名通。

    亡《漢書》本傳云論戰國說士權變，亦自序其說，凡八十一首，號曰《雋永》。《漢志》著錄五篇。隋、唐《志》無，佚已久。

清馬國翰輯本一卷

  《玉函山房叢書》本

《鄒陽書》

  亡《漢志》著録七篇。隋、唐《志》無,佚已久。

清馬國翰輯本一卷

  《玉函山房叢書》本

《主父偃書》

  亡《漢志》著録二十八篇。隋、唐《志》無,佚已久。

清馬國翰輯本一卷

  《玉函山房叢書》本

《徐樂書》

  亡《漢志》著録一篇,疑即本傳所載上書一篇。隋、唐《志》無。

清馬國翰輯本一卷

  《玉函山房叢書》本

《莊安書》

  亡《漢志》著録一篇,疑即本傳所載上書。隋、唐《志》無。

清馬國翰輯本一卷

  玉函山房叢書本

八、雜家

《由余書》戎人,秦穆公聘以爲大夫。

  亡《漢志》著録三篇。隋、唐《志》無。

清馬國翰輯本一卷

《玉函山房叢書》本

《尸子》名佼，魯人（誤，見上），秦相商君師之，鞅死，佼逃入蜀。

亡《劉向《別錄》稱《尸子書》六萬餘言，《漢志》著錄二十篇，隋、唐《志》並有，宋時全書已亡。王應麟《漢志考證》云李淑書目存四卷，《館閣書目》止存二篇，合爲一卷，其本皆不傳。

清惠棟輯本
任兆麟輯本三卷、附錄一卷
  乾隆戊申《心齋十種》本
  孫星衍輯本五卷
  嘉慶二年問經堂本
  嘉慶丙寅平津館本
  《四部備要》平津館本
汪繼培輯本
  嘉慶辛未《湖海樓叢書》本
  浙局《二十二子》重刻湖海樓本
  湘鄉蔡氏《求實齋叢書》本

《呂氏春秋》秦相呂不韋輯智略士作。

存《漢志》著錄二十六篇。《史記·十二諸侯年表》序云"爲八覽、六論、十二紀"，然今以十二紀、八覽、六論相次，紀所統子目六十一，覽所統子目六十三，論所統子目三十六，實一百六十篇。

  拜經樓藏元刻本
  平津館藏元刻本
  常熟瞿氏藏元刻本
  杭州葉氏藏明嘉靖七年許宗魯重刻賀方回本
  《四部叢刊》景許本

明李瀚刻本

　　宋啓明刻本

　　劉如寵刻本

　　汪一鸞刻本

　　朱夢龍刻本

　　閔氏朱墨刻本

　　吳勉學本

　　焦竑《九子全書》本

　　乾隆戊申經訓堂校正本

　　浙局《二十二子》覆經訓堂本

　　牟庭初校正本

漢高誘《注》二十六卷

近人劉師培《高注校義》

孫鏘鳴《高注補正》

　　《國故月刊》未全

清王夫之《呂覽釋》

　　未見

李寶洤《高注補正》一卷

　　聚珍倣宋本

梁玉繩《校補》二卷

　　清白士集本

　　朱氏《槐廬叢書》本

　　章氏《式訓堂叢書》本

　　《周秦諸子斠注十種》本

陳其榮《呂子續補》一卷

　　《槐廬叢書》本

　　《周秦諸子斠注十種》本

蔡雲《呂子校補獻疑》一卷
　　自刻本
　　《周秦諸子斠注十種》本
陳昌齊《正誤》一卷
　　《嶺南叢書》本
　　《周秦諸子斠注十種》本
吳汝綸《評注》、劉師培《校補》
　　乙酉《國粹學報》
孫德謙《注》二十六卷
　　未刻
范耕研《疏證》二十六卷、附錄二卷
　　未刻
宋慈抱《校正》
　　《華國月刊》
孫仁和《舉正》
　　《北平北海圖書館月刊》
日本松澤圓《畢校呂覽補正》
　　日本刊本
日本岡本保孝《考證》
　　日本刊本

附：《淮南子》王安。案，謂淮南王名安也。
　　存《漢志》著錄《淮南內》二十一篇、《外》二十三篇，今存內篇。
　　士禮居藏宋本
　　宋巾箱本
　　貴池劉世珩宜春堂景宋巾箱本
　　陳碩甫影宋寫本高誘注，誤題許慎。

《四部叢刊》景陳景寫本

　　　《正統道藏》本

　　　涵芬樓《道藏舉要》景印《道藏》本

　　　乾隆戊申莊逵吉校刊《道藏》本

　　　浙局《二十二子》重刻莊本

　　　《四部備要》校莊本

　　　明萬曆庚寅汪一鸞刻本

　　　吳郡張象賢刻本

　　　茅一桂刻本

　　　漢魏本

　　　《中立四子集》本

　　　《中都四子》二十六卷本

　　　吳勉學本

　　　翁方綱手校本

　　　北平圖書館藏士禮居校鈔本

　　　王念孫校本

　　　牟庭初校正本

漢高誘《注》二十一卷

孫馮翼輯許慎《注》一卷

　　　嘉慶七年問經堂本

黃奭輯許慎《注》一卷

　　　《子史鉤沈》本

丁晏輯許慎《注》

　　　未刻

易順鼎《許注鉤沈》一卷

　　　家刻本

葉德輝《許慎淮南鴻烈間詁》二卷

觀古堂刻本
陶方琦《淮南許注同異詁》四卷、《補遺》一卷、《續補》一卷
　　　家刻本
王夫之《淮南子注》
　　　未見
清劉台拱《校補》補盧文弨校莊逵吉之闕者,盧校未見。
　　　《劉氏遺書》本
　　　廣雅書局本
聞益《淮南雜識》
　　　同治戊辰刊本
陳昌齊《正誤》十二卷
　　　《賜書堂集》本
汪文臺《淮南校勘記》一卷
朱駿聲《淮南書校正》六卷
　　　未見
吳汝綸《評注》二十一卷
李哲明《淮南義訓疏補》
呂傳元《斠補》
劉家立《集證》二十一卷
　　　民國十年上海中華書局排印本
劉文典《淮南鴻烈集解》二十一卷
　　　涵芬樓排印本
清錢塘《淮南天文訓補注》二卷
　　　乾隆五十三年家刻本
　　　《指海》本
　　　道光八年刻本
　　　武昌局本

涵芬樓劉文典《集解》後附本

徐文靖《天文考異淮南子地形訓》

　　《管城碩記》中

羅士林《淮南天文訓存疑》不分卷 黃體芳《徵書札文》曾列其目。

日本澀井大室《淮南子考》二卷

思田維周《淮南子考》二卷

宇野成之《標注淮南子》

園田雄《淮南子考》

永井修《淮南子考》

諸葛晁《淮南子音義》一卷

又《淮南鴻烈解摘注》一卷

久保愛《淮南子注考》十二卷

藤川冬齋《淮南鴻烈解考證》

岡本保孝《淮南子疏證》四卷、《補遺》一卷

又《淮南子音讀出典考》一卷

島田翰《淮南鴻烈提要》

　　附日本民友社刊《古文舊書考》四

又《淮南出典考》

　　同上

《淮南萬畢術》

亡《漢志》不著錄。《史記・龜策傳》褚先生見萬畢石朱方，梁《七錄》有《淮南萬畢經》、《淮南變化術》各一卷，疑即《漢志》《淮南外書》之一種。

孫馮翼輯本

　　嘉慶七年問經堂本

　　潮州鄭氏龍谿精舍重刻問經堂本

　　道光十四年茆輯十種本

丁晏輯本
　　《頤志齋叢書》本
　　《南菁書院叢書》本
葉德輝輯本
　　觀古堂刻本
王仁俊輯本
　　排印本

九、農家

《神農書》六國時諸子疾時怠於農業，道耕農事，託之神農。

　　亡《漢志》著錄二十篇。隋、唐《志》無。

清馬國翰輯本一卷
　　《玉函山房叢書》本
嚴可均輯本
　　《全上古三代文》卷一

《野老書》六國時在齊、楚間。

　　亡《漢志》著錄十七篇。隋、唐《志》無。

清馬國翰輯本一卷
　　《玉函山房叢書》本

《宰氏書》不知何世。

　　亡《漢志》著錄十七篇。《唐志》有《范子計然》十五卷。《元和姓纂》十五海"宰氏即計然"，其名雖異，當爲同書。注言"不知何世"，蓋書中僅論農事而不載事迹也。今已佚。

清馬國翰《范子計然》輯本三卷
　　《玉函山房叢書》本

洪頤煊《范子計然》輯本
　　《問經堂叢書》經典集林內
嚴可均輯本一卷
　　未刻

《尹都尉書》不知何世。
　　亡《漢志》著錄十四篇。《隋志》無。《唐志》三卷。今已佚。
清馬國翰論輯本一卷
　　《玉函山房叢書》本

《氾勝之書》成帝時爲議郎。
　　亡《《漢志》著錄十八篇。隋、唐《志》並二卷。今已佚。》
清馬國翰輯本一卷
　　《玉函山房叢書》本
洪頤煊輯本二卷
　　《問經堂叢書·經典集林》內

十、小説家

《青史子》古史官記事也。
　　亡《漢志》著錄五十七篇。隋、唐《志》無，佚已久。
清馬國翰輯本一卷
　　《玉函山房叢書》本
丁晏輯本
　　《南菁書院叢書·佚禮扶微》中

《師曠書》見《春秋》，其言淺薄，本與此同，似因託也。
　　亡《漢志》著錄六篇。隋、唐《志》無，佚已久。

清洪頤煊輯本一卷

《問經堂叢書・經典集林》內

《宋子》孫卿道宋子,其言黃老意。

亡《漢志》著錄十八篇。隋、唐《志》無,佚已久。

清馬國翰輯本一卷

《玉函山房叢書》本

十一、兵家

《司馬法》

殘《漢志》以《司馬法》列經禮類,曰《軍禮司馬法》,著錄百五十五篇。《七略》本列在兵權謀家,今從之。《隋志》三卷,不分篇,已亡矣。今書僅五篇。

《指海》本

嘉慶庚申平津館孫星衍景宋刻三卷本

長恩書屋重刻平津館本

江寧局放宋本

《四部備要》據宋本

清張澍《輯注》

道光二年二酉堂刻本

曹元忠輯《司馬法古注》三卷、附《音義》一卷

光緒十八年自刻本

黃以周《司馬法考徵》二卷

杭州局本

《孫子》

殘《史記》"孫子書者,齊人也,以兵法見於吳王闔閭,闔閭曰:'子之十三篇,吾盡觀之矣。'"《漢志》兵權謀家著錄至八十二篇、圖九卷,蓋十三篇以吳王而得名,今存,餘

亡。《隋志》:《孫子兵法》二卷、《吳孫子牝牡八變陣圖》二卷、《孫子兵法雜占》四卷,《新唐志》:《吳孫子三十二壘經》一卷,皆在十三篇之外。

  明成化中李敏、趙英刻本

  嘉靖中汪諒刻本

  吳勉學本

  《兵垣四書》本

  《經髓本》

  黃獻臣《武經開宗》本

  《秘書七種》本

  乾隆元年彭繼耀、蔣先庚《武經大全》本 蕪陋□不別出。

魏武帝《注》三卷

  嘉慶庚申平津館校本

宋吉《天保十家注》十三卷 十家者:一魏武,二梁孟氏,三唐李筌,四杜牧,五陳皞,六賈林,七宋梅堯臣,八王晳,九何延錫,十張預。

  江南圖書館藏嘉靖乙卯談愷虔州刻本

  涵芬樓《四部叢刊》印談愷本

  江南圖書館藏明鈔本

  王大祺本

  《道藏》本

  涵芬樓《道藏舉要》景印《道藏》本

  嘉慶二年《岱南閣叢書》重刻《道藏》本

  浙局《二十二子》重刻孫本

  《四部備要》據平津館本

  咸豐新昌莊肇麟《長恩書屋叢書乙集》本

  日本《昌平叢書》本

《十一家注》

  明隆慶中李氏刻本

萬曆中黄氏刻本
明劉寅《直解》三卷
　　　《武經七書》本
　　　日本寬永癸未《武經七書直解》本
清孫星衍《十家注輯校》、附宋鄭賢《遺説》一卷、畢以珣《敍錄》一卷
　　　嘉慶二年《岱南閣叢書》本
劉文垕《孫子釋證》十三卷
趙本學《孫子注》
　　　原刻本

附：《吴起書》

　　疑偽《漢志》兵權謀家著錄四十八篇，《隋志》一卷，今本三卷六篇。姚際恒謂"其論膚淺，自是偽託"。近人章炳麟謂"書中所載器物，多非當時所有，蓋六朝人依託"。
　　　常熟瞿氏鐵琴銅劍樓藏景宋鈔本
　　　《四部叢刊》景印瞿氏藏景宋鈔本
　　　明沈氏刻本
　　　吴氏《二十子》本
　　　《兵垣四書》本
　　　《武經七書》本
　　　《武經開宗》本
　　　東吴彭繼耀、蔣光庚《武經大全集注》本
　　　《秘書七種》本
　　　萬曆中黄氏刻本
　　　嘉慶庚申平津館校本依宋本，顧廣圻景鈔付雕。
　　　《四部備要》據平津館本
　　　《長恩書屋叢書》本
　　　日本《昌平叢書》本

明劉寅《直解》二卷
　　《武經七書直解》本
　　日本寬永癸未《武經七書直解》本
清孫星衍輯校

《尉繚書》

疑僞《漢志》兵形勢家著録三十一篇。《隋志》兵家梁有《尉繚兵書》一卷。今書二卷二十四篇。姚際恒謂其首《天官篇》與梁惠王問對全放孟子"天時不如地利"章爲說，至"戰威"章則直舉其二語矣，其僞昭然。

　　黄氏刻本
　　《武經七書》本
　　《武備志》本
　　《秘書七種》本
明劉寅《直解》五卷
　　江南圖書館藏明初刻本
　　《武經七書直解》本
　　日本寬永癸未《武經七書直解》本

附：《黄石公三略》

疑《漢志》無，《隋志》始有三卷，又云"梁有《黄石公記》三卷"。孫詒讓曰："《後漢書·臧宫傳》光武詔引《黄石公記》曰'柔能制剛，弱能制強'，馬總《意林》引《黄石公記》云'與衆好生者靡不成，與衆同惡者靡不傾'，文並見今本上略，又云'四民用虛，國家無儲；四民用足，國家安樂'，文見下略，是《黄石公三略》即《七録》之《黄石公記》也。《隋志》分爲二，似失。"考其說是也。光武詔引之，足爲秦漢古書之證，特附出。

十二、數術家

《五殘雜變星》

亡《漢志》數術略天文家著録二十一卷。隋、唐《志》無，亡已久。

清馬國翰輯本一卷
　　玉函山房叢書本

《泰階六符》

　　亡《漢志》天文家著錄一卷。隋、唐《志》無，久佚。
清馬國翰輯本一卷
　　《玉函山房叢書》本

《請雨止雨》

　　亡《漢志》雜占家著錄二十六篇。隋、唐《志》無，佚已久。
清馬國翰輯本一卷
　　《玉函山房叢書》本

《山海經》

　　存《七略》校定十八篇。《漢志》形法家著錄只十三篇，蓋棄《大荒經》以下五篇不計也。今本十八卷。
　　　明成化庚寅邢讓刻郭注本
　　　《四部叢刊》影印成化邢刻本
　　　《道藏》郭注本
　　　涵芬樓《道藏舉要》影印《道藏》本
　　　乾隆癸卯畢沅《經訓堂叢書》本
　　　浙局《二十二子》重刻畢校本
晉郭璞《注》十八卷
嚴可均輯郭璞《山海經圖讚》一卷
　　　光緒間湘潭葉德輝刻《觀古堂叢書》本
清畢沅《新校正》十八卷
郝懿行《山海經箋疏》十八卷、附郭璞《圖讚》一卷

嘉慶十四年阮刻單行本

　　　《郝氏遺書》本

　　　坊刻巾箱本

　吳任臣《山海經廣注》

　　　原刻本

　　　嘉業堂刻本

十三　方　技　家

《黃帝內經》

　　殘《漢志》醫經家著錄十八卷。皇甫謐《甲乙經序》云："今有《鍼經》九卷、《素問》九卷，二九十八卷，即《內經》也。"王冰《內經·素問序》云："《內經》十八卷，《素問》即其九卷也，兼《靈樞》九，乃其數也。"林億補注《黃帝內經·素問》序曰"同《素問》第七卷，亡《天元紀大論》、《五運行大論》、《六微旨論》、《氣交變論》、《五常政論》、《天元正紀論》、《至真要論》七篇，與《素問》略不相通，疑此乃《陰陽大論》之文，王冰取以補所亡之卷"。《隋志》只有《素問》九卷、《鍼經》九卷，而無《內經》之稱，《鍼經》即《靈樞經》也。新、舊《唐志》俱有《鍼經》十九卷，又俱別有《九靈經》十二卷，《九靈經》亦即《靈樞經》也，蓋卷數多寡，隨時分併無定。《靈樞》爲經，而《素問》爲傳，統曰《內經》。今則《靈樞》亡，而以《鍼經》概《靈樞》矣。

　　　《道藏》高保衡等校五十卷本

　　　涵芬樓《道藏舉要》景印《道藏》高保衡等校本

　　　明嘉靖庚戌武陵顧從德放刻宋嘉祐高保衡等校刻本

　　　《四部叢刊》景印明顧氏放宋本

　　　浙局《二十二子》重刻顧氏本

　　　鎮江文成堂書坊重刻顧氏本

　　　守山閣單刻本

晉王冰《素問注》二十四卷

清顧觀光《王注校勘記》一卷

　　　守山閣本浙局本無校勘記

楊上善《內經太素》殘闕不全
　　浙西村舍刻本
張琦《素問釋義》
　　宛鄰書局刻本
胡澍《內經校義》
　　《滂喜齋叢書》本
陸懋修《素問難字釋》
　　《世補齋醫書》本
日本丹波元簡《素問識》
　　聿修堂《醫學叢書》本
度會常珍《素問校譌》
　　日本刻本

跋

予此書作始於六十餘年前,讀《莊子》書,尤喜《天下篇》,時賢頗多箋疏者,見獵心喜,遂作集注。然是篇雖言諸子道術之所自出,而擲筆空際,雖言猶不言也。乃改治《漢書·藝文志》,蓋秉劉氏《七略》,謂皆出於王官,其言詳矣,然後人頗有非之者。乃又讀《淮南·要略》皆有詮釋。遂乞教於梁任公年丈啓超,時丈方主北京清華上庠研究院講席,謂論學不能固,亦不能偏,蓋求其通且全乎?郵其諸子講義以示。乃將前稿刪其繁蕪而益以丈教,間廣其指,並附諸子書答問,成此編。復呈丈,丈為定名,及問世,而丈已不及見矣。後為諸生講授,頗多增刪,而答問所增尤多,擬別行。今歲以王生運天之介,得知中華書局、上海書店欲影印此書,然為便利計,衹能剗改誤字,遂亦聽之。

丙寅秋仲,王蘧常跋